大学生现代实用写作系列教材

# 广告文案写作教程

主　编　周　渡
参　编　陈铭杰　季　梵

对外经济贸易大学出版社
中国·北京

**图书在版编目（CIP）数据**

广告文案写作教程／周渡主编．—北京：对外经济贸易大学出版社，2012

大学生现代实用写作系列教材

ISBN 978-7-5663-0535-0

Ⅰ．①广… Ⅱ．①周… Ⅲ．①广告－写作－高等学校－教材 Ⅳ．①F713.8

中国版本图书馆 CIP 数据核字（2012）第 258331 号



**广告文案写作教程**

周 渡 **主编**

**责任编辑**：王 煜 刘培刚

---

对外经济贸易大学出版社

北京市朝阳区惠新东街 10 号 邮政编码：100029

邮购电话：010-64492338 发行部电话：010-64492342

网址：http://www.uibep.com E-mail：uibep@126.com

---

北京市山华苑印刷有限责任公司印装 新华书店北京发行所发行

成品尺寸：185mm×230mm 19.25 印张 387 千字

2012 年 12 月北京第 1 版 2012 年 12 月第 1 次印刷

---

ISBN 978-7-5663-0535-0

印数：0 001-3 000 册 定价：37.00 元

## 内容摘要

本书涉及广告文案的执行策略、广告文案的创意、广告文案的结构、广告文案的语言、软文广告文案、长文案和系列广告文案、报刊广告文案、广播广告文案、电视广告文案、网络广告文案、不同内容的广告文案等内容。本书既有深入的理论阐释，又有精辟的实例分析；既有较高的学术性，又有较强的可操作性。书中的个案，既有历久不衰的精品，又不乏生动鲜活的案例。为便于读者掌握广告文案的写作技巧，编者还特意在有关章节中安排了“经典个案评析”。本书是在校大学生学习广告文案写作的理想教材，也是广告从业人员提高业务水平的开卷有益的参考读物。

# 前言

“广告的效果50% ~75%来自于广告文案”，这是美国最权威的调查机构经过科学测试得出的结论。广告文案是实现广告效果的最关键的因素。要使自己的广告顺应市场经济的浪潮，标新立异、独占鳌头，就要敢于在实践的基础上，认真研究总结广告文案的突出特点和写作的方式方法，充分挖掘其深层次的含义，从而在具体运用中得心应手。

《广告文案写作教程》一书具有以下突出特点：

● 创新性　总结了广告文案的写作技巧与方法，充分反映了广告文案写作的最新成就。在编写体例上主要采取了技法和精彩实例加简评，“专家提示”和“实践练习”相辅相成，通过作者和读者的互动，大大增强了读者对广告文案的实际写作能力。

● 经典性　该书的精彩实例均为国内外优秀范例（尤其是获奖广告），以增加例证的时代性和典范性，并配以专家的精确评语，其简洁、明快、诉求力强的特点极为突出。

● 丰富性　方法全面，资料丰富，让您对广告文案的写作有全面准确的了解和把握。

● 实用性　所讲述的文案写作方法，具体、简明和可操作性强。对各行各业精彩文案的写作，针对性强，切合实际，便于理解和操作。

纵观世界上著名企业的发迹史：有的一步一步通过开拓努力逐渐占领市场，举世瞩目；有的一举成名，远播海外。这中间广告文案起着关键的作用。我们编写本书的目的，是既能对当代中国广告文案的创作实践进行一番理性的思考和文化的观照，又能有比较强的实际操作性，使二者互为补充，相得益彰，为目前从事广告文案的写作人员和有志于此行业的在校师生和研究人员开启经典文案写作的理想大门。

本书由江苏大学周渡副教授担任主编，对全书的写作提出了具体构想、撰写了除第2章、第9章以外的其他章节，并对全书统改定稿；北京大学陈铭杰、季梵负责广告学方面的文献资料的收集工作，其中陈铭杰撰写了第2章、季梵撰写了第9章。

在写作过程中，参考了大量广告学方面的文献资料，这已在各章注释和书后的参考书目中注明，在此谨向这些文献的原作者表示感谢。还有许多例子（广告文案作品）是笔者直接从报纸、网络搜集而来的，在此谨向那些奉献出如此丰富多彩的广告作品的广告人表示谢意；借用一句广告语来说，就是——“我不认识你，但我谢谢你。”

由于编者水平所限，加之编写时间仓促，书中疏漏、不当之处在所难免，恳请广大读者不吝赐教，以便不断修订完善。

编　者

2012 年 10 月

# 目 录

# 第1章 广告和广告文案

**本章知识要点：**

1. 了解广告的涵义、特点、作用及构成元素
2. 了解广告文案的涵义、特点、类型及作用
3. 掌握广告文案写作的基本过程和原则要求

## 第一节 广 告

### 一、广告的涵义

在当今社会，广告与人们生活的关系已经越来越密切。人们一方面为广告太多而感到无奈，但是另一方面又愈来愈离不开广告。

什么是广告？要回答这个问题，并不十分容易。各个学者所给出的定义可能会有很大差异。有的将广告一般地解释为“广而告之”，有的解释为“宣传方式”，有的解释为“信息传播活动”。

我们认为将广告一般地解释为“传播手段”为好。这是因为，“传播手段”既可以包括广告宣传所常用的方法，又可以包括特定广告运动中传播有关信息的动态过程，还可以包括用于对受众发布的具体广告作品。而“广而告之”、“宣传方式”抑或“传播活动”，则很难包括广告运动中广告主对受众所发布的具体广告作品。

广告作为特定的传播手段，它与一般的传播手段的区别在于：

（一）广告有着提供相应信息和资金的易于识别的行为主体

这种行为主体就是广告主，或者又叫广告客户。这和社会生活中某些找不到明确的行为主体的传播手段（例如一部分人际传播）有着本质的区别。

（二）广告主要传播广告就必须付费

广告这种由广告主所采用的信息传播手段要想付诸实施，其前提是广告主必须付费。其他费用姑且不提，光是媒介租用费就是一笔不小的开支。而我们知道，新闻也是一种传播信息的手段。然而有关机构在媒体上发布新闻、刊登新闻报道，这是无需付费的。需要付费才能刊登的新闻，那是有偿新闻，往往违背新闻规律，在禁止之列。由此，同样是传播的手段的广告和新闻也就体现出了它们之间的质的差别。

（三）广告传播是一种有意而为的传播

作为一种传播手段，广告总是有意而为的，而不是无意而为的。也就是说，制作和发布广告，都有着明确的目的性，事先都设定了相应的目标，不论是商业广告、公共关系广告还是公益广告，一概都是如此。在这一点上，广告和某些无意识抑或目标不明的传播手段也有着区别。

（四）广告所传播的是可以向社会公开的内容

广告作为传播手段，总是期望其所包含的信息广为人知，不宜张扬的信息不适合通过广告来传播。在这里，广告和那些在范围上、在对象上有所限定的传播方式（例如公文的传播方式、内部会议的传播方式、说悄悄话的人际传播方式等等）也是有区别的。

至此，我们可以给出广告的科学定义如下：广告是明确的特定行为主体出于某种目的、支付一定的费用、为让公众广为知晓而采用的一种传播手段。在这一定义中，避免了某些广告定义排斥公益广告这样的明显疏漏。

## 二、广告的特点

广告的特点是与广告定义紧密相连的。

（一）广告行为具有明确的目的性

广告主制作和发布广告的行为，总有着一定的功利目的，完全没有功利目的的广告是不存在的。广告的功利目的，有明显和隐蔽之分。在公共关系广告和由广告主出资制作的公益广告中，广告主的功利目的较为隐蔽；而在一般的商品广告中，广告主的功利目的较为明显。由社会团体、机构制作发布的公益广告，则包含着明确的利社会、利他人的功利目的。

（二）广告诉求内容具有可公开性

通过广告传播的内容，必须是可以公开的（不可公开的内容则不适合于写入广告）。一般而言，广告诉求内容是知道的人越多越好。当然，有的人知道了广告诉求的内容，就有可能采取广告主所期望的举动（这些人就是广告的目标受众）；而有的人即使知道了广告的内容，未必会采取广告主所期望的举动。广告传播必须研究广告信息如何有效抵达目标受众并为他们所接受的问题。

（三）广告传播对媒介有着依赖性

无论是何种传播手段，都必须借助于某种相应的媒介（既可以是大众传播媒介，又可以是其他媒介）。媒介的选择，应确保广告诉求内容能够顺利地达到目标受众。在通常情况下，发布广告的媒介多为大众传媒；在特殊的情况下，人体、空气等这些通常并不被当作媒介的特殊介质，也可以充当广告媒介。

（四）广告运动有着周密的计划性

广告行为是有着周密的计划性的行为，不能任意而为，不能随心所欲。广告运动讲究策划。既有关于广告运动的整体策划，又有关于某一个环节、某一个广告作品的局部性的策划。记录特定广告运动的整体性策划、构想的文本，就是广告策划书。

（五）广告传播实施体现出有偿性

广告从本质上说是一种经济行为。任何广告总是需要经济上的付出的，这就是投入。做商品广告是一种投资活动。好的商品广告应该能给广告主带来比投入更大的经济回报，这就是产出。没有广告投入，就不会有广告产出。广告的有偿传播信息与新闻的无偿传播信息，构成了两者在一个方面的重要本质差别。

## 三、广告的作用

（一）广告有着促进商品流通的作用

广告促进商品流通的作用，这是人们有目共睹的。广告以其所提供的信息，在生产厂家与用户、销售商家与消费者之间架起了桥梁，可以在一定程度上避免由于信息闭塞而造成的厂家和商家找不到消费者，消费者找不到厂家和商家的现象。在今天市场经济的条件下，同类产品之间的竞争十分激烈。在这种情况下，厂家和商家通过广告向目标受众传播有关的信息显得尤其重要。有道是："酒香也怕巷子深。"这从一个侧面证明了广告对于促进商品流通所具有的作用。

### （二）广告有着服务人民大众的作用

商品广告仅仅是广告的一种形式。除商品广告以外的其他各类广告，给大众提供涉及方方面面的服务信息，比如人才招聘的信息，各类教育培训的信息，有关机构便民服务的信息、有关单位和人员物品转让的信息、有关律师事务所的法律援助信息，等等。在许多场合，只要接触到有关的广告，人们就能非常方便接受广告中所提及的有关服务。广告信息的传播给人们普遍地带来了好处。

### （三）广告有着营造良好氛围的作用

人们生活在一定的社会环境之中。人们希冀自己生存其中的社会环境有着良好的氛围。良好氛围的营造，有赖于诸多力量的介入。而广告，则是诸多力量中的一股重要的力量。健康的广告，是优越的社会环境的一个构成部分。它可以陶冶人们的身心，可以优化外部环境，可以倡导文明健康的社会时尚，可以在营造良好的社会氛围方面发挥自己的积极作用。

### （四）广告有着传播优秀文化的作用

广告本身就是一种文化产品。在一则则广告作品中，都程度不等地包含着文化的底蕴。好的广告，有着优秀文化的丰富内涵。这样的广告，不仅满足了人们对于广告信息的需求，而且给人们带来了美的享受。也许可以说，广告本身就是一种传播优秀文化的载体。我们完全可以用它来包孕更多优秀文化的成分。

## 四、广告构成元素

任何广告，都有相对恒定的构成元素。那么广告有哪些构成元素呢？

### （一）广告主

如前所述，广告主就是广告运动中的行为主体。它是广告信息的提供者，同时又是广告经费的承担者。制作和发布广告的动议，首先是由广告主提出的。它是特定的广告运动所涉及的诸多方面中的唯一的主动者。可以说，代为制作广告的广告公司、代为发布广告的大众传媒、有意无意接受广告的受众，在由广告主发起的特定的广告运动中，都体现出一定程度的被动性。作为主动者的广告主，他们总是故意为之。由于他们提供了广告信息和广告经费，特定的广告运动才能由此而启动。

（二）广告内容

广告的制作和发布，有赖于一定的广告内容。广告的内容颇为宽泛，可以大致概括为与广告主有关的三个方面：一是宣传特定的产品或服务；二是塑造自身的良好形象；三是倡导对自己有利的某种理念。上述内容，都是通过一定的信息来表现的。离开了受众感兴趣的内容，再好的广告形式都会失去依凭。

（三）广告公司

广告公司，或者又叫广告代理，是代理广告主进行广告策划、制作、发布的机构。这种机构，与几个方面发生联系：一是和广告主相联系。它必须理解广告主的意图，按广告主的要求制作和发布广告。二是和广告媒介相联系。有的广告公司自己拥有一部分媒介，这些媒介可以为广告主所用；一部分媒介并不是广告公司所拥有的，广告公司负责出资租用。三是和市场相联系。广告在开始制作之前，广告公司将负责进行大量的市场调研。广告作品在制成以后，将由广告公司通过媒介向市场发布。广告作品在发布以后，需要由有关的机构从市场上收集来自受众的反馈意见，对广告效果做出评估。

（四）广告计划

特定的广告运动是为了实现特定的广告目标而展开的。它需要有周密的计划，需要作整体策划。有无广告计划，广告计划是否科学，这是决定广告效果的重要因素。广告计划应当包括市场调研、广告定位、广告创意、广告制作、广告媒介组合、广告经费使用、广告效果测评等一系列内容。

（五）广告媒介

广告的发布离不开媒介。这里所说的媒介，既可以是影响力大、传播面广的大众传媒，又可以是其他介质。作为广告媒介，总是有一定的要求：一是要有可以负载信息的功能，这就是所谓可载性；二是受众接触媒介的机会多、人数多。流动的媒介流动的范围应当比较大，固定的媒介应当位于人流量大的场所。

（六）广告经费

广告经费是广告运动得以展开的经济基础。它应当包括市场调研、广告创意策划、广告制作、媒介租用、广告效果评估等各种费用。

# 第二节 广告文案

## 一、广告文案概述

### （一）广告文案的涵义

人们对于广告文案的定义各不相同。有的将广告文案定义为“以广告宣传为目的的文字作品”，有的定义为“已经完成的广告作品的全部的语言文字部分”。这样的定义虽相当简洁明了，然而也很值得推敲。我们认为，广告文案应当是广告作品的文字部分。使用这一定义，不会将广告文案与广告策划书相混淆。因为后者所包括的内容要比前者所包括的内容多得多，广告文案只是其中的一部分。很显然，广告策划书并不属于广告作品的文字部分。

### （二）广告文案的类型

对广告文案进行分类，也是一件很困难的事情。不同的人有不同的分类方法。由于所取角度的不同，也会造成分类上的不同。我们这里采用以不同的媒介为标准对广告文案进行分类的方法。

1. 印刷媒介广告文案

印刷媒介包括报纸媒介、杂志媒介和其他纸质媒介（如邮送广告等）。这类媒介的共同优点是：文字可以和画面相配，可以留在纸上，可以用来表现比较复杂、比较深刻的内容，便于长期保存，便于随纸流传。当然，其缺点也是很明显的：传播信息停留于平面，缺乏立体感，难以造成如同电视媒介那样的视觉冲击力。印刷媒介广告文案的写作，应当体现出这种媒介的特点，要注意文字与画面的匹配，注意文字表达的醒目，注意运用版面语言来表达广告诉求的主要内容。

2. 广播媒介广告文案

广播媒介是借助于无线电波来传播有关信息的媒介。这种媒介传播的信息，可谓稍纵即逝。受众接受这类媒介传播的信息，完全凭听觉。这是它的短处。但它同时又有长处。一般说来，广播媒介有自己的固定的听众群，适合于对这些听众群播出他们所关心的广告信息。广播媒介传播广告信息，速度快，费用低。对于广播所传播的广告信息，听众只需具备收听条件便可接收，除此以外别无要求。为广播媒介撰写广告文案，应该充分注意到受众的收听特点。在文案中，要避免可能产生误听的字、词，对重要的广告内容要安排适当的重复，要注意广告内容与音响效果的和谐。

3. 电视媒介广告文案

电视被称为综合艺术。电视媒介不仅作用于人们的听觉，而且作用于人们的视觉。它不仅拥有印刷媒介所可以负载的文字（在荧屏上可以打出字幕），而且拥有广播媒介所有拥有的有声语言和其他音响，同时还拥有富于动感的连续的画面。电视媒介综合了各种媒介（印刷媒介、广播媒介以及它本身）所具有的优势。说电视是一种强势媒体，这一点也不过分。当然，电视作为媒介，也有自己的弱点。它在表现深刻的理念方面，比不上印刷媒介；在节目制作的便捷方面，又比不上广播媒介；它在制作费用的低廉方面，既比不上印刷媒介，又比不上广播媒介。

与电视媒介的特点相联系，电视广告文案的写作有其独特之处：文案的文字不应当只是平面广告的文字，而应当充分利用连续的活动的画面，要以语言文字来表达这种活动的画面（应善于对画面作分镜头处理）；要有一定的文字描述有关的场景以及人物的对白和独白；还要有相应的文字对人物动作、外界音响效果做出提示；为了吸引观众，电视广告文案还应有一定的情节。

4. 网络媒体广告文案

网络媒体现在被公认为第四媒体。只要是计算机网络可以到达的地方，也就是网络所传播的信息可以到达的地方。而且，在网络条件下，使用者可以很方便地通过“链接”，搜寻与特定信息相关的、以往发布的其他信息。从这个意义上说，网络传播打破了地域界限，它是超越时空的。此外，网络媒体融合了其他诸多媒介的优点和长处，在传播信息的快捷方便、传播范围广阔、多媒体并用等等方面，都有无可取代之处。在传播广告信息方面，网络媒体也已经崭露头角。网络信息的编辑体现了“全历史”、“全社会”、“全受众”、“全天候”的特点。可以说，网络媒体是在全天候滚动播出信息方面做得最为彻底的一种媒体。第四媒体与传统的三大媒体的信息编辑是有着很大差异的。正因为如此，写作网络媒体广告文案有一系列独特的要求。

5. 其他媒介广告文案

除了上面所说的诸种广告媒介以外，也还有其他一些广告媒介，比如路牌、霓虹灯和有关实物等。不同媒介的广告文案由于受到媒介条件的制约，在写作上有着并不完全相同的要求。

（三）广告文案的作用

1. 广告文案是制作广告的蓝本

广告文案为广告作品的制作提供了蓝本。无论是在什么情况下，有了广告文案，也就有了制作广告作品的明晰的思路，就有了成品或半成品。在特定的广告运动中，要防止轻视广告文案和广告文案写作的倾向。

2. 广告文案是广告创意的表达

广告文案负有一项重要的使命，那就是：在进行发散思维的基础上，经过择优汰劣，形成广告创意，并在文案中将它记录下来、表现出来。我们说，广告创意是整个广告文案的核心，在特定的广告运动中有着重要的地位。从某种意义上说，找到了好的创意，也就在相当程度上完成了广告文案写作。

3. 特定广告运动的一系列环节都与广告文案有关

特定的广告运动包含了一系列环节。这些环节与广告文案有着密切的联系。比如，市场调查研究在一定意义上是为广告文案写作而展开的，而广告文案的成功写作使市场调研的成果得到了充分的利用。广告的媒介战略，是为发布广告作品而采用的。如果广告文案没有形成，那么广告的媒介战略也就失去了它存在的价值。

## 二、广告文案的特点

（一）广告文案的文本特点

1. 广告文案的文本极为简短

一般来说，广告文案的文本都是非常简短的。这主要是因为：受众在通常情况下只是以很短的时间接触广告，他们很少有耐心读（看或听）完长广告。文字精短、重点突出的广告，其效果往往比较好。广告媒介租用费是一笔相当大的开支，强调文案简短，当然也有节约广告费用的考虑。

广告文案文本的简短，这在所有形式的文章体裁中都是比较突出的。它可以是一段短文，也可以是三言两语，甚至还可以是片言只语。这样一种情况，在其他文章样式中，未必就能被认可。

2. 广告文案的文本充满智慧

广告文案的文本，篇幅虽然短小，但往往是充满智慧的。有时虽然只是寥寥数语，但显得颇为机智。或者是“妙语如珠”，或者是“藏巧于拙”，或者是“投机取巧”。总之，应该是字字珠玑，饱含智慧。生发灵的广告文案，写作：“聪明不必绝顶”。广告语在一般所说的“聪明绝顶”的成语中加了一个“塞子”（“不必”），这确实是大大出乎受众的意外。人们一旦读懂，马上就能感悟到它的妙处。

有一则脱脂奶粉的广告文案这样写道：

**试图使他们相会？**

亲爱的扣眼：
你好，我是纽扣，
你记得我们已经有多久没在一起了？
尽管每天都能见到你的倩影，
但肥嘟嘟的肚皮横亘在你我之间，
让我们犹如牛郎织女般的不幸。
不过在此告诉你一个好消息，
主人决定极力促成我们的相聚，
相信主人在食用 DIPLOMA 脱脂奶粉以后，
我们不久就可能天长地久，永不分离。

这样一则广告，用一种委婉有趣的方式，幽默诙谐地向人们诉说了脱脂奶粉的引人注目的好处，让人看完以后忍俊不禁。当然，就充满智慧而言，其他文章样式中的微型小说可与广告文案媲美。但是，微型小说通常并不用于广告诉求。

3. 广告文案的文本形式多样

广告文案的文本样式是多种多样的。既可以有证言式，也可以有虚构情节式；既可以有书信体，也可以有散文体；既可以是对话，也可以是一般的陈述；既可以是相声、对口词，也可以是诗歌辞赋；既可以是广播稿，又可以是电视脚本。总而言之，广告文案的文本形式多种多样，难以一一列述。

（二）广告文案与新闻作品的比较

两者相比，有诸多不同：

1. 在对真实性把握上有所不同

广告文案和新闻作品都强调真实性。但广告的真实性和新闻的真实性内涵是不一样的。所谓广告的真实性，是指广告所涉及的基本事实的真实。广告不能在产品或服务的有无，质量的优劣，消费者的评价等等方面传播虚假的信息（不能无中生有、将劣质说成优质、将很差的评价说成很好的评价）。在真实反映基本事实的前提下，广告在表现诉求内容时，往往可以使用夸张甚至是极度的夸张，也可以根据诉求的需要进行某些必要的虚构。这样做，并不违背广告的真实性。而新闻的真实，是指如实地反映事物的原貌。如果对事实的反映不符合事实原来的面貌，那么就是报道失实，就违背了新闻规律。新闻在对事实进行报道的时候，不允许进行虚构，同时应该慎用夸张（使用夸张应当不影响对事实的真实报道）。

2. 在文本价值取向上有所不同

新闻作品的文本，侧重于报道有新闻价值的事实，或者说，事实的具有新闻价值的部分，是新闻作品应作为重点加以突出的内容。与此无关的内容，在新闻作品中就没有它的位置。这是新闻作品的一种基本价值取向。而在广告文案中，重点是那些能够吸引和打动受众的内容，是能够对推销产品和服务构成推动力量的内容。新闻作品主要用来满足受众的知情欲望，而广告文案则主要用来劝服消费者购买特定商品、接受特定服务或接受广告主所倡导的某种观念。可见，两者的归宿是不同的。

3. 在文本的结构上也有所不同

新闻作品的文本结构，虽然因具体文体而异，但其基本模式无非是两大类：新闻信息报道类，文本结构以确保清楚地报道新闻事实为基本要求，往往采用相应的方法突出主要内容和主要事实，一般都比较注重于报道新闻事实发展的来龙去脉；新闻事实评析类，文本结构以就事论理为基本要求，往往采用相应的方法来示理和明理，摆事实、讲道理的过程展示得相当清晰。而在广告文案中，提供信息往往并不涉及其来龙去脉，对道理、对观念并不加以论析，更不涉及推理的过程。

### （三）广告文案与文学作品的比较

不可否认，一部分广告文案与文学作品非常接近。也可以说，这一部分广告文案是借用文学作品的样式来进行广告诉求的。但是，这类广告文案与一般意义上的文学作品也仍然有着一定的差别。因为，它毕竟包含了广告诉求的因素，它已经不再属于纯文学作品了。撇开这种情况，应当说，广告文案与文学作品两者之间的差别是比较大的。文学作品的作者，可以在掌握大量的生活素材的基础上，进行大胆的虚构，这并不违背艺术真实性的原则。可是，广告文案的作者却并不能像作家那样进行虚构（广告所涉及的一些基本事实是不允许虚构的）。文学作品的目标是形成供人欣赏的审美对象；广告文案既要给人带来美的享受，同时又必须有利于实现广告主的既定目标和要求。可见，广告文案应该兼具审美性和功利性。

## 三、广告文案与广告

广告文案未必就是广告（作品），同时又未必不是广告（作品）。广告文案与广告（作品）之间呈现为比较复杂的关系。

（一）在某种情况下广告文案本身就是广告（作品）

为数不少的广告文案，不需要另外再作什么加工，就已经可以直接面对目标受众。这些广告文案就已经是广告（作品）了。一般来说，印刷媒介的部分广告文案大致就属于这种情况。另一种情况也很值得引起我们的注意。有时，广告文案到了非常简化的地步，它只是一段甚至只是一句广告语。广告文案和广告（作品）已经完全合而为一了。

（二）在某些情况下广告文案是制作广告作品的基础

在某些情况下，广告文案和广告（作品）并不能相等同。印刷媒介的广告，在文案的基础上还需要配上画面。在这类广告中，文案只是整个广告作品的一部分，当然是很重要的一部分。对于广播广告来说，文案也并不就是广告作品本身。因为文案的文字有待于转换成有声语言。除此以外，还要配上必要的音响。电视广告文案，其实只是电视广告的脚本。需要有关人员在此基础上进行二度创作，需要在文字的因素之外，加入画面、音响和其他因素。不过，不管是哪一种情况，优质的广告文案对于最后成型的广告作品来说，都是不可或缺的基础。

（三）不管在什么情况下广告文案于广告都是很重要的

不管在何种情况下，广告文案对于广告（作品）都有相当的重要性。也许可以这样说：没有广告文案，就不会有广告作品；没有好的广告文案，也就不会有好的广告作品。注重于广告文案写作，这是优秀广告作品产生的前提条件。

# 第三节　广告文案的写作

广告文案写作与文学写作有着相通的地方，但是也有明显的区别。广告文案人员不是为了让人欣赏而写，而是为了劝说消费者购买产品或使他们对企业产生好感而写作，因此，在广告文案写作之前，撰文人员要了解整个广告活动的目的和策略，要研究产品、消费者和竞争对手，要明确广告的主题并构思新颖独特的表现形式，然后用文字将其符号化。

## 一、广告文案的写作过程

广告文案的撰写需要经过研读广告策划书、构思广告文案、起草广告文案、修改广告文案四个阶段。

(一) 研读广告策划书 (或研究广告策略)

广告策划是对一定时期内广告活动的运筹谋划，广告策划书则是反映广告策划的书面文件，也有人称之为广告计划书或广告企划案。广告策划书的内容一般包含产品与市场分析、广告对象、广告目标、广告主题、广告媒体、发布安排、广告预算、广告效果测定计划等。由于广告策划书既要在宏观上制定广告活动的战略，又要在微观上规定广告活动的策略，所以广告策划书是实现广告活动的蓝图，也是协调广告公司各职能部门成员行动的共同纲领。

广告文案通常是广告作品的一部分，广告作品又是广告活动的一部分，广告活动不过是促销的若干种手段之一，促销又是营销的四个要素之一。由此可知，广告文案写作只是企业营销这个系统工程中的一个子项目，广告文案人员在拟写广告文案时不能随心所欲，而必须服务于企业营销，服从广告活动的整体策划，并让文案与广告作品的其他部分相辅相成地担当起传递同一销售信息的任务。也就是说，广告文案的创作必须要经过策略层面的思考。

由于广告撰文直接受制于广告策划，所以广告公司的文案人员在动笔之前必须仔细研读广告策划书或由客户部提供的创意大纲（创意依据简述），以便明确为什么目的写，对谁写，写什么，什么时候写完等一系列问题。

1. 为什么目的写

户告主花钱做广告的根本目的是为了扩大销售、增加利润，而就每一次广告活动的具体目的来说又略有不同。比如，有的是为了树立企业形象，有的是为了宣传新产品，有的是为了提高产品的知名度或偏好度，有的是为了维持已有的销售水平等，有的是为了争取更大的市场占有率。广告文案人员应该根据广告策划书所确定的目的来构思并撰写广告文案。

2. 对谁写

广告文案是写给广告诉求对象看的，广告的诉求对象指消费者中对广告商品或服务有所需求的那一部分。在广告策划书中，广告的诉求对象已经有了明确的界定。界定广告对象就是指出某商品特定消费群体的特征，一般包括性别、年龄、职业、收入、居住地区、受教育程度、消费习惯、心理特征等。广告文案人员应根据消费者的特点来决定广告文案的表现形式和语言风格，比如，写给儿童看的应该比较活泼，写给老人看的应该比较稳重，写给女士看的应该比较温柔，写给男人看的应该比较豪爽等。

3. 写什么

无论企业、产品还是服务，可写的方面很多，但出于信息策略上的考虑，或受到刊播空间、时间的限制，广告不可能面面俱到。一则广告一般只能有一个宣传要点，有人把它叫做销售重点、商品承诺或广告主题。广告主题规定了广告文字所要表现的概念，广告文案人员必须按照广告策划书或广告策略中已经明确规定了的主题来撰写广告文案，他们的创造力只能围绕广告主题来发挥，而不能像文学创作那样，写什么完全由作者自己决定。

4. 什么时候写完

与其他应用文体一样，广告文案写作有很强的时效性。时令、季节性商品广告不能滞后，一般商品广告也应该按广告发布日程表中规定的时间如期完成，否则广告活动的全局计划就会因重要的一环衔接不上而受到影响。

广告策划工作一般由专为客户成立的广告策划小组完成。在大多数广告公司中，广告撰文员都直接参与广告策划工作，因而对广告策划书中规定的上述几个问题已经有所了解，但为了慎重起见，在起草文案之前，还是要把广告策划书仔细阅读几遍。如果一个较小的广告公司，在接到一个比较单一的广告设计任务后，没有成立一个专门的广告策划小组，而由一个广告文案人员完成策划及撰文工作，那么广告文案人员则要根据广告策划的原则、步骤和方法，预先确定广告对象、广告目标、广告主题、广告媒体等一系列问题之后，才着手撰文工作。

### （二）构思广告文案

广告策划书中业已确定的广告对象、广告目标、广告主题、广告媒体一方面限制了广告文案的表现形式，另一方面也为广告文案表现形式的构思提供了依据。广告文案的表现形式一般涉及体裁、表达方式、具体内容、语言风格等。在考虑这些问题时，一方面要服从广告策划书中业已制定的战略与策略，另一方面又要充分发挥广告文案人员的想象力和创造力，写出不落俗套、促销有效的广告文案来，所以广告文案表现形式的构思借用闻一多的话来说，就好比是“戴着镣铐跳舞”。

1. 体裁

广告文案借用文学作品的分类方法，可以分为诗歌体、小说体、散文体和戏剧体。诗歌体广告文案常见的有格律诗、自由诗、民歌以及歌曲中的歌词部分。小说体广告文案一般为略有情节的小故事。戏剧体多为小品，即以对话形式拟定的广告文案。散文体广告文案最多，可以把诗歌体、小说体、戏剧体以外的广告文案都归到这一类。

广告文案的体裁一般根据广告对象、商品个性、媒体特点来选择。比如，针对企事业单位的主管做办公设备广告一般用散文体，某些名称与中国传统文化相关的商品可用格律诗，故事体广告多半以报纸杂志为媒体，戏剧体广告通常出现在广播电视中。

2. 表达方式

广告撰文用到的表达方式有叙述、描写、议论、抒情和说明，其中较常见的是后面两种。

说明是用简明的文字把事物的性质、形状、功能等说清楚。比如：

斜纹代表勇敢决断，
细花代表体贴温馨，
丝绒代表温暖保护，
方格代表热心慷慨，
圆点代表爱慕关怀。
金利来领带，男人的世界。

这就是典型的说明。

说明可以用第三人称，即以第三者的身份来说明、介绍商品，如上面的金利来领带广告，也可以用第一人称，即采用拟人的手法，让商品自我介绍，比如：

我，德国贝克啤酒，
600 年来，我就是这样
坚持自己的独特脾气——
泡沫一定要洁白，
色泽一定要清亮，
口感一定要爽快，
我就爱跟你这样，
从不与随波逐流的人交朋友。
酒逢知己，干杯！

抒情有直接和间接两种，直接抒情是把内心的情感毫无遮拦地直接倾吐出来，间接抒情是指通过叙述、描写、议论来抒发感情。比如：

本车是世界上最昂贵的汽车！
——英国，罗尔斯·罗伊思公司
一副大亨气派！

这是直接抒情。

做妈妈的都爱子女，听到小孩喊饿，就要立刻煮一点儿东西给他吃，H—O 麦片就是这样的可以立刻煮食的东西。

这是间接抒情。

在广告文案中。直接抒情较少，间接抒情较多。

一般来说，对凭理智购物的消费者多用说明，对凭感情购物的消费者多用抒情；对消费者不了解又希望了解的事物用说明，对消费者已经熟悉的事物用抒情。用说明的表达方式写广告文案又叫理性诉求，用抒情的表达方式写广告文案又称感性诉求。

3. 具体内容

广告文案的具体内容指写进广告文案的全部事物。由于广告文案人员的构思不同，为同一种商品写广告，具体内容也会有所不同。比如，瑞士劳莱克斯手表广告的正文是：

我决不会不戴上我的Rolex表就去登山，登山者不戴上一块可以信赖的走时准确的表简直是发疯。（配图是：登山健将霍尔德·梅斯纳单身一人登上南伽帕巴特峰后，用自动照相机摄下的留影。）

而台湾精工手表广告的正文则是：

恰当地表达自己真挚、温馨的爱情，
不仅仅是一份勇气，
更是一种艺术。
象征永恒的精工手表，
是高贵的爱情标志，
也是天长地久的爱情魅力。
在我们生命中的某些时候，
爱情，应该是看得见的。

广告文案的内容主要依据广告主题、广告对象、广告媒体来选择。在以上两则广告里，劳莱克斯表的广告主题是走时准确，精工表的广告主题是品质永恒；劳莱克斯表的广告对象是有名人崇拜心理的消费者，精工表的广告对象是热恋中的情侣。此外，从时机方面看，劳莱克斯表广告发布在霍尔德·梅斯纳名声大噪的时候，精工表则发布于情人节。

4. 语言风格

广告文案的语言风格指广告文案人员由于运用修辞方式和表现方法不同而形成的一种风貌或格调。广告文案的语言风格主要有平实、华美，庄重、幽默，婉约、豪放几种。

平实的语言风格，即文案中不用比喻、夸张、比拟一类修辞手法，也很少使用形容词。浙江省永嘉农机配件厂的一则广告就是这样：

我厂地处东海之滨，和温州隔江相望，水陆交通便利。现有3 000平方米厂房，63吨以下冲床和车钳刨铣等设备。近年来主要生产汽车油封和高中压阀门产品。现在我厂决定投资20万元左右，欲求开发一两项市场适销的产品，联营或提供技术信息均可。请各界人士来人来函洽谈，采纳后给予酬劳。

华美的语言风格与平实的语言风格相反，即文案中较多地运用修辞手法和形容词。

下面以上海龙凤金银珠宝店的一则广告为例：

艳艳浓水绿，鲜鲜玻璃绿，纯纯宝石绿，娇娇鹦毛绿，嫩嫩青葱绿，浓浓菠菜绿，条条丝瓜绿，明明阳俏绿，点点梅花绿，清清浅水绿，线线金丝绿，滴滴春花绿，青青瓜皮绿，朵朵彩云绿，亮亮松柏绿，淡淡湖水绿，静静茵花绿，闪闪祖母绿。

这则翡翠广告文案运用了一连串的形容词以及叠字、排比、比喻等修辞手法。

庄重的语言风格，即文案中多用规范的词语、严谨的句式，不用双关、曲解、仿词等有损庄重的修辞手法。下面这则丽珠得乐胃药广告就具有庄重的语言风格。

他是一个教师。他的影集好厚好沉，他如数家珍地讲述着关于每一个身影的故事，这给了他最大的满足。然而随着这些故事的继续，他的青春渐渐耗尽，负重的身躯不再挺拔……

他的欢乐与苦恼只有他自己知道。

啊……男子汉！

这是一个普通男人的生活轨迹。在许多人看来，似乎是男人，就应该活得轰轰烈烈，所以在许多场合里，平凡的他常常被忽视……据医学专家研究，生活压力大，身心过度疲劳的人易患胃病，而在众多的胃病患者中，男人占大多数。

——其实，男人更需要关怀。

幽默的语言风格与庄重相反，即文案中多用活泼的词语、灵活的句式和能使文案风趣的修辞手法，下面这则法国香水广告文案就是如此：

我们的最新产品能吸引异性，因此随瓶奉送“自卫教材”一份。

婉约的语言风格，即文案的语气柔和，笔调优美，情意绵长，下面这则广告即是：

故都北京，最为人所称道、怀念的，除了天坛、圆明园外，就该是那操一口标准京片子的人情味和热气腾腾、皮薄馅多汁鲜、象征团圆的水饺儿。今天，在宝岛台湾，怀念北京，憧憬老风味，只有北方水饺最能令您回味十足，十足回味。

豪放的语言风格，即文案的语气豪壮，感情奔放，境界开阔，下面这则广告可以作为一个代表：

日立产品，从大到小，无所不有。

从发电设备、超大型计算机、超大规模集成电路到电视机、录相机，日立产品大显神通。

日立真可谓多才多艺。它有使您的生活丰富多彩的一面（电视机、电冰箱、洗衣机等），有推动工业发展的一面（钢铁厂设备、化学成套设备、发电机设备等），并且还有支配和运用电子技术的一面（计算机、超大规模集成电路等）。现在日立产品已超过 20 000 种，涉及生活、生产的各个领域。

日立与中国的往来远早于中日邦交恢复以前。它领先世界各国向中国出口了通用计算机，又协助建成了日中合作的彩色电视机厂，其后，继续致力于各种日中合作事业。它出色的技术和产品为人们做出了巨大贡献。

经过近一个世纪的历程，目前日立已置身于世界舞台。职工总数约达16万人。此外，还有为生产更为出色的产品而致力于技术开发的研究所31个，年研究开发费达3 200亿日元以上。

自1910年创建以来，日立始终竭尽全力，发挥创新精神，把尖端技术送到我们生活的各个角落。

广告文案的语言风格是多种多样的，上面只是最典型的几种。在选择运用什么样的语言风格时，应着重考虑广告企业或广告商品的特点、广告对象的物质需要与感情需要、广告的具体内容及表达方式等。

以上面六则广告而论，浙江省永嘉农机配件厂是一个地方企业，广告对象是合作开发新产品的单位，广告的具体内容是介绍本企业的基本情况及与人合作开发新产品的愿望，表达方式是说明，因而用平实的语言风格比较好。

上海龙凤金银珠宝店也是一个小企业，而广告商品却很名贵，广告对象主要是富有的女性，广告的具体内容是介绍各种翡翠，表达方式是描写，因而用华美的语言风格比较合适。

丽珠得乐是一种胃药，广告对象是胃病患者，且以男性为主，广告的具体内容是一个男教师因操劳而体衰的经历，以及医学专家关于身心过度疲劳易患胃病，而胃病患者又以男性为多的论断，表达方式是叙述，所以采用了庄重的语言风格。

法国香水是一种高级香水，广告对象是爱美的女性，广告的具体内容是把此香水能使异性产生好感的优点说成使用该香水的女性不得不时时提防异性侵扰的缺点，表达方式是说明，所以采用了幽默的语言风格。

北方水饺是一种具有地方风味的小吃，广告对象是怀念故都的台湾人，具体内容是介绍北京的水饺并兼及北京的名胜古迹，表达方式是抒情，因此最合适的语言风格是婉约。

日本日立电器公司是一个国际化的企业集团，广告对象是中国广大的电器消费者，广告的具体内容是介绍日立的产品、日立与中国合作的历史与成就、日立的规模与经营宗旨等，表达方式是叙述与说明，因此最合适的语言风格是豪放。

### （三）起草广告文案

起草广告文案就是将脑子里构想出来的广告信息的表现形式用文字表述出来，其中包括拟写标题、遣词造句、集句成段、组段成篇等，为此广告撰文员必须有厚实的文字功底。

1. 文案的起草是创意的深化与定型

如果把“创意”理解为对广告信息表现形式进行的构思，那么，起草广告文案不是对创意做简单机械的记录，而是将其加工和整理，并使其深化与定型。

尽管广告撰文员的脑子里已经有了广告文案的具体内容，并且已经确定了广告文案的体裁、表达方式和语言风格，但临到要用文字把它写出来的时候可能又会颇费踌躇。这一方面是由于想象的东西多少带有模糊性或跳跃性，而写出来的东西则要将模糊变为清晰，使跳跃变成连贯，在构思中忽略的细小环节行文时还要补充，构思中不够妥当的地方行文时还要修改。另一方面，由于文字与构思还隔着一层，把构思变成文字是将看不见的思想物化为语言符号的过程，所以文字表达能力差的人可能辞不达意，文字表达能力强的人则可使笔随心驰。

2. 起草文案需要很强的文字表达能力

孔子在谈到作文的时候说：“辞达而已。”意思是说言辞能够表达意思就可以了。如果将这句话作为评价文字表达能力强弱的标准，那么所谓文字表达能力强，就是能用语言文字明白准确、形象生动地表达自己的思想，对于广告文案人员来说，就是能把卓越的创意变成毫不逊色的文字。这就要求广告文案人员做到以下几点：

（1）要掌握一定数量的词汇，并在选词用词时具有分寸感或精确度。

（2）造句要合语法，合逻辑，褒贬正确，音韵和谐。

（3）集句成段要语意畅达，组段成篇要严谨、完整。

（4）能合理运用修辞手法，并使语言的运用切情切境。

广告文案的结构和广告文案的语言后面还要专章论述，此处不再展开。

### （四）修改广告文素

广告文案的草稿拟出以后，还需要经过认真仔细的检查和修改，才能保证文案与广告策划书中制定的战略、策略相吻合。与文案人员的立意构思相一致。检查广告文案应注意以下几个方面的问题：

第一，对广告文案进行检查应该先从大处着手，然后依各要素的重要程度，由重到轻逐一进行。对于广告文案来说，最重要的是检查它所传递的信息和送达的对象是否符合广告策略的要求。比如，一则广告的销售重点是商品能够满足消费者重视仪表美的心理需要，那么广告文案就不应把宣传重点放在经久耐用或价格低廉上；如果广告的对象是少女，那么广告文案就不能用适合中老年妇女口味的文笔来写。

第二，要检查文案是否准确地表现了创意，也就是要看看文案的具体内容、体裁、表达方式、语言风格等是否正是你所想要的，它们对于表现广告主题来说是否都是最好的。

第三，应检查一下文案是否适合打算刊播的媒体。如果广告作品中含有画面、音乐和音响，则要检查文字与画面在内容和布局上是否相配，语言与音乐、音响在情调和时间上是否协调。

第四，检查一下广告文案的结构是否合理，即文案使用含有标题、正文、附文、广告标语的完整结构好，还是使用只包含其中某几个部分的简化形式好。此外，还要看看各部分的顺序是否合理，衔接是否自然。

第五，检查一下用词是否准确，句子是否通顺，标点是否恰当。为了使大家在检查广告文稿时便于操作，这里将台湾广告专家樊志育拟定的“广告文案注意事项检核表”转录如下，以供参考。

- 是否充分了解商品及其哲学？
- 是否明白竞争商品正在做什么广告？
- 是否彻底了解广告商品的分配状况及销售方法等市场营销情况？
- 在战术方面使用热烈的调子或是用柔和的手法？
- 是否充分了解广告主题？
- 是否考虑了消费者的利益问题？
- 是否考虑了广告的目的？
- 标题是否有吸引受众注意的力量？
- 标题是否有引入正文的力量？
- 引人注意的文句是否使受众能够在顷刻之间了解？
- 引人注意的文句与画面之间有无矛盾？
- 字数是否过多？
- 句读点正确吗？
- 另起一行不难念吗？
- 第一行有引起受众关心的力量吗？
- 是否有加副标题的必要？
- 是否使用直接的现在时态？
- 是否使用受众的语汇？
- 是否简洁、自然、亲切？
- 从头到尾流畅吗？
- 有未删除的冗赘的文字吗？

带着上述问题去审读广告文案，如果回答是否定的，就要设法修改，直至得到肯定的回答为止。

检查广告文案除自己反复看几遍，以找出不合理、不通顺、不明白、不准确、不严密、不简洁的地方外，还可请本公司的调研、策划、美术、影视、媒体人员提出意见，帮助修改。大卫·奥格威写出广告文案后，常常要请公司其他文案人员严格检查，然后才送给客户看。他在为劳斯莱斯汽车写广告时，首先拟出了26个不同的标题，然后请公司另外6位文案人员把它们看完，并从中选出一个最好的。接下来，他写了大约3 500字的广告文案，而后又征求了三四位文案人员的意见，并删去枯燥和含糊的部分，使它变得精练。

对广告诉求对象进行文案效果的测定也是检查广告文案的一种重要方法。一般来说，专业人员的意见比较具体，广告诉求对象的意见则比较抽象。比如，被邀请来看文案的消费者会告诉你喜不喜欢他所看过的文案，对标题有没有兴趣，对正文有没有好感，能否记住广告企业或广告商品，对广告企业或广告商品的印象如何等。如果听到否定的意见，文案人员还要去寻找产生这些问题的具体原因，比如，主题分散，内容芜杂，文体不适，表达方式不当，语言风格不合适等，在此之后，才能着手字词句章的修改。至于广告效果测定的具体方法可参阅广告策划专著中的相关部分。

## 二、广告文案写作的原则

为了使广告文案产生较好的销售效果和社会效果，撰写文案必须遵循以下的基本原则。

### （一）促销原则

广告主花钱做广告总是有目的的，就商业广告而论，不管是为了促进商品销售，树立企业形象，还是宣传某种观念，其根本目的都是为了出售更多的商品，赢得更多的利润。拿一则商品广告来说，文案人员必须紧紧围绕如何提高广告商品在消费者中的知名度、偏好度和指名购买率来写。广告文案应该写得有艺术性，但艺术性并不是商业广告的目的，而只是传递销售信息的手段，任何脱离促销目的的艺术性对于商业广告来说都是无益的。

对促销原则的理解应避免两种片面性。第一，对促销原则不能作机械的理解，除直接宣传产品，招徕顾客外，其他间接有利于经营销售的宣传也都符合促销的原则。第二，遵循促销的原则并不排除艺术手段的运用；相反，如果在文案中，描写、抒情以及各种修辞手法的运用有助于引起消费者对广告企业或广告商品的注意、兴趣、确信和购买欲望，那么这则广告也就是遵循了促销的原则。

（二）真实原则

无论国内、国外，在要求广告内容真实上都是一致的。《中华人民共和国广告法》第四条规定：“广告应当真实。”美国联邦最高法院规定：“作为广告，它不仅每段叙述文字都应当是真实的，而且作为一个整体，广告也不应给人以误解的印象。广告不得模糊或掩盖事实真相。广告不得巧妙地设法使读者对词藻的真实含义和对一项保证的实际内容发生忽视和误解。广告不得施展圈套或伎俩，而应通过对所保证真实性质的直接公开来博取人们的购买行动。”

违反真实原则的广告除了损害消费者利益外，对广告主来说也至少有两种危害：第一，由于受到消费者组织的控告和广告监督管理机关的处罚而遭受直接的经济损失。第二，由于商品和企业在消费者中丧失信誉而遭受间接的经济损失。由此可见，虚假的广告可能在短时间内有利于销售，但从长远的观点来看却是违反促销原则的。

（三）创新原则

广告文案贵在创新。创新是相对因循守旧而言的，在广告文案写作中，因循守旧就是在广告的内容或形式上照抄或模仿他人。比如，台湾“速体健”儿童营养品广告有一句广告词：“不要让你的孩子输在起跑线上！”某制药厂的“××壮骨冲剂”广告则原封不动地搬用过来。又比如，台湾一则矿泉水广告的广告词是“口服，心服”，由于该广告词巧妙地化用成语，且一语双关，效果很好，于是“××八宝粥，口服心服”、“××牌啤酒，口服心服”、“××感冒灵，口服心服”等模仿之作竞相登场。殊不知对此类拾人牙慧的现象前人早已作过形象的讽刺：第一位用花形容女人美貌的是天才，第二位则是庸才，第三位就只能叫做蠢才了。

广告文案的创新主要表现在两个方面：一是内容新，即文案所传递的广告信息新；二是形式新，即表现广告信息的形式或语言新。新信息主要来自广告企业或广告商品本身，因此它是客观的，但是，从文案人员发现并有意识地宣传广告企业或广告商品的特点方面看，文案传递什么样的信息又有主观性。在广告中首次传递七喜汽水不含咖啡因的信息，或传递活力28超浓缩洗衣粉与普通洗衣粉相比，去污效率是1:4的信息，都是内容创新的表现。广告文案在表现形式或语言形式方面创新的天地更大一些，不说奔驰汽车质量可靠，而说“如果有人发现奔驰牌汽车突然发生故障被迫抛锚，本公司将赠送美金1万元”，这是表现方式的创新，“车到山前必有路，有路必有丰田车”，这是语言形式的创新。

广告文案创新的目的是为了引起消费者对广告的注意和兴趣，并最终达到使消费者记住广告企业或购买广告商品的目的，所以广告文案人员不能盲目地为了创新而采用无稽的内容或怪诞的形式，否则就可能适得其反。

（四）合法原则

广告内容必须真实是我国广告法的一个重要规定，但不是它的全部内容，除了真实之外，广告还应符合广告法的其他规定。《中华人民共和国广告法》第二章列有13条广告准则，其中对广告内容的限制，广告文案人员一定要牢牢记住，以免在撰写广告文案时无意触犯了法律。下面是《中华人民共和国广告法》的第七条：

广告内容应当有利于人民的身心健康，促进商品和服务质量的提高，保护消费者的合法权益，遵守社会公德和职业道德，维护国家的尊严和利益。广告不得有下列情形：

（1）使用中华人民共和国国旗、国徽、国歌；

（2）使用国家机关和国家机关工作人员的名义；

（3）使用国家级、最高级、最佳等用语；

（4）妨碍社会安定和危害人身、财产安全，损害社会公共利益；

（5）妨碍社会公共秩序和违背社会良好风尚；

（6）含有淫秽、迷信、恐怖、暴力、丑恶的内容；

（7）含有民族、种族、宗教、性别歧视的内容；

（8）妨碍环境和自然资源保护；

（9）法律、行政法规规定禁止的其他情形。

除第七条外，广告文案人员还应特别注意的是第十二条：“广告不得贬低其他生产经营者的商品或者服务。”

第八、九、十、十一、十三、十四、十五、十六、十七、十八、十九条中还有一些对广告内容的限制，在此不一一赘述。

（五）适合原则

适合原则指广告文案从形式到内容都应适合广告事物、广告受众、广告媒体、发布时机等。

广告事物有企业、商品、服务、观念之分，企业又有行业、规模的不同，商品也有类型、品种的区别。广告文案适合广告事物就是指广告的形式或内容应该随广告事物的不同而有所变化，以便恰切地表现广告事物的优点或特点。

广告受众不仅有性别、年龄、职业、购买能力、居住地区的区别，而且有因个人经历、所受教育、生活环境不同而带来的心理需求的差异。广告文案适合广告受众就是指广告的形式或内容应该针对不同的广告对象来撰写，以便广告文案容易被他们接受。

广告媒体有印刷媒体、电波媒体、户外媒体、邮寄媒体、销售现场媒体等，各类媒体里又有若干品种，如印刷媒体中有报纸、杂志，电波媒体中有广播、电视网络，户外媒体中有广告牌、灯箱等。广告文案适合广告媒体就是指广告的形式或内容应该根据不同广告媒体在播出时间、刊登版面、视听对象、视听效果等方面的特点与限制来选定，只有这样，广告文案才能发挥较大的宣传效力。

发布时机有季节的变化、节假日的不同、政治背景的区别和环境气氛的差异。广告文案适合发布时机就是指广告的形式或内容应该依发布时机的不同而相应变化，只有这样，广告文案才能收到较好的宣传效果。

## 思考·案例·练习

1. 广告有哪些特点？
2. 广告文案的文本有哪些特点？
3. 撰写广告文案为什么要从研读广告策划书或研究广告策略入手？
4. 构思广告文案的表现形式一般应考虑哪些方面的问题？
5. 广告文案写作需要遵循哪些原则？
6. 案例分析

ACS（American Cancer Society），是个非营利的公益性组织。这个组织里的专家个个都菩萨心肠。他们发现，全美皮肤癌患者人数呈逐年上升的趋势。而造成皮肤癌的主要原因，是在阳光下过度曝晒，尤其以青少年时期就崇尚日光浴的人为甚。因此，ACS 决定做广告呼吁年轻人擦防晒指数 15 的防晒油（SPF15），从而能有效的防止皮肤被晒伤。于是专家们想出了自认为极具震撼的口号：“救你一命！”

如果用“救你一命”为诉求，广告的调性则属于“恐惧诉求”一类，多半会联想到黑色、死亡、痛苦等不愉快的事物，对那些崇尚“日光浴”的发烧友，难道不该来个当头棒喝吗？当然应该，但是调查显示：目标对象不买账！那些 12～18 岁的年轻人根本不知死是啥味，有道是：民不畏死，奈何以死惧之？

那么是什么东西吸引着他们那么起劲的去晒太阳呢？他们说：对异性更有吸引力啊！诉求因而改为“使用 SPF15，能让你安全地、长时间地在日光下暴晒，令你对异性更具吸引力”，因此大得年轻人欢心。

仔细阅读以上案例，进行简要分析，试述 SPF15 获得成功的原因。

# 第2章 广告文案的执行策略

**本章知识要点：**

1. 明确广告文案与目标市场策略、定位策略、诉求对象策略的关系
2. 掌握广告文案执行三大策略的途径与方法

## 第一节 文案与目标市场策略

文案属于广告创意表现的范畴，它必须针对不同的目标市场。广告主面对的目标市场可能有多种情况：可能是已经进入的市场，也可能是计划进入的市场；可能是新进入的市场，也可能是已经具有一定市场占有率和优势的市场；可能是发展潜力很大、潜在用户极多、需要开拓的市场，也可能是有种种限制和壁垒，很难维持和拓展的市场。广告主所选定的目标市场不同，广告定位策略也就不同，广告文案的表现策略自然也不同。

### 一、目标市场策略

目标市场是指通过市场细分，被广告主所选定的，准备以相应的品牌、产品或服务去满足的现实或潜在的消费需求的那一个或几个细分市场。市场细分是确定目标的前提和基础，目标市场是市场细分的结果和归宿。目标市场策略指的是在市场调查和市场细分的基础上选择目标市场、明确目标市场的方式。

一般而言，企业的目标市场策略有三种类型：无差异市场营销策略、差异性市场营销策略和集中性市场营销策略。

### （一）无差异市场营销策略

无差异营销策略是指企业将产品的整个市场视为一个目标市场，用单一的营销策略开拓市场，即用一种产品和一套营销方案吸引尽可能多的购买者。无差异营销策略只考虑消费者或用户在需求上的共同点，而不关心他们在需求上的差异性。可口可乐公司在20世纪60年代以前曾以单一口味的品种、统一的价格和包装、同一广告主题将产品面向所有顾客，就是采取的这种策略。

无差异营销的理论基础是成本的经济性。生产单一产品，可以减少生产与储运成本；无差异的广告宣传和其他促销活动可以节省促销费用；不搞市场细分，可以减少企业在市场调研、产品开发、制定各种营销组合方案等方面的营销投入。这种策略对于需求广泛、市场同质性高且能大量生产、大量销售的产品比较合适。例如，今天市场上的“黄金搭档”采用的即是一种“老少通吃，城乡皆宜”的无差异的市场营销策略。

### （二）差异性市场营销策略

差异性市场营销策略是将整体市场划分为若干细分市场，针对每一细分市场制定一套独立的营销方案。比如，服装生产企业针对不同性别、不同收入水平的消费者推出不同品牌、不同价格的产品，并采用不同的广告主题来宣传这些产品，就是采用的差异性营销策略。

差异性营销策略的优点是：小批量、多品种、生产机动灵活、针对性强，使消费者需求更好地得到满足，由此促进产品销售。另外，由于企业是在多个细分市场上经营，在一定程度上可以减少经营风险；一旦企业在几个细分市场上获得成功，有助于提升企业的形象及提高市场占有率。

差异性营销策略的不足之处主要体现在两个方面：一是增加营销成本。由于产品品种多，管理和存货成本将增加；由于公司必须针对不同的细分市场制订独立的营销计划，会增加企业在市场调研、促销和渠道管理等方面的营销成本。二是可能使企业的资源配置不能有效集中，顾此失彼，甚至在企业内部出现彼此争夺资源的现象，使拳头产品难以形成优势。

在今天成熟的市场和消费环境中，绝大多数品牌和产品都实施差异化市场营销策略。

### （三）集中性市场营销策略

实行差异性营销策略和无差异营销策略，企业均是以整体市场作为营销目标，试图满足所有消费者在某一方面的需要。而集中性营销策略则是集中力量进入一个或少数几个细分市场，实行专业化生产和销售。实行这一策略，企业不是追求在一个大市场中角逐，而是力求在一个或几个子市场中占有较大份额。

集中性营销策略的指导思想是：与其四处出击、收效甚微，不如突破一点取得成功。这一策略特别适合资源力量有限的中小企业。中小企业由于受财力、技术等方面因素的制约，在整体市场上可能无力与大企业抗衡，但如果集中资源优势在大企业尚未顾及或尚未建立绝对优势的某个或某几个细分市场上进行竞争，成功的可能性更大。

集中性营销策略的局限性体现在两个方面：一是市场区域相对较小，企业发展受到限制。二是潜伏着较大的经营风险，一旦目标市场突然发生变化，如消费者趣味发生转移，或强大竞争对手的进入，或新的更有吸引力的替代品的出现，都可能使企业因没有回旋余地而陷入困境。

前述三种目标市场策略各有利弊，企业到底应采取哪一种策略，应综合考虑如下因素：

（1）企业资源或实力；（2）产品的同质性；（3）市场的同质性；（4）产品所处生命周期的不同阶段；（5）竞争者的市场营销策略；（6）竞争者的数目等。

## 二、广告文案以目标市场策略为基础

作为一种营销传播要素，广告文案对于目标市场策略的执行是无条件的。广告受众的确定、广告媒介的组合、广告创意的形成，以及广告口号和广告文案正文的表达，都必须以目标市场策略为基础。执行目标市场策略，形成销售主张和创意核心，而后才可以将其作为广告文案表现的依据。

例如，广东省蓝色创意广告公司曾经在2001年为北京天鸿房地产公司“东润枫景”楼盘实施广告代理，成功地进行了广告传播。考虑到“东润枫景”是一个当时北京地产市场上尚不多见的高端楼盘，天鸿公司对其采取集中性市场营销策略，将目标消费群体定位在北京的高级白领。那么，如何在广告传播中准确地体现这一目标市场策略呢？

广告代理商首先进行了目标市场的调查和分析，在此基础上，提炼出广告传播的创意核心。在目标市场分析过程中，它不仅仔细地了解了“东润枫景”的竞争环境，包括对嘉铭园、都会华庭等主要竞争楼盘的定位、广告传播、目标市场的特点，更重要的是深刻地洞察了“东润枫景”的目标消费群体的生活方式、价值观念。

市场调查和分析发现：

东润枫景的消费者就是在首都先富起来的一批“中产阶层”，主要是三资企业及小型私营企业的管理层、金融、贸易、传媒、演艺、高科技、咨询服务等行业的从业人员。他们年收入在80 000元以上（2001年水准），家庭结构一般是核心家庭，社会地位是中产阶层，具有大学以上学历；相对其他人群，中产阶层当中归国留学生占的比例最高。

他们的生活态度时尚而现代，务实又追求享受，努力工作就是为了活得更好。追求享受——“自己工作那么辛苦，就应该享受好一些”；“享受多一些，享受好一些”是他们的人生信条。

他们具有独特的消费观念。消费经验的积累、受教育程度相对较高决定了中产阶层将消费带入了理智消费的阶段，这表现在他们对自己的需要、个人享受的内容和层次有比较实际的认识，而且消费的品位越来越具有个人色彩并追随国际潮流。

中产阶层的消费注重住房、汽车、旅游。他们的消费追求有个性、有形象、有档次。中产阶层的种种消费行为背后隐藏着许多文化层面的因素，单纯地为满足生理需求或说纯物质化的消费模式，对中产阶层并不构成最强的吸引力；商家若能将消费与精神愉悦联系在一起，就能较容易地打动中产阶层的消费者。

在市场调查的基础上，广告代理商认为：

东润枫景的广告传播对象应该锁定高级白领。他们的年龄在25—45岁之间，接受东西文化的浸润，有强经济能力，工作压力大、节奏快，有情趣、有品味，讲求生活质量、懂得生活艺术的人。

因此，针对他们的有效的广告传播，在核心创意上，应能够体现他们的生活理念、文化素养和消费观念；在具体执行上，广告主题、广告文案、广告设计、软性文章等方面需要突显高尚、典雅的文化风格，才能打动他们的心。对于东润枫景，关键是创造美好环境，迎合中产阶层对生活真谛的追求。

由此，根据产品的特点和定位，结合目标消费群体的要求，将品牌传播定位确定为“东润枫景，能够让人诗意地栖居、单纯地生活的地方”。这实际上就是品牌传播的创意核心。品牌写真进一步拓展、解析了创意核心，为传播执行提供了风格、调性、形象等因素：“一走进东润枫景，所有的节奏都立即慢了下来，包括心跳。凝神定步，空气中弥漫着优雅的音符、咖啡分子和负氧离子，让你油然而生一种不一样的感觉，有点点温馨、有点点放松、有点点沉醉，孩童的欢笑也不能打扰你的醉。”“这里有生活，有艺术，有健康，有美，唯独没有压力。”

结合东润枫景楼盘的自身定位和传播定位，得出广告口号：“东润枫景，发现居住的真意”。

广告表现策略上，体现为：“东润枫景是现代城的反动”、“东润枫景决不将工作和生活捆绑销售/东润枫景把生活与工作彻底剥离/东润枫景只卖生活”、“东润枫景媒体广告不渲染房子，而是一种独特而鲜明的居住生活体验”。

在广告主题形象上，选择了“东润四宝”：绘画、咖啡、音乐、书籍，它们是打开“高级白领”心灵和荷包的金钥匙。

广告表现总体原则：由于东润枫景面对的是一群层次较高的现代白领，为能和他们作高效的沟通，我们的广告表现必须：具有深层次的文化品位和审美价值，因为他们大都受过良好的教育，文化层次较高，有一定的艺术鉴赏力；有自己的观点，因为他们良好的工作背景，使他们对诸多事物都有自己的独到见解，广告应该在这方面试图引起他们的共鸣；为受众留有足够的想象空间，他们是聪明的一群人，不需要喋喋不休地告诉他们这里怎么好、那里怎么妙，而只需要为其营造一种氛围；风格清新，格调闲适雅致，他们就是为了充分缓释工作的压力，才来到东润枫景的。我们的广告就充分体现这一点。

平面广告的创意表现点：借助世界名画和著名摄影作品表现一份闲适、放松的生活。

电波广告的创意表现点：借助声音速度、语境变化表现一种闲适、放松的生活。

房展会布置主题：一个有品位的生活沙龙。

至此，东润枫景楼盘的目标市场营销策略在广告传播的策划阶段得到了准确地执行，并且在具体的广告符号和传播方式中得到了体现。

# 第二节 文案与定位策略

## 一、定位策略

广告定位策略是指在众多的市场机会中，根据消费者的需要，寻找具有竞争力和差异化的品牌与产品特点，通过适当的传播手段，使品牌在消费者心理世界占据理想位置的一种市场策略。成功的广告传播，总是以准确地实现品牌的市场定位为前提的。

广告传播定位策略，主要分为实体定位策略、文化历史心理定位策略、角色定位策略等几个方面。

### （一）实体定位策略

实体定位策略就是在广告传播活动中突出产品的新价值，强调与同类产品的不同之处和能够给消费者带来更大利益的一种广告定位策略。凡是围绕品牌所依托的产品的能效、品质、质量、价格、商标、造型、色彩、利益所进行的定位，都属于实体定位的范围。例如，克劳德·霍普金斯在他的《我的广告生涯·科学的广告》里面提出的“预先占用权”策略就是一种历久弥新的实体定位策略。他认为，如果有谁提出一个可能是该行业非常普遍的产品特征或产品质量，并声称首先拥有它，那么谁就占有了它；一份广告只应该围绕唯一的销售要点来制作，这就是预先占用权。这一点集中体现在他为喜力滋啤酒创作的广告里。为撰写广告，他特意参观了该啤酒厂。他对麦芽和蛇麻子制造的奇迹只是礼貌地点头称是，而一看到空酒瓶真的在用蒸气消毒，立即来了精神。他的客户却不以为然，告诉他每家酒厂都是这么做的。霍普金斯耐心地解释说，要紧的不是他们都这么做，而是他们在广告中宣传他们是怎么做的。于是，他写出了一则经典广告：“我们的瓶子真是用蒸汽清洗！”这一策略，即使在今天仍然被广告人所广泛使用。当我们想起“乐百氏，二十七层过滤”的广告语时，自然而然就会想到预先占用权策略。

### （二）文化历史心理定位策略

#### 1. 文化定位策略

文化定位策略是指产品或品牌包含特定的文化内涵，在广告中挖掘或突出这种文化内涵进行定位的一种方法。例如，中国“景泰蓝”和法国“人头马”，承载了民族文化特色；无锡的“红豆”服装品牌和绍兴的“咸亨”酒店，分别借助人们早已熟悉和热爱的曹植和鲁迅的名篇挖掘出中华历史文化的沉淀。又如，“金六福——中国人的福酒”，这种定位已将金六福的品牌文化提升到一种民族的“福”。在酒类品牌中，有各式各样的突出文化定位的类型。例如，地域文化型，如汾酒、贵州醇、西凤等；历史文化型，如黄鹤楼、泸州老窖、剑南春等；风俗文化型，如喜临门等；传奇文化型，如酒鬼酒、夜郎酒、董公酒、天书酒等；人物文化型，如杜康、诸葛酒、刘伶醉等；处世文化型，如舍得酒等等。

#### 2. 历史定位策略

历史定位策略就是利用企业或产品、品牌所拥有的悠久历史、传说资源进行传播定位的一种策略。老字号企业、常青藤品牌、传统产品等比较适合这种定位方法。例如，“百年张裕葡萄酒”、“新中国第一店（北京市百货大楼）”、“华夏第一窖（泸州老窖）”。

#### 3. 心理定位策略

心理定位策略是指以消费者心理需求作为定位内容，突出消费心理和消费需求的一种定位策略。例如，上海浩华置业有限公司的房地产项目“U 品（紫兰苑二期）”位于闸北区芷江西路与普善路交界处，是上海人心目中的“下只角”，而整个闸北区的楼市发展也始终处于“慢一拍”的尴尬境地，没有什么明显优势。广告代理商上海华燕置业策划有限公司调查后发现，20 世纪 70 年代出生的人群和 U 品的项目特质惊人地吻合：他们拥有强烈的置业动机，他们不愿意远离都市中心的繁华与便捷，他们依赖轨道交通而生存。于是乎，广告商把楼盘定位于“献给七十年代”，揭示目标消费群体的心理需要。系列广告的《开篇》标题为“献给七十年代”、《市场篇》为“内环内已经少有惊喜”、《地段篇》为“生活就是天天向上”、《产品篇》为“梦想该怎样衡量”，同时使用 70 年代的文化元素、70 年代人从小玩的滚铁环等游戏、70 年代人小时候受教育的口号、70 年代人小时候穿的军装等视觉元素，展示目标消费群体心灵深处的记忆碎片，来诱发目标消费群体与项目之间的共鸣。

（三）角色定位策略

角色定位策略突出的是选择与明确产品或品牌市场角色的方法。角色定位策略可以突出品牌或商品的新意义，改变消费者的习惯心理，树立新的消费观念。

角色定位策略通常包括以下几种：

1. 强势定位策略

指在市场上以“领导者”的角色出现，采取“高高在上”和“咄咄逼人”的姿态面对市场和竞争者，以显示优势和强势，争取消费者的信任，取得其对品牌或产品实力的认同。此形式适用于成就大、实力雄厚的企业。如施乐的“复印机王国”、IBM 的“无论一大步，还是一小步，总是带动世界的脚步”等。

2. 跟进定位策略

指借助于有名气的竞争对手或领导品牌的声誉和市场影响力来引发消费者对品牌的关注、同情和支持，以便在市场竞争中占有一席之地的广告定位策略。处于劣势的二三流产品常采用这种依附式、防守性策略，通过模仿或跟进一流企业，达到以较少的投入获得较显著的传播效果的定位方法。最有代表性的案例是美国艾维斯出租汽车公司（AVIS）将自己甘愿定位在“我们只排第二位，所以我们更努力”的位置上，避免了与实力强大的第一名直接抗衡，以诚恳的态度赢得了消费者的好感。又如，在国内彩电企业中，创维把自己定位在“四强”上广泛宣传也是出于跟进定位策略的考虑。而新飞冰箱利用各种机会与冰箱业巨头海尔“贴”杀在一起，使新飞品牌的形象大大提升，跟进定位策略的效果显而易见。再如，国酒茅台一直占据白酒的老大地位，出产于内蒙古的白酒“宁城老窖”自然不可能与之抗衡，于是就采用追随定位的方式，将广告语定为“塞外茅台，宁城老窖”，既避免了与实力强大的白酒品牌的直接抗衡，又巧妙地提升了自己的地位。

3. 避让定位策略

指处于弱势的企业，为避免与强势企业正面交锋，而采取的回避正面焦点、开发寻求侧面新领地的迂回式竞争方式，它是一种变被动为主动的定位策略。如广东华凌冰箱面对国内冰箱业巨头们的技术和实力优势，根据自己合资的特点，反行其道，扬长避短，广告打出华凌冰箱与日本原装三菱冰箱相比“最大的不同就是完全相同”的独特定位，迎合了广东人喜爱原装进口产品的消费心态，从而成为广东地区最畅销的名牌之一。

4. 逆向定位策略

即以守为攻的定位方式，指以反向思维方式找出自己的优势特点，争取市场的主动。如海尔面对洗衣机产品向高档化、大而全方向发展的激烈竞争现状，以及夏天人们不愿使用洗衣机的传统习惯，独树一帜，开发出针对夏季可洗单件衬衣的迷你型“小小神童”洗衣机，同时打出广告语“飞进美满家庭”，传达了产品小巧玲珑的特点。产品推出后，风行全国，成为最畅销的洗衣机之一。

5. 进攻性定位策略

指抓住竞争对手的弱势、缺点进行全方位进攻，削弱其影响力，动摇其地位，转变消费者对其的看法，争取市场的主动。如针对海尔引以为自豪的“不一定要拥有博士，但要拥有博士研究成果”的借力经营哲学，位于同一城市的竞争对手海信则抓住海尔缺乏博士的空隙机会点，以“拥有42个博士”的强烈针对性广告主题与海尔进行进攻性定位竞争。这一主题也与海信一贯的科技定位呼应吻合，引起强烈的市场反响。

## 二、文案贯彻定位策略

对于广告定位策略，广告文案和图像、声音等要素必须不折不扣地贯彻执行。不过，从操作程序上讲，这里的“执行”还必须经过创意活动这个中介。广告定位策略为文案提供具体的内容——广告信息，制约文案创意概念及其表现。文案贯彻定位策略的具体方式多种多样，可以直接将定位内容作为诉求重点，也可以用广告语直接表达定位的内容，还可以设计配合定位的表达风格。

例如，四川某酒厂生产的“玉沙”系列酒，质优价廉，在川东地区颇有名气。但是，市场上涌现的大量的低价酒严重地冲击了玉沙酒的市场。经过调查发现，玉沙酒的主要消费对象是中小城市和广大农村普通老百姓。他们常备玉沙酒，用于自饮或日常接待客人。消费者对该酒的忠诚度很高，而且在该酒的购买者当中，相当一部分是家庭主妇。因此，广告公司对该酒给予全新的定位——零售价格：3—15元不等（分散装、瓶装、盒装等）；竞争对手：川酒的三线品牌，如丰谷、泸州二曲、尖庄等；产品个性：玉沙酒，勤俭、有责任心。由此确定了玉沙系列酒的广告语：“喝玉沙，会当家”。这一广告语，非常准确地贯彻了玉沙酒的品牌定位。“当家”是指“当家作主”。普通百姓家庭之中，男主外、女主内的当家模式一直在发挥作用。酒的直接消费者可能是男人，但酒的购买者有可能是女人，但一句“会当家”不仅牢牢抓住了玉沙酒的直接消费者，而且涵盖了消费环节中各个不容忽视的影响者、决策者和购买者。同时，“会当家”的诉求，从褒扬的角度，暗示“不当家，不知柴米贵”的古训，肯定了当家人。玉沙酒系列广告的定位就是由广告语直接表达出来的。

又如，北京“香山公馆”采用强势定位策略，突出了楼盘的尊贵、显赫、超高品位，目标消费群体定位在政界、商界、知识界的顶级人群。其系列广告的广告口号就直接揭示了其定位：“半山尊荣，一家而已”；先导广告《收藏北京最纯粹山居的世家尊荣》、《鼎态盛荣，隐于香山栌林秋红》和《世家》、《京畿》、《香山》、《廿二席》四则广告及其文案，则进一步阐释定位策略的具体内涵。

# 第三节　文案与诉求对象策略

## 一、诉求对象策略

诉求对象策略指的是选择与确定广告活动的目标受众或目标消费者的方式的预先筹划。撰写广告文案之前，首先要找出目标消费群体在哪里？东西要卖给谁？广告要给谁看？因为年龄、教育、生活方式等因素的不同，人们对产品认知的角度也不可能一致，对广告的接受与理解也不一样。目标消费群体不同，广告使用的沟通方式也是有差异的。又如，卖给贩夫走卒的东西和卖给大学生的东西，或者卖给大老板的东西，广告沟通手法绝对不同，文案表达的方式也迥然相异。又如，宇通汽车的目标消费群体是客运行业用户和乘客大众，因而它的广告传播对象也就是他们。

成功的广告文案都是在准确体现广告活动诉求对象策略的基础上撰写的。例如，台湾地区飞利浦台灯的广告文案《留一盏灯，给不眠的自己》：所有的灯都暗了，/所有的人都睡了，/而我，仍独坐案头，/对着满纸空格苦思。/且点上一盏灯，/点上无尽的信心与感觉，/为不眠的自己，/等待灵感过境。/飞利浦 PL 台灯，/为不眠的人点一盏灵感的灯。

这个广告文案里，有十分明确的目标消费群体，那就是“挑灯夜战，伏案工作的人”。不仅如此，广告的创作者还挖掘了目标消费群体的内心需求：夜深人静，他们需要一个默默无言关注着自己、陪伴着自己，并能唤起自己灵感的伴侣——台灯。这里既是表现消费者的需求（实写），又是述说台灯的品位（虚写，高层次的知识分子使用的灯，当然是质量优良、造型优美的台灯）。从一个文案里，既能发现消费者的需求，又能看见产品的定位。这样的文案，实际上是把产品的个性与人性贯通起来了。

北京东润枫景花园楼盘系列广告文案的目标消费者是一群成功人士、商界精英，因此，它的广告标题如下：“这里有生活，有艺术，有美，唯独没有压力”（自豪）；“生命，可以浪费在美好事物上”（满足）；“我不在家，就在咖啡馆，不在咖啡馆，就在去咖啡馆的路上”（归属）。这里的自豪感、满足感、归属感都准确揭示出了诉求对象的心理需要。

影响广告诉求对象策略的主要因素包括目标市场策略、对广告目标受众的准确把握、对广告受众的生活方式的深刻洞察、对目标受众消费行为的准确分析、对广告诉求对象的需要与动机、情感特征的深刻洞察等。因此，对于文案的诉求对象策略的掌握要从这几个方面入手。

（一）目标市场策略决定诉求对象

前述的目标市场策略限定了整体广告运动的诉求对象策略。诉求对象一经市场细分确定，不能随意改变；一旦改变诉求对象，就意味着整个营销活动和营销传播战略的整体必须改变。不过，广告的诉求对象与目标市场对象之间也有细微的不同。这里的“不同”并不是量上的差异，而是沟通方式的区别。营销传播的受众由个人和群体受众、利基市场、细分市场、大众市场或一般公众组成。营销商接触每一类目标的方式各不相同。例如，规模很小而又高度同质的消费人群通常被称为利基市场，对于他们，可以通过人员推销或直邮广告进行沟通；对于细分市场的目标消费者，大多使用覆盖面广的大众传媒来实现沟通。广告的目标受众以购买理由和规模为基准，可以分为一般消费者、团体用户决策者、经销商的采购决策人。一般消费者即为满足个人生活需要而购买商品的消费大众，由个人和家庭组成，是广告活动的主要传播对象。团体用户大多由企业、社会组织、政府机关等构成，它们是区别于一般消费者的大宗货物购买者。但是广告诉求不是面对团体，而是面对团体的代表。团体代表通常是团体的决策人，或者是某一方面、某一领域的专业人士、权威人士等具有一定影响力的意见领袖。针对流通领域的广告活动，其诉求对象多是与负责采购进货的决策人有关。他们是流通领域中商品经销单位与广大消费者的牵线人和守门员。

（二）要注意广告诉求对象与一般受众、广告受众、广告目标受众的联系与区别

从一般传播学的角度看，受众（Audience，又译为受传者、接受者、阅听人），就是接受信息的人，信息传播的目标。它既包括大众传播中的信息接受群体——报刊的读者、广播的听众、电视的观众，也包括小范围信息交流中的个体——一对多的传播活动

的对象或受传者，如会场的听众，戏剧表演、体育比赛的观众，听讲的学生，谈话的对象等等；它既可以是个人，也可以是群体。受众是实际决定传播活动能否成功的人。在传播活动中，受众构成传播过程的重要一极，扮演着十分重要的角色，既是广告传播活动的参与者，又是传播符号的译码者，还是信息产品的消费者，以及传播效果的反馈者。

广告受众就是接受广告信息的受众。广告受众既是一般意义上的传播受众，同时又特指广告信息传播过程中的接受方。作为一般意义上的传播受众，也就是通过媒介接触广告的人，即广告的媒介受众；作为广告信息传播过程中的接受方，实质是指广告的诉求对象，即广告的目标受众。

广告的媒介受众与一般的大众传播受众稍有不同。广告受众的范围比一般大众传播受众要大一些。广告传播活动是一种非人际的信息传播活动，传播广告信息的媒介多种多样。报纸、杂志、广播、电视、电影、网络、传单、路牌、橱窗、霓虹灯、空中飘浮物、旗帜、公共设施、道路设施、建筑物、车船、航空航天器等人类视觉、听觉所及的生活环境中的各式各样的载体，都可以充当广告媒介。当然，诸如此类的媒介，有些是属于大众媒介，如报纸、杂志、广播、电视；有些是属于小众媒介，如传单、路牌、橱窗、霓虹灯、空中飘浮物、旗帜、公共设施等。根据媒介的区别，广告的媒介受众也可以分成相应的类别，如报纸广告受众、电视广告受众、网络广告受众、户外广告受众、交通广告受众等等。了解不同广告的媒介受众分类，有助于目标受众的市场细分，以制定相应的传播战略和策略。

广告媒介受众的层面也具有多面性。第一，每一条广告都假定有接受者——预定的消费者，他们是广告人物讲话的对象，属于广告戏剧的组成部分。第二，每条广告都有资助性消费者——出资方的一群决策人，他们是决定广告可否发布的守门员，具有认可广告活动并为之提供资金的权力。第三，也是最重要的，就是实际消费者——在现实生活中构成广告的目标受众，广告讯息最终针对的就是他们。实际消费者，在思维和行为方式上与预定消费者，甚至资助性消费者大为不同，因此广告主（及其创意小组）必须对实际消费者如何选择、如何理解讯息有所了解，广告主最不愿意看到的结果便是被人误解。不过，误解却是经常发生的。并不是所有的接收到了广告信息的受众都会做出购买商品的行为，广告信息只会对某一部分受众起作用，有些受众尽管也看到或听到了某些广告，但广告对他们不会产生任何影响，甚至还会引起他们的抵触情绪。因此，广告媒介的接触者之中，只有一部分受众转化成为广告主所期待的真正意义上的广告受众——消费者。显然，接受了广告的说服，并产生了继发性购买行为的那一部分受众，就是真正的广告受众。从受众角度说，只有先成为传播媒介的受众，才能进入广告受众这一角色；媒介受众对传播媒介的需求、接触媒介的习惯、通过媒介获取信息的行为方式，是影响一般媒介受众能否成为广告受众的重要因素。从传播者角度说，广告传播者并不是仅仅根据反馈信息来实际地得到这样一批现实的广告受众，而是通过广告信息传播的前馈环节来主动寻找他们。所谓“前馈”，强调的是在传播广告信息之前，首先进行广告调查、市场调查、媒介调查，确定广告的诉求对象和目标受众群体。

广告主的营销活动总是针对人口中特定的一部分——其目标市场而展开的，因此广告只能针对特定的一群人而展开。所谓广告目标受众指的就是广告所针对的特定的人群，也就是广告主的产品或服务的目标消费群体——广告的诉求对象。营销传播过程的真正起点在于确定目标受众，因为广告主的全部广告和促销活动都是围绕目标受众进行的。广告主如果离开自己的目标消费群体，或者无视消费者的心理感受对受众进行“地毯式轮番轰炸”，不仅会增强消费者的反感情绪，而且会极大地损害品牌形象。关于广告的诉求对象，有三点应该注意：第一，广告的诉求对象与广告的目标受众是一致的。广告的目标受众与诉求对象是同一对象在传播过程的不同阶段的不同表述而已。在广告策略阶段所称的“诉求对象”，在广告传播的终点就是“目标受众”。第二，广告的诉求对象与具体的广告媒介的受众也是一致的。广告目标受众的范围受制于广告媒介的读者定位。尽管多种传播媒介选择和媒介组合可以互补、扩大广告信息的覆盖面和受众群，但就单一媒介来说，广告的目标受众与媒介的受众群体完全一致。例如，1999年10月12日，《北京青年报》曾用半个版面的篇幅发表了一篇《读你》的文章，描述了该报的“读者标准像”：“他（她）是一位36岁左右较为成熟的年轻人；他（她）是拥有高中或大专以上学历，供职于政府机关、教科文卫单位或企事业单位的公务员、专业人士或白领人士；他（她）是拥有较高经济收入和消费决策能力，对于流行时尚敏感的、享受最多的高档和豪华生活用品的城市人。”那么，通过《北京青年报》发布的广告，其诉求对象也正是这样的一群人。第三，广告传播的目标受众与营销传播的目标受众有所不同。

### （三）要准确把握诉求对象的生活方式的各个方面

在台湾地区被称为“文案自动传真机”的杨梨鹤先生介绍过他观察目标消费群体的案例。例如：

兹举一青少年产品为例，其主要对象为10—15岁少女，我们来观察一下她们日常生活的一举一动。至于这个族群在哪里呢？不是在数据里，而是我家的侄女、外甥女——五六个上中学的小女生，加上她们平常提起的同学，再找数个星期六下午放学时，到肯德基、麦当劳坐几个小时的女生，保证您可以挖到这个消费群许多共通性的独家“秘闻”。我们将这位女孩定名为朵拉吧！

朵拉是一群10—15岁女生的泛称，她有一堆洋娃娃和布偶，有N件牛仔裤和T

恤，喜欢假装和男生是哥儿们，但总会偷偷“爱”上其中一个。这个被朵拉“暗恋”的男生，他的名字其实很像中国人名，像所有同年纪的男生一样，叫什么强啊、龙啊之类，代表爸妈对他满怀的期望。

朵拉私下为他取一个听起来很洋化的名字叫“爱德华”，为什么？因为朵拉太酷爱“刘德华”了。

这个爱德华小学时憨憨的，不懂女生多变的心思；上中学后，青春痘冒出几颗、身材拔高后，不小心看见一群女生看到自己时推来推去、一溜儿烟跑掉的样子，于是爱德华开始和死党研究朵拉，发现朵拉喜欢穿牛仔裤、戴墨镜、酷酷的男生，于是爱德华也开始酷起来了……

朵拉刚走过白雪公主般的童年，却渴望能遇到白马王子，而“爱德华”就是朵拉最纯情的“初恋”吧！

朵拉大部分时间乖巧，偶尔会为一点坚持而任性嘟嘴，是爹地和妈咪的掌上明珠，崇拜老爸、黏腻老爸，有时会和妈妈闹别扭。

功课分数要看她的心情，好的时候前三名没问题，差的时候可以掉个十几名，时常问自己为什么看书？问人生有何意义？

都有留长发的年龄，上中学临界点前夕，坐在理发椅上，眼泪滴滴答答，滴在曾经有梦的长发上……

跟朵拉讲话要花一点心思、些许勇气和几分冒险，为什么？

范例：朵拉个性素描

一个一分钟前还笑得世界大乱，一分钟后马上决堤泛滥的女生，跟她讲话，不要花一点心思吗？

一个喜怒哀乐以“秒”来变化的女孩，情绪随人、事、时、地、物、天上的星星、地上的蚂蚁、小狗狗掉落的白毛、小猫咪迷离的眼神、刘德华的情歌、黄玫瑰上滴落的露珠，以及不小心掉落的花瓣……心情作180度急转弯的女孩，跟她过招，没有些许勇气，您罩得住吗？

一个脆弱时像林黛玉会葬花，却最讨厌林黛玉假仙样的女生，会为自己取一个很琼瑶的笔名：烟烟、雨雨、冷冷、傲傲，向往不食烟火的女主角意境，却最爱和死党跑到肯德基炸鸡，大啃鸡腿、吃巨无霸、喝可乐，讨厌跟男生讲话，但又希望男生送花、送巧克力、写情书、打电话的矛盾小小女人……跟她讲话，您不需冒几分险吗？

范例：朵拉生活集锦

《人鬼情未了》看了N遍，好爱黛咪·摩尔两手拉胚的样子，还有还有……那洋人少见的黑发，哇塞！好Cute……

拥有《清秀佳人》各种版本的书，欣赏安妮对男生不假辞色，男生却死心塌地爱她的样子，喜欢安妮会做梦、会表达的独立形象，如果有可能，希望自己也留一头像安妮一样红红的长辫子头发……

喜欢帮蚂蚁编号，然后观察它们进进出出，然后用手把路线涂掉，看那只迷失方向的蚂蚁干着急的样子，偶尔会为某只失踪的蚂蚁失眠。

好爱刘德华看自己的眼神，搞不懂那么帅的周润发，为什么会去卖小虎咖啡？周星驰？那是幼稚园的偶像！喜欢林忆莲那首《爱上一个不回家的人》和林强的舞蹈和鼻音……

最恨刘德华片子里那个和他拥抱的丑女生，还有泼郭富城满头水的“坏”女生和站在窗口不理郭富城的“菜女生”！

对目标消费群体的个性、生活的方方面面的了解和掌握，包括他们的社会地位、社会角色、社会阶层等等，这是贯彻诉求对象策略的重要基础。

（四）有必要分析和了解目标受众的消费行为及其影响因素

消费行为是消费者表现在寻求、购买、使用以及评估他们期望会满足其需要的产品、劳务或构想的行为。消费行为是与消费、购买商品有关的各种可见的活动的总和，如信息的收集、比较、购买和购买的反应等等。这些活动必然受消费者心理活动的支配，并受消费者个人特性和社会文化因素的影响，是这些复杂的因素相互作用和制约的结果。因此，研究消费者的购买行为，除了要考察消费者在购买决策过程中的各种活动以外，还要分析支配和影响这些活动的各种因素，以便说明消费行为的基本问题，即市场的“7Os”：谁构成某产品的市场？——购买者（occupants）；他们购买什么产品？——购买对象（objects）；他们为什么购买？——购买目的（objectives）；谁参与购买？——购买组织（organizations）；如何购买？——购买行动（operations）；在什么时间购买？——购买时间（occasions）；在什么地方购买？——购买地点（outlets）。

为研究消费者购买行为，经济学家们常常用“刺激—反应模式”来说明外界营销环境与消费者之间的关系：

外界刺激 → 购买者黑箱 → 购买者决策

对于这样的行为，我们进行简要的结构分析：一是探寻影响购买决策行为的因素；二是研究购买决策过程。

从影响消费行为的因素来看，消费者的购买决策深受其不同的社会、文化、个人和心理因素组合的影响。下面分别阐述这四个方面因素的具体内容及其对消费者行为的影响。

文化对消费者的行为产生最广泛而深远的影响。影响消费行为的文化因素包含文化、次文化、社会阶层等层次。文化有广义和狭义之分。广义的文化指人类在社会历史实践中所创造的物质财富和精神财富的总和；狭义的文化指社会的意识形态及与之相适应的制度和组织机构。我们这里所说的文化指的是狭义的文化。任何社会都有其特定的文化，它是处于这个社会之中的人的欲求和行动的最基本的决定因素。次文化也叫亚文化，指在每一种文化中，往往还存在许多在一定范围内具有文化统一性的群体。次文化以特定的认同感和社会影响力将成员联系在一起。次文化包括民族次文化、宗教次文化、种族次文化、地理次文化四种类型。消费者因民族、宗教信仰、种族和所处地域的不同而必然具有不同的生活习惯、生活方式、价值取向、文化偏好和禁忌，这些因素都会对他们的购买行为产生影响。社会阶层指社会中按层次排列的较同质而且持久不变的群体，每一阶层的成员具有类似的价值观、兴趣和行为。在现代社会，一般根据人们所从事职业的社会威望、收入水平、财产数量、受教育程度、居住区域等因素，将其归入不同的社会阶层。同一阶层中的人，因经济状况、价值取向、生活背景和受教育程度相近，生活习惯、消费水准、消费内容、兴趣和行为也相近，甚至对某些商品、品牌、商店、闲暇活动、传播媒体都有共同的偏好。

消费者的行为也受到相关群体、家庭、社会身份与地位、意见领袖等社会因素的影响。所谓相关群体指能直接或间接地影响个人的态度、意见偏好或行为的群体。相关群体有两种基本类型：一种是个人具有成员资格并因而受到直接影响的所属群体。这其中又分为主要群体和次要群体，主要群体是给个人以最大影响的群体，如家庭、朋友、邻居、同事；次要群体是给个人以较次要影响的群体，如职业协会、学生会。另一种是个人并不具有正式成员资格，而是期望成为其中一员的非所属群体，也叫崇拜性群体，如对青少年来说，明星群体就是他们的崇拜性群体。相关群体对人的消费行为的影响至少有三个方面：向人们展示新的观念、行为和生活方式；影响个人的态度和自我观念；能够对人们产生某种令人遵从的压力，影响人们对产品和品牌的实际选择。

家庭是最重要的相关群体。消费者作为家庭成员从小到大深受父母的种种倾向性影响。家庭又是一个消费单位和购买决策单位。在不同的家庭中，夫妻参与购买决策的程度不同；在同一家庭中，夫妻参与购买决策的程度又因产品的不同而有很大的差异。以丈夫为主要购买决策人的产品主要包括汽车、保险、电视、电脑等等；以妻子为主要购买决策人的产品大多是日用消费品，包括洗衣机、电冰箱、厨房用具、食品等等；夫妻双方共同决策购买的主要是价格昂贵的产品或服务，如家具、住宅等。丈夫一般在决定是否购买、在何处购买等方面有较大的影响，妻子一般在决定所购买的商品的颜色等外观特征方面有较大的影响。

每个人在不同的群体中都有一定的身份和地位。不同的身份与地位具有不同的被认同与尊重的标志，这也会影响到消费者对于产品和品牌的选择。

意见领袖指的是在信息传播过程中少数具有影响力、活动力，既非选举产生又无名号的人。他们有能力影响四周的人，有时候，同侪会向其请教消费意见。

个人因素包括年龄和家庭生命周期，性别、职业和受教育程度，经济状况，生活方式，个性和自我形象等。个人因素对于消费行为具有较大影响。

不同年龄的消费者的欲望、兴趣和爱好不同，他们购买或消费商品的种类和式样也有所区别。家庭生命周期是指消费者从年轻时离开父母独立生活到年老时家庭生活的全过程。单身期、新婚期、满巢期、空巢期、鳏寡退休期等不同阶段的消费欲望和行为呈现出迥然相异的主流特性。

由于生理和心理的差异，男性或女性消费者的消费欲望、消费构成和购买习惯有所不同。男性购买商品时，比较果断和迅速；女性大多仔细挑选。受教育程度较高的消费者对书籍、报刊、软件等文化用品的需求较大，购买商品的理性程度较高，审美能力较强，购买决策过程较为全面，更善于利用非商业性来源的信息。不同职业的消费者由于生活、工作条件不同，对消费构成和消费习惯也有不同的偏好。

一个人的经济状况取决于他的可支配收入的水平、储蓄和资产、借贷能力及其对于储蓄和开支的态度，这些因素也决定个人的消费欲望、购买能力，并制约其购买行为。

生活方式是人们根据自己的价值观念等安排生活的模式，并通过其活动、兴趣、意见表现出来。生活方式直接决定人的消费兴趣、偏好。

个性是一个人的比较稳定的特性。个性使人对环境做出比较一致和持续的反应，从而影响购买行为。个性会促使不同的消费者选择不同的行为去实现消费目标。直接与个性相联系的有六种购买风格：几乎不变换产品的种类和品牌的习惯型；冷静、慎重思考之后才购买的理智型；特别重视价格的经济型；易受外来刺激而购买的冲动型；感情和联想丰富的想象型；缺乏主见或没有固定偏好的不定型。

自我形象是与个性相关的概念，指的是人们怎样看待自己。自我形象既涉及实际的自我，又涉及理想的自我——希望怎样看待自己，还有所谓的社会自我形象——别人如何看待自己。人们一般把消费行为作为保持或增强自我形象的重要方式。消费者倾向选择符合或者能够改善自我形象的商品或服务。

消费者的行为还受到动机、感觉和知觉、学习、信念与态度等心理因素的影响。人类行为是由动机支配的，而动机是由需要引起的。需要是人感到缺乏某种东西而想获得它的状态，是驱动人们行动的基本的但往往是本能的动力。欲望是我们在生活中认识到的需求。一种需要状态产生后，会形成内驱力。这种内驱力被引向可以减弱或消除它的刺激物时，便形成动机。因此动机是一种推动人们为达到特定目的而采取行动的潜在驱动力，是行为的直接原因。消费行为的直接原因当然也是消费动机。心理学家们曾提出过许多关于人类行为动机的理论，不过对于理解消费者动机特别有用的有两个理论：一个是马斯洛（Maslow）的需要层次理论，它是从总体上解释人类行为的宏观理论；一个是麦古尼（McGuire）的心理学动机理论，它用一套细致的动机去解释消费者的行为。人的动机既有自己意识到、与社会的主流价值观念相一致并承认的显性动机，又有消费者未意识到或者不愿意承认的隐性动机，两者均会作用于消费行为。不过，显性动机与隐性动机的沟通方式是有区别的。显性动机可以直接迎合沟通，但隐性动机不被社会公开承认，需要采用间接的沟通方式。整个营销传播活动必须与目标市场的显性及隐性购买动机相配合，才能使产品或品牌在人们的记忆中占据合适的地位。

消费者有了消费动机之后，受动机的驱使，就要采取消费行动。如何行动则取决于感知过程的影响。对营销情景的选择性感知，具体包括对广告、店头促销、人员促销和产品本身的选择性注意、理解和记忆，它可能会使具有相同消费动机并处于完全一样的营销情景的消费者采取截然相反的消费行动。学习是人们通过实践，由于经验而引起的行为变化的过程，实际上是一个后天经验的习得过程。学习对于营销的重要性在于，它将产品与由于经验而造成的强烈的内驱力联系起来，建立消费者对于产品的需求。通过行动于后天经验，人们树立起对企业和产品的信念与态度，这些信念与态度又影响人们的购买行动。

从购买决策过程来看，购买决策过程由一系列相互关联的活动构成，它们早在实际购买以前就已经开始，而且一直延续到购买之后。整个过程，大致经过五个前后相继的阶段：

问题确认 → 收集信息 → 选择评价 → 决定购买 → 购买后反应

在整个消费行为决策的过程中，广告都要发挥作用，对消费行为产生影响。在问题确认阶段，广告具有“激发功能”，激发消费者的消费动机，唤起消费者没有意识到的需求或新的需求，拓展其消费欲望，保持消费者对于产品或品牌的记忆；在收集信息阶段，广告具有“显露功能”，可以将企业的名称、观念以及商品特征、效用、品牌、价格等信息传达告知给消费者，可以潜移默化地改变消费者的消费观念；在选择评价阶段，广告具有“引导功能”，可以使新产品、新款式、新品牌被纳入到唤起集合之中，帮助消费者了解、熟知品牌组合，提供据以进行比较、选择的商业性信息；在决定购买阶段，广告具有“说服功能”，广告可能使消费者将计划中的购买行为提前、改变以往决定购买的品牌、加快购买频率、改变购买地点和方式；在购买后反应阶段，广告具有“强化功能”，广告对利益和附加价值的承诺，可以强化消费者购买后的积极反应，巩固品牌忠诚度或形成持续购买行为。

另一方面，从广告的角度说，广告和促销活动对于消费行为的影响力又是逐层递进的。研究表明，这种影响力和作用好似一座金字塔，在最底层的是消费者对产品的了解和认知意识，倒数第二层是进一步从情感上认同商品，然后再拾级而上，如表 2－1 所示。

表 2－1　　广告对消费者的影响力

| 相关的行为空间 | 消费者心理和行动向购买移动 | 不同阶段促销的具体类型 |
| --- | --- | --- |
| 意图阶段 | | 定点促销 |
| 动机的空间 | 购　买 | 零售商广告 |
| 广告刺激和引导需求 | | 价格策略 |
| | | 质量保证书 |
| | | |
| 情感的阶段 | 深　信 | 宣传产品优势的广告 |
| 感情的空间 | | 查找目前存在的问题 |
| 用广告来改变消费者的观点和态度 | 偏　爱 | 树立形象 |
| | 喜　欢 | |
| 认知的阶段 | | 新闻发布会 |
| 徘徊犹豫的空间 | 了　解 | 描述性报告 |
| 用广告来介绍 | | 分类广告 |
| 产品的信息 | | 口号 |
| | 意　识 | 合仄押韵传词 |
| | | 空中广告 |
| | | |
| | | |
| | | 引人入胜的创意广告 |

资料来源：［美］乔治. E. 贝尔齐等著，张红霞等译，《广告与促销》（上），东北财经大学出版社 2000 年版，第 291 页。

（五）洞察广告诉求对象的需要与动机、情感特征

广告受众的需要常常是以一种"缺乏感"来体验，即消费者由于某种东西的缺乏而引起内心的紧张状态和不舒服感，它使受众产生欲望。这是购买行为的内在驱动力。当需要被明确意识到，并且成为维持行为发生与完成的动力时，就成为动机。购买行为的内在动力即购买动机。动机的发生有两个方面的因素：一是消费者内部的需要达到一

定的程度，使其明确意识到；二是外部诱因诱发其潜在需要，使其明确意识到。广告正是这样的外部诱因之一。

马斯洛的需要层次理论不仅揭示了人的生理、安全、归属与爱、尊重、自我实现等基本需要的层次性，还揭示出各级需要层次不是间断的阶梯，不是一层需要满足后才有另一层需要，个体需要结构的演进是波浪式前进的，一级需要的高峰过后，较高一级的需要才起优势作用。各级需要层次的产生与个体发育有密切的联系，每个不同的时期同时存在着各种基本的需要，但在每个不同的发育阶段，各种基本需要的强度各不相同，其中强度最大的成为优势需要。例如，婴儿期的优势需要主要表现为生理需要，而后是安全需要；青少年期的优势需要是归属与爱的需要；青年期自我实现的需要开始变得强烈；中年期更多的是尊重的需要。广告诉求可以以各年龄阶段的优势需要为线索，找到年龄与产品的关联作为诉求点。

在不同的人生阶段，优势需要并不一样，而作为非优势需要的其他基本需要只是相对变得次要了，但并没有消失。而且在一定条件下，优势需要和非优势需要是可以相互转化的。这体现在消费活动中，广告正是促进优势需要转化的一个重要的“一定的条件”的诱因。

适应受众需要的特点，广告引发受众的需要、适应受众的优势需要、促进优势需要和非优势需要的转化的具体途径多种多样：可以说出消费者真正的需要或深层需要；可以突出产品独特的功能；可以找出产品的使用价值和附加心理价值；可以发现别人没有注意到的消费者的潜在需要，并把它说出来；可以诱发那些与消费者处境相符合的购买动机等等。例如，当消费者同时产生两个以上相互抵触的动机时，可能会产生动机冲突。即当消费者面对两个所喜爱的产品，又不能同时购买，难以取舍时，会产生趋向冲突；当消费者遇到两个以上都不想达到的目标，但又不得不选择其中之一时，会产生回避冲突。也就是说，当消费者面临一个积极与消极并存的情境，即面对两种具有吸引力和具有排斥力的目标需要做出选择时，会产生趋向—回避冲突。不管是哪一种动机冲突发生，当广告诱因与消费者所处的情境相吻合时，均能够促使消费者尽快做出购买行为。例如，美国米勒酿酒公司原先给米勒“High Life”牌啤酒的定位是“一种乡村俱乐部的产品”，但后来发现在乡村俱乐部这种上流社会人士聚集的地方，啤酒的消耗量并不大。在美国，80%的啤酒是由30%的蓝领工人、大学生等所消耗的。根据这样的情境，米勒公司重新定位广告主题，创意出“米勒时间”，即在完成了一天紧张的工作和学习之后，喝“HighLife”牌啤酒来自我奖赏，而不是为了表明某种身份。喝啤酒是为了享有米勒时间，这使得米勒啤酒诱发了大多数啤酒消费者的需要。

情感是受众对于外界对象是否满足需要的态度的体验。凡是符合需要或满足愿望的对象引起的具有肯定或积极性质的体验，表现为喜悦、愉快、喜爱等情感类型；不能满足或者违背愿望的对象，引发否定或消极性质的体验，表现为悲哀、愤怒、恐惧等情感类型。

消费者是怎样对广告做出情感反应的？至今并没有令人满意的解释。有一种广告情感反应的模型（如图 2－2 所示），可以对我们有所启示。

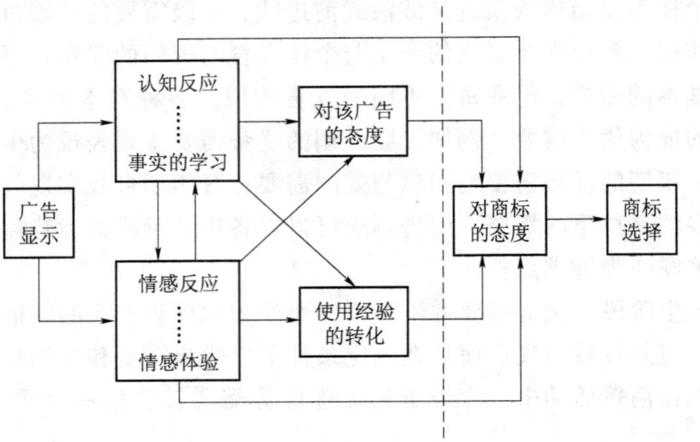


资料来源：马谋超著，《广告心理》，中国物价出版社 1997 年版，第 191 页。

在该模型中，广告受众的情感反应通常表现为两个方面：认知的反应（思维的反应）和情感的反应。认知的反应导致对该广告信息的了解。情感的反应又分为肯定的和否定的两类。肯定的情感反应，诸如热心、快乐、精力充沛、生动等；否定的情感反应，诸如懊恼、压抑、焦虑、生气、害怕等等。

不管是积极的或是消极的情感反应，情感的影响有四个方面：

（1）它们能够影响认知的反应。消费心理学的研究表明，当情感与广告展示的题材相一致时，受众的回忆要比不一致时更好。

（2）这些情感体验，或许通过使用经验的转化同特定的商标联系起来。其结果影响到对该商标的态度及选择。

（3）由广告引起的情感进而又导致对该广告的态度。

（4）情感的作用还可以转化为使用的体验。这是因为广告可能引发人们有关过去的经验的回忆和引起新的想象，而想象又给广告中的景象增添了新的细节。如面对万宝路的香烟广告，吸烟者会不由自主地把自己的情感和幻想充实到该景象中去，然后，这些情感和想象便可能同吸该香烟的体验建立起持久的联想。

从情感类型来看，广告活动中得到较深入研究的受众情感体验主要有亲热感、幽默感和恐惧感。亲热感是指广告给受众一种肯定的、温柔的、短暂的、和蔼的、真诚的、友爱的、安慰的情感体验。广告画面中的人物的亲热关系，容易使人产生亲热感。导致亲热感的过程，是情感的迁移。广告活动中的情感迁移有两类：一是让受众对当前广告画面中的主人公的情感体验产生共鸣；二是让受众回忆起过去的生活经验。幽默感是指人们接触幽默广告所产生的兴奋、愉快、引人发笑的情感体验。幽默感的体验可以导致这些积极的体验潜在地同特定的商标或品牌发生联系，从而影响对该品牌的态度、信念。但是，幽默广告也有一些缺点，如引人发笑却较少有说服力，可能把一个应该严肃对待的事情当作儿戏等。恐惧感是指特定的广告引起消费者的害怕、惊恐、厌恶、不适等情感体验。广告主试图通过恐惧感的体验，让受众遵照该广告传播的要求，改变自己的态度和行为。恐惧诉求的传播策略在使用安全带、反对吸烟、反对毒品、预防艾滋病的广告里，经常被成功地使用。一个成功的“恐惧广告”至少需要四个要素：描绘的威胁是十分可能发生的、会有严重后果、提倡的行为或行动会导致这种威胁的消失、提倡的行为是目标消费者可以做到的。这四个要件，缺一不可。但是，如果为了引起受众的注意而过分强化、渲染不可能发生的出人意料的恐惧威胁，就会适得其反，轻则导致受众害怕、过度焦虑，重则制造恐怖，导致社会的不稳定。

## 二、文案执行诉求对象策略

广告文案执行诉求对象策略，主要通过如下方式和途径进行：

### （一）诉求主题揭示或呈现诉求对象的心理需要

诉求主题揭示或呈现诉求对象的心理需要，实际上是通过品牌或产品能够满足受众的精神与物质需要的某一方面，能够给予受众一定的利益来打动受众。

首先是物质利益的打动。例如，美国吉列公司设计了一种女用的刮毛刀，主要用于除去腋毛和腿毛，牌号是“雏菊”。在研究广告创意时，曾拟出七种不同的“诉求主题”：

1. 盲点（意思是弧形把柄易抓又安全）；
2. 雏菊爱我（突出产品牌号，同时又指出比老式刮毛刀安全）；
3. 双刃刮毛（具有男用刮胡刀的优点，第一个刀刃把毛拉住，第二个刀刃把毛连根剃掉）；
4. 完全配合妇女的需要（点明是为妇女提供的新设计）；
5. 女孩不用操心（点明放置方便，不用换刀片）；
6. 不伤玉腿（平滑、安全）；
7. 售价不到 50 美分（价格便宜）。

这七个广告诉求主题方案出来以后，征求了部分经销商和用户的意见，并且经过内部研究，最后确定采用“不伤玉腿”的方案。这一方案与其他主题方案比较来看，高明的地方在于对女性使用刮毛刀的内在需求（关心点）的洞察。

这些需要对人而言，在不同的生命周期是有不同的侧重的。

例如，中年妇女梦想青春永驻，太太口服液便针对这种需求，设计了富有诱惑力的电视广告语言："青春的风采，谁说不可以拥有？要拥有看你怎么选了，太太口服液。"

中年妇女，已到人生的秋天。而每到自然更替的秋天，气候干燥，秋雨、秋日、秋风、秋夜对皮肤和心情都会有影响。太太口服液系列报纸广告文案这样写道：

不让秋雨淋湿好心情/心情好，脸色自然好。

不让秋日带给女人一点点的伤/没有黄褐斑，脸色是真好。

不让秋风吹干肌肤的水/肌肤充满水分，脸色更加好。

不让秋夜成为失眠的开始/晚上睡得好，脸色才会好。

从干燥的秋天引申出对女人肌肤的伤害，以浪漫的秋季带出产品特性——呵护女性肌肤，女性在享受浪漫的同时，肌肤也变得漂亮了。太太口服液依据诉求对象的心理需要，成功地塑造了品牌形象。

其次，可以煽起消费者强烈的情感体验，即所谓的情感打动。再如，太太口服液的报纸广告文案《献给"太太"的年终奖》。

想到她/我生命中/最重要的女人/三百六十五天/任劳任怨/操持这个家/本该给她/多一份悠闲/多一份柔情/在外奔波的我/的确疏忽太多太多/又近年终/应该有所表示/今天回家/送一个温温的吻/还有……

文案从丈夫的角度赞扬太太任劳任怨操持家务的精神，情感细腻，感人至深，目的是打动天下的丈夫多给妻子一点关心和体贴，为妻子献上一份年终奖——太太口服液。

（二）文案的隐含的读者就是诉求对象

作为一种文字符号系统，按照接受美学的观点，每一个文案都有自己"隐含的读者"。这种隐含的读者，一种方式是以第一人称或其他人称的叙述者的身份出现在文本之内，另一种方式是并不直接出现在文本内。对于广告文案而言，这两种情况都会被经常地使用到。

例如，奥美中国台湾地区分公司的孙大伟先生曾为美国保德信人寿保险公司创作的一篇文案：

日航123航次波音747班机，在东京羽田机场跑道升空，飞往大阪。时间是1985年8月18日下午6时15分。机上载着524位机组人员、乘客。45分钟后，这架飞机在群马县的偏远山区坠毁，仅有4人生还。其余520人，成为空难记录里的统计数据……

在空难现场一个沾有血迹的袋子里，智子女士发现了一张令人心酸的纸条。在别人惊慌失措、呼天喊地的机舱里，为人父、为人夫的谷口先生，写下了给妻子的最后叮嘱："智子，请好好照顾我们的孩子！"就像他要远行一样。

你为谷口先生难过呢？还是你为人生的无常而感叹？免除后顾之忧，坦然地面对人生、享受人生，这就是保德信成立的原因。走在人生道路上，没有恐惧，永远安心——如果你有保德信与你同行。

这篇文案对诉求对象把握得十分到位并且出现在文本中，那就是"你"。文案发布的当年即以极具独创性的恐惧创意而获得台湾地区第16届广告金像奖的最佳杂志广告奖。

（三）采用诉求对象喜爱的诉求方式

根据诉求对象的个性和心理需要特点，采用与诉求对象的个性和心理需要相关联的诉求方式，或者理性诉求方式，或者感性诉求方式，或者混合诉求方式，表达核心创意，撰写文案。

例如，北京Jeep4700的目标消费群体是35—45岁事业有成的男性，他们对生活充满热情，对自己充满自信，总是希望显得与众不同，喜欢接受挑战以及"一切尽在掌握"的感觉。广告代理商北京奥美广告有限公司根据"Jeep——豪气顿生"的品牌主张，立足于表现驾驶Jeep时诉求对象的感受："驾驶着它让我更有自信，再没有无法到达的地方，也没有无法攀登的坡度和无法征服的土地。无论在哪里，只要驾驶着它，就立生英雄气概和越野冲动。它的魅力，可以让我随时产生发自心底的征服欲望。在野外，会感觉气概干云，把自己看成是传奇英雄；即使是在城市，也让我觉得是在冒险中历练。它从不张扬，但细微之处显现非凡气势。"这样的诉求对象是豪气干云的。由此，该款车在2005年的系列广告《保护杠篇》、《指挥所篇》、《马鞍篇》的文案均采用目标消费群体喜爱的感性诉求方式。

《保护杠篇》的视觉图像突出了Jeep4700征途增配的保护杠。将保护杠抵抗岩石、树桩等障碍物的作用，以及目标消费者不畏惧艰难险境的性格进行放大对比，文案写道：

这块钢板是Jeep的防撞保护杠
它能对付岩石、树桩、河床……
还有，那些叫做挫折、险境的东西
或许是你性格的某一部分
你觉得呢

《指挥所篇》的主体图像突出宣传Jeep4700征途的驾驶舱。它似乎不是驾驶舱，而是将军们发号施令的指挥所。文案写道：

这里曾是巴顿的指挥所

据说，艾森豪威尔、麦克阿瑟、马歇尔……

这帮家伙都进来坐过

现在，换你了

《马鞍篇》的主体图像突出宣传 Jeep4700 征途的真皮电加热坐椅。它似乎是成吉思汗的马鞍，更多的时候被加热的是热情、勇气和信心。文案写道：

这是Jeep4700 的电加热坐椅

但更多的时候

它被勇气、信心或一点点坏脾气——加热

这很像成吉思汗的马鞍

要不要试试

（四）使用与诉求对象的生活方式一致的表达风格和元素

例如，奔驰汽车在泰国素来是身份和社会地位的象征，它意味着财富和权力。但随着时间的流逝，这个品牌渐渐被消费者与老年人拉上了关系。梅赛德斯—奔驰公司在新款 C 系列奔驰汽车上市时，希望能够完全赢得泰国新一代年轻社会精英们的青睐和钟情。因此，广告商曼谷 BBDO 有限公司将广告诉求对象设定为大型公司的年轻高层管理人士，广告传播策略是必须将两点关键信息传达给焦点受众。第一，广告必须将新款 C 系列奔驰的新设计和定位的诱惑力表达出来，使受众对它产生认同：“这就是我要的奔驰”。第二，要提醒受众，拥有奔驰车非常值得骄傲，没有别的品牌比奔驰更能体现身份。有一段电视广告的文案是这样设计的：

一位商业领袖正在演讲。

台下男男女女的青年管理人员正凝神倾听着他的每一句话。

演讲人：为了改变现状，我们也许不得不花上十年，甚至更久。在未来几年内，科技将成为……

一个女性拿着一张纸条走到他身边。

演讲人：停在 8373 号车位的车主请到停车场。

台下的听众面面相觑，充满疑惑。

演讲人：车位号 8373，一辆新款 C 系列奔驰。

所有的青年精英都低下了头，翻找着车钥匙。

演讲人慈祥地笑了。

现出字幕：拥有新款 C 系列，一切转瞬不同。

梅赛德斯—奔驰的商标。

在这段电视广告文案中，尽管没有出现汽车的身影，却起到了“不着一字，尽得风流”的效果。文案所设定的聆听商业领袖的演讲的场景和细节，都是学习型社会中青年高层管理人员日常生活方式的一部分。戏剧化的情节，通过讲演人的询问和提示，使用引人注目的方式向目标受众宣传了新款奔驰的优势。据说广告播出以后，新款C系列奔驰的预订名单排到了好几个月以后。

再如，“怡景居”楼书系列文案。

《蓝天碧水，景上人家》：喜欢蓝天/正如喜欢每一个阳光灿烂的日子/亲近碧水/却是因为那份最柔最美的沉醉/怡景居/给你在风景里生活的岁月

《阳光地带》：蓝天下，阳光，游走在室内每一个角落/心，在每一片亮光里愈加开朗/鲜活，在明媚的空间里跳跃、歌唱/如此通透开阔的设计，留住阳光/吸纳清风，驱散阴霾/恰似穿越浮华，皈依安详

《生活恍悟》：当阳光渗入生活，成为调和惬意的角色/生活便回归享受/心，变得开阔起来，恍悟/在光影之中，是丝丝晴朗，如清风，恣意/在光影之外，是万般风情的窗台、窗纱，柔情、细腻/于是，琢磨生活的情调，不在身边时，却也不远

《亲水静心》：清清爽爽的低层水色人家/将生活，如水墨染点在宣纸般，倒映在水中/以最独特的姿态，俯瞰着楼下一江碧水/亲水，最柔美绵长的性情/心，归于最清澈的状态/享受，平和如田园般的生活韵律

《从容岁月》：从容不迫的日子/一切开始放缓节奏/在河堤上，缓步闲谈，嬉戏慢跑/将每一个春暖花开，秋色累累/揉进水波，任它静静地流淌/从此，眷恋这涓涓碧水闪烁着绿树楼影的波光

这五篇系列广告文案，分别从“喜欢蓝天”、“亲近碧水”、“享受阳光”、“吸纳清风”、“回归享受”、“生活情调”、“亲水静心”、“田园韵律”、“缓步闲谈”、“嬉戏慢跑”等目标消费群体渴望的比较理想的生活方式，撷取表达元素，从而具有极强的沟通力。这些文案既充分表现了“眙景居”回归自然的高端定位和独特的利益承诺，又充分挖掘和呈现了诉求对象内心渴望的寻求现实和心灵家园的需要。不仅如此，还在表达风格上突出了自由诗的韵律，白描勾画，营造出水墨画的意境。这些也与目标消费群体追求高品质精神享受的心理相契合。

### （五）展示诉求对象的理想自我

文案描述诉求对象通过消费可能达到的一种理想的状态或形象，或者描述诉求对象渴望拥有的个性、行为。例如，桑利卡口红系列平面广告文案：

1. 以前的女人，漂亮在一点点。现代的女人，漂亮在一眼眼。
2. 以前的女人，漂亮在小重点。现代的女人，漂亮在大场面。
3. 以前的女人，漂亮在含蓄里。现代的女人，漂亮在出色外。

文案直接指明现代女性希冀拥有的智慧、美丽、独立、有个性的理想形象。

再如，德国贝克啤酒公司的报纸广告文案：

我，德国贝克啤酒，600 年，我就是这样坚持自己独特的“啤”气——泡沫一定要洁白，色泽一定要清亮，口感一定要爽快，我就要跟你这样从不随波逐流的人交朋友。酒逢知己，干杯！

喝贝克，听自己的！（广告语）

贝克啤酒就这样以坚守其高品质和个性来吸引年轻的特立独行的消费族群。

## 思考·案例·练习

1. 广告文案如何体现目标市场策略？
2. 广告文案怎样表现传播定位策略？
3. 广告文案表达诉求对象策略的主要方式有哪些？
4. 常用的广告定位策略有哪些？
5. 案例分析

作为一家著名的连锁便利店，日本 7 - ELEVEN 根据它 24 小时经营、随时随地为顾客提供方便且具有浓厚的人情味的特点，塑造了一种亲切、体贴、温暖、关爱顾客日常生活的企业形象。试分析该广告中坚持的是怎样一种目标市场策略。

### 日本 7 - ELEVEN 24 小时经营便利店
### 企业形象电视广告文案

（这则电视广告讲的是一个工作到深夜的年轻职员和 7 - ELEVEN 的一位中年店员之间的故事，文案以两人内心独白的方式进行传达。）

年轻人：清晨四点，整个城市好像只有那个角落，让人觉得明亮、温暖。

中年店员：我记得那天冷冷的，还在下雨，他站在那里喝咖啡，心情看上去好像很坏。

年轻人：只不过喝一杯咖啡而已，他就像老朋友一样陪我聊了好久。

中年店员：我只不过是问问是不是工作不顺，他就好像好久没跟人说过话一样，一说就说个不停。

年轻人：我好像第一次跟一个陌生人讲那么多话，也在这个角落里，第一次感觉到许多人竟然可以那么单纯、那么认真地活着。

中年店员：嘿。胡子刮刮吧！

中年店员：常来喔，别忘了这个方便的好邻居喔。

年轻人：那个早晨，觉得自己的脸那么清新，那个角落真的特别明亮，特别温暖。

# 第3章 广告文案的创意

**本章知识要点：**

1. 了解广告文案创意的概念与作用
2. 了解广告文案创意的实质与类型
3. 掌握广告文案创意的原则与规律
4. 明确文化因素对于广告文案创意的影响

## 第一节 广告文案的创意

广告创意究竟指什么？广告创意应该遵循什么原则？这是学习广告文案创意时必须首先解决的问题。

### 一、“创意”的狭义定义

“广告创意”是目前广告界使用最多的专用术语之一，但对“广告创意”一词的解释和用法却存在着一些差别。有的人把它看作广告主题及其表现形式的构思，即广告主题的确定包含在广告创意之中；而在实际运用中，“广告创意”有时仅指确定广告主题，有时又仅指根据已经确定的广告主题构思广告的表现形式。因为确定广告主题和根据已定的广告主题构思广告的表现形式，是在策划的程序和内容上都有明显区别的两个阶段，而且目前广告界已公认“广告定位”是确定广告主题的基本方法，也就是说现在已经有“定位”一词来具体指称广告主题的确定，所以为了避免“创意”一词在使用时指称对象的混乱，本书中的“广告创意”专指广告主题表现形式的构思。

广告文案创意是指根据广告文案的主题构思广告文案的具体表现形式。比如，我们要为箭牌衬衫写一则广告文案，而这则文案的主题已确定为"该衬衫具有防缩的特点"，撰文人员进行文案创意时，就是要为"防缩"这个广告主题找到一种最好的表现形式，以使消费者通过这种形式更好地理解并记住箭牌衬衫所具有的防缩特点。美广告大师乔治·葛里宾为此发挥丰富的想象，构思了一个人、马对话的故事，使其创意的广告成为世界广告文案的经典之作：乔·霍姆斯由于衬衫领子收缩窒息而死后变成了一匹马。有一天，这匹马遇到了生前好友，即该文案中的"我"。从谈话中乔得知箭牌衬衫经过机械防缩处理不会收缩，而且它还有独特的"迷淘戛"特适领。他非常激动，要回去告诉正需要这种衬衫的主人，以便得到更多的他所爱吃的燕麦。下面是这则广告的全文：

我的朋友乔·霍姆斯，

他现在是一匹马了。

乔常常说，他死后愿意变成一匹马。

有一天，乔果然死了。

五月初我看到一匹拉牛奶车的马，看起来像乔。

我悄悄地凑上去对他耳语：

"你是乔吗？"

他说："是的，可是现在我很快乐！"

我说："为什么呢？"

他说："我现在穿一件舒服的衣领，这是我有生以来的第一次。我衬衫的领子经常收缩，简直在谋杀我。事实上有一件把我窒息死了。那就是致死的原因！"

"天哪，乔，"我惊讶失声。

"你为什么不把你衬衫的事早点告诉我？我就会告诉你关于"箭牌"衬衫 Arrow shirt 的事。它们永远舍身而不收缩。甚至织得最紧的深灰色棉布做的也不收缩。"

乔无力地说："唉！深灰色棉布是最会收缩的了！"

我回答说："可能是，但我知道'戈登标'的箭牌衬衫是不收缩的。我正穿着一件。它经过机械防缩处理。收缩率连1%都不到！此外，还有箭牌所独有的'迷淘戛'特适领！"

"戈登标'每件只卖两美元！"我说的达到了高潮。乔说："真棒，我的老板正需要一件那种样子的衬衫。我来告诉他'戈登标'的事，也许他会多给我一夸脱燕麦，天哪，我真爱吃燕麦呀！"

箭牌——机械防缩处理。

如果没有箭牌的标签

那它就不是箭牌衬衫。

箭牌衬衫

机械处理防缩——如有收缩不合，

免费奉送一件作赔。

## 二、广告文案创意的实质与作用

广告文案创意的实质，是将广告文案的主题转换成一个意象或材料体系的过程，这个意象或材料体系只是广告文案人员头脑中某种形式的构想，将这个构想用文字符号固定下来就是广告文案。

广告文案的意象或材料体系使广告文案的主题具体化。如果把主题比做广告文案的精神，那么意象或材料体系就是它的躯体。精神是躯体的主宰，但它必须通过躯体的活动才能被人感知。

广告文案意象或材料体系的形成是广告文案人员针对广告事物（企业、产品、服务等），围绕广告主题，对头脑里已有的材料和生活经验进行重新组合的结果。这种重新组合的工作需要依靠广告文案人员丰富的知识、情感和想象力。以上述箭牌衬衫广告为例，广告文案人员已有的有关产品材料是：（1）深灰色棉布最易收缩；（2）箭牌衬衫经过机械防缩处理，深灰色棉布做的也不收缩；（3）箭牌衬衫有独特的“迷淘戛”特适领。广告文案人员的生活经验是：（1）朋友之间常说知心话；（2）衬衫领子过紧会使呼吸困难。广告文案人员的知识有：（1）窒息会导致死亡；（2）社会上存在着人死后变牛变马的迷信或神话；（3）人们常用马拉牛奶车；（4）马爱吃燕麦；（5）提请消费者认准商标很重要；（6）免费奉送作赔能增加承诺的可信性。

上述材料、经验和知识原先是和其他材料、经验、知识一起，无序地存在于广告文案人员的头脑中的。大脑接收到表现广告主题的指令以后，由于脑细胞积极活动的结果，它们突现出来，相互联系，并形成一个有序的表现主题的意象体系，这就是广告文案人员的创意。由此可知，能否发现统摄于某一观念之下的各种事物之间的联系，并将这些事物组合成一个新的意象或材料体系是广告创意的关键。

广告文案创意的基本作用是使广告文案的主题得到形象、具体的表现，并因此而使广告文案具有感染力和说服力。

广告文案的主题是一则广告的核心信息，它只用一句话甚至一个词就可以概括。由于广告文案的主题通常是一个抽象的概念，所以必须借助创意使其形象化、具体化，广告受众才易于理解和接受。并不是你的广告说什么感动了观众，而是你用什么方法去说。你想在电视广告中告诉观众公司的电话号码，直截了当地把电话号码说出来可能不会引起注意，但一个好的创意可以叫人终生不忘。日本一家专售清洁用具的家庭服务公司，电话号码是100－100。该公司为告知这个电话号码所用的创意是让一对100岁的双胞胎姐妹与公司的电话号码挂起钩来，姐姐田金说："我叫金，今年100岁。"妹妹蟹江银接着说："我叫银，今年100岁。"然后旁白补充一句："日本家庭服务公司的电话号码也是100－100。"广告播出后，许多观众都牢牢记住了这家公司的名字及其电话号码。

## 三、广告文案创意的原则

### （一）广告文案创意要为表现广告主题服务

广告文案创意要围绕广告主题进行，任何游离广告主题的创意都会因为转移或分散了广告受众的注意力而削弱广告的宣传效果。广告创意并非不讲艺术性，不重形式美，但如果广告文案人员忽视了形式表现主题、艺术服务销售的创意原则，那么其作品充其量也只能供人欣赏，而不能促进销售。

广告创作上分散注意力的错误做法是绝对要不得的。有人在一辆公共汽车车厢外看到一幅很大的海报，海报上有一张绝世美人的照片。他认为那个金发女郎确实漂亮，并足足看了1分多钟。然而公共汽车开走以后，他才发觉自己完全不知道海报宣传的是什么商品。

夸张狂想、自我卖弄的广告文案，也是要不得的。一些喜欢夸张的广告文案人员可能醉心于这样的文字："在蔬菜王园中的大颗绿宝石。你从来不知道一颗豌豆能够像这样：似露一般的甜蜜，如六月清晨那么新鲜并洋溢着丰富的豌豆的芬芳。这不是一般的豌豆，这是绿巨人豌豆。把它端到烛光照射的餐桌上，如果丈夫把你的手握得更紧更紧，一点也不足为奇。"只会自我卖弄的广告文案人员也许会这样写下去："这种豌豆计划永远终止蔬菜战争。绿巨人，它也不过像玉米粒那么大，剥豌豆的人可以顺利剥下，但是它有一个计划——豌豆永在大地，善意充满人间。根据它的计划，你只要取得一罐丰富的绿巨人豌豆就可以了。它们是如此的甜蜜和娇嫩，即使家庭中最痛恨蔬菜的分子也会投降。到你熟悉的食品杂货店去买绿巨人吧，现在就去买。"上述两种写法都没有围绕正确的广告主题创意，它们没有突出商品固有的特点，而是一味地舞文弄墨，炫耀才华。如围绕"新鲜罐装"这一主题创意，采用"月光下的收成"这一兼具新闻价值与浪漫气氛的标题，正文部分仅有几十个字："无论日间或夜晚，绿巨人豌豆都是转瞬选妥风味绝佳……从产地至装罐不超过3小时。"与之相配的画面是：收割机在朦胧的月光下收割豌豆的远景和一听豌豆罐头。罐头贴纸上，一个男子吃力地抱着一只足有半人多长的大豆荚。这则广告主题鲜明，表现形式充满诗情画意，因而使消费者过目不忘。绿巨人牌罐装豌豆很快家喻户晓，销量节节上升，生产绿巨人牌罐装豌豆的罐头公司为了充分利用绿巨人牌罐装豌豆的声誉也索性改名为绿巨人公司。

以上事例说明，广告创意只有依附于正确的广告主题才有意义，否则，形式越精巧就越分散消费者的注意力，就越有损于广告的宣传效果。所以，广告文案人员的每一个构想，他所写下的每一句话、每一个字都应该有利于表现广告的主题或广告商品的特点。

（二）广告文案创意要新颖独特

广告文案创意的新颖独特指广告文案的表现形式是别人不曾用过的。文案创意力求新颖的目的是为了更好地引起消费者对广告的注意和兴趣。

目前，我们有些广告文案人员不在广告创新上下功夫，而是简单地抄袭或模仿国外或港台地区一些已有定评的广告作品。比如“人头马一开，好运自然来”是香港著名广告撰稿人黄霑为法国名酒人头马白兰地写的一则广告词。因为它与香港人渴望走运发财的心态十分吻合，所以被当地广告界视为经典，并被厂家沿用了20多年。这句广告词传入内地后，广东某啤酒厂就摹仿推出“××一开，好运自然来”。此后，河南新乡某厂在《中国青年报》上向全国公开征集“××”牌电视机广告词，被评为“优秀”广告词的就有“××一开，好运自然来”，这条“优秀”广告词见报后，引起了许多读者的反感。

为了使创意新颖，就必须避开人们熟悉的套路而另辟蹊径，在创意方法上要提倡多向思维和逆向思维。西安南洋广告新技术有限公司在承接库利南珠宝公司的广告时，为了避免与其他珠宝公司的广告创意撞车，经反复研究，决定以讲故事的形式，用库利南钻石的来历，为库利南珠宝公司在消费者心中树立一个令人难忘的企业形象。该广告公司创意的报纸广告以“库利南的传说”为题，正文写道：

那是一个风雨交加的黄昏。

他精疲力尽地坐在矿山脚下，低垂着头，额角挂着雨珠，双腿像灌了铅一般沉重。

忽然，一道闪电狰狞地划破夜空，把矿山照得如同白昼。不远处山坡上的草丛里悠然间闪现出一星耀目的光芒，刺痛了他的眼睛。

“钻石！”他的第一个反应就是连滚带爬地奔过去，在草丛中急切地摸索起来。

一颗硕大而晶莹夺目的钻石！他的双手禁不住颤抖起来：“天哪，我的上帝……”

这个普通农夫在这个风雨的夜晚并没有意识到他在南非的库利南荒野上捡到的钻石意味着什么。后来珠宝匠们确认这是世界上已发现的最大的天然钻石．把它命名为“库利南”，并把它分割成许多小块。其中最大的一块被镶嵌在英国女王的皇冠上，是举世注目的无价之宝。从此，围绕着这些名贵的钻石，发生了许许多多奇异动人、美丽的或血腥的故事……

### （三）广告文案创意不能违背受众的接受心理

广告文案创意要新颖，但新颖并不等于怪诞，因为怪诞的创意容易引起人们的反感，有时甚至会对产品的销售产生严重的不良影响。贝纳通集团曾在一则广告中以“患上了艾滋病”的美国前总统里根作广告画面的主角。该集团发言人在解释为什么用里根“患病”作广告的原因时说，这位前总统当年对艾滋病未予重视因而导致了今日艾滋病的流行，所以假想他也患上了艾滋病。这则怪诞的广告发布后，引起了贝纳通集团遍及世界的经销商们的强烈抗议。特别是在德国，由于650家专卖店中就有150家的生意急剧下降，所以经销商们向法院起诉，要求总公司赔偿他们的经济损失。

我国深圳××领带服饰有限公司曾在一则广告中以“情海独钟，与狼共舞”为广告词。中国人习惯于把狼当作凶恶与残忍的象征，而该广告的撰稿人却违背常理，要消费者钟情于狼，并“与狼共舞”，给人一种很不和谐的印象。如果消费者由此产生反感，那么广告就会事与愿违。

### （四）不同类型的广告文案创意要有不同的特点

造型性广告文案是塑造形象让人感受的广告文案，构思这种文案要特别注意具体性、体验性和情感性。比如，日本有一种早餐叫马基汤，广告文案人员为它所写的文案采取了亲切的问候形式：“早上好！我是马基汤，您的先生出门时，用过早餐了吗？”形象生动的广告往往都能够以情动人并使人印象深刻。

广告文案创意并非都要生动形象，有的广告主题也可用记述或说理来表现。记述性广告文案是通过陈述事实来使人理解广告主题的广告文案，说理性广告文案是通过讲明道理来使人理解广告主题的广告文案。构思这两种形式的广告文案要特别注意简明性、条理性或逻辑性。下面是一则用记述表现广告主题的文案：

**迎接商务总裁，劳斯莱斯是必然选择**

**广州市惟一提供度假设施之一级商务酒店**

广州白天鹅宾馆是“世界一流酒店”在中国内地的惟一认许成员，无论服务及设施均臻国际水平。宾馆拥有劳斯莱斯及平治车队，配合广川市最新高架公路，贵客商务往返，不但快捷舒适，更添显赫气派。此外，宾馆另有免费穿梭巴士连接火车站和飞机场，往来只需10～20分钟。

白天鹅宾馆坐落珠江河畔之沙面岛，风景优美，设备完善，格调高雅，是广州市惟一提供真正度假设施之一级商务酒店。设备完善的商务中心，24小时客房服务及国际直通电话等，处处为繁忙的商务人员着想。忙里偷闲，要舒畅身心，白天鹅宾馆选择最多，包括：2个泳池、8个网球场、健身室及多间供应各地佳肴的菜馆，式式俱备，应有尽有。

该广告主要记叙了广州白天鹅宾馆的交通、环境、设施、服务等方面的情况，组合这些资料的主题就是“世界第一流酒店”。

清楚直白的广告易于理解，适用于对企业或商品特征的介绍。

（五）广告文案创意要精练

广告文案创意的精练是指用较少的文字，生动形象或直接明了地表现广告的主题。因为广告传递的信息比较单纯，所以它的表现形式一般也比较简短。上述马基汤广告文字不多，但形象生动，亲切感人；派克钢笔广告篇幅短小，但特点突出，易懂易记。

广告文案的表现形式之所以要求精练，不单是因为精练的形式易于被人接受，而且因为广告常常受到媒体在时间或空间上的限制。15～30秒钟的电视广告，不可能安排较多的对话和旁白；版面有限的报纸广告，也容纳不了长篇的陈述或描绘。

孔府家酒电视广告《回家篇》原有的文案比较长：“千万里，千万里，我一定要回到我的家。我的家，我的家，永生永世不能忘，怎么说，怎么想，谁也不能没有这个家。孔府家酒，叫人想家！”后来删掉了中间一段，因为15秒钟的时间容不下这么多的内容。

文案创意的精练并不是说文字越少越好，而是说如果能用较短的篇幅很好地表现广告的主题，就不要用更多的文字。但是如果表现某一广告主题需要用较长的篇幅，而且经费和媒体也允许使用较长的篇幅，那么即使文案较长也不能认为它不精练。《华尔街日报》的一则广告文案《出众的菲尔》长达2 000字，该文案从广告界著名人物菲尔的经历、事业的开端一直写到菲尔对广告界一系列问题的看法，内容虽多，但都紧紧围绕“广告界有创造力的先驱”这一主题，目的是为了使《华尔街日报》受到广告公司经营者们的重视。

## 第二节 广告文案创意的方法

广告文案创意从狭义上讲就是广告主题表现形式的构思，如果广告文案人员能够自觉地按照一定的方式、方法进行这种构思，或者在构思的过程中借鉴某种基本的创意类型，其文案的创意就可能事半功倍。

### 一、广告文案创意的思维方式

广告文案人员在构思文案的表现形式时，不管自觉与否总会遵循一定的思维方式。

由于这些思维方式各有特点，各有长短，所以创意时可以根据具体情况进行选择或者综合运用。

### （一）顺向思维

顺向思维即顺着人们习惯的思路，从正面入手对某一事物进行深入分析研究的思维方式，这种思维方式也叫做垂直思考法。

因为顺向思维是在前人已经找到的方法或已经创造出来的形式的基础上进一步地修改完善，所以运用这种思维方式可以少走弯路，降低风险。但由于在起点、方向和大部分进程中重复了前人的老路，所以要想有重大的新发现或新发明也是很困难的。

就广告文案创意而言，运用顺向思维能较快地为广告企业或广告商品找到一种基本上还说得过去的创意，但这个创意很难有它的新颖独特之处，而且搞得不好还会成为明显的模仿或抄袭之作。如果这种模仿或抄袭被辗转使用，那就会使广告受众大倒胃口，广告的宣传效果也会因此而大打折扣。

一般来说，广告界的新手在没有把握的情况下可以运用顺向思维，但在使用这种思维方式的时候要尽量做到比前人更加完美，或者使其同中有异。

### （二）逆向思维

逆向思维即离开人们习惯的思路，从反面或侧面入手对某一事物进行全新分析研究的思维方式，这种思维方式也叫做水平思考法。

因为逆向思维是摆脱前人已经找到的方法或已经创造出来的形式而寻找新的方法或新的形式，所以运用这种思维方式可能会有新的发现或发明。但由于没有成功的经验可以借鉴，所以寻找新大陆的航船有可能在未达到目的地之前就触礁翻沉。

就广告文案创意而言，运用逆向思维有可能产生新颖独特的创意，但标新立异如果不符合消费者的接受心理或者冲淡甚至转移了既定的广告主题，这样的创意就不能叫做新颖，而只能称之为离谱或怪诞。

一般来说，有一定经验的广告文案人员希望有所创新，或运用顺向思维进行广告创意已经走入死胡同时，就应该运用逆向思维。运用逆向思维要有抛弃习惯的勇气和不怕挫折的精神。

由于广告创意的重要原则之一是新颖独特，所以对于广告文案人员来说，掌握逆向思维方式比掌握顺向思维方式更重要。下面举例说明运用逆向思维进行广告文案创意的几种常见形式。

1. 正话反说

商业广告文案通常都是正面介绍产品的优点或企业的长处，也就是正话正说。既然是逆向思维，就要打破正话正说的常规，所以正话反说就成了运用逆向思维创意的一种方法。所谓正话反说，就是从表面上看文案说的是商品的缺点或企业的短处，但从总体效果上讲，它表现的还是商品的优点或企业的长处。美国底特律市本巴赫公司曾为大众车撰写过这样一则文案："大众车的检查员因仪表上的小储藏柜里有一道划痕而拒绝接受该车。"

这则广告的配图是位于标题"次品"两个大字上方的一辆小汽车。把一辆大众车说成"次品"从形式上看是揭短，而实际上这则广告表明了制造厂家对于产品质量的高标准和严要求。

菲律宾国家旅游公司的广告，采用的就是典型的正话反说的创意方法。该广告不谈到菲律宾旅游的各种好处，反而列举了到菲律宾旅游所面临的十大危险。

一是小心买太多东西，因为这里物价便宜；二是小心吃得过饱，因为一切食物质美价廉；三是小心被晒黑，因为这里阳光很好；四是小心潜在海底太久，要记住上来换气，因为海底美景使人流连忘返；五是小心胶卷不够用，因为名胜古迹数不清；六是小心上山、下山，因为这里山光云影常使人顾不了脚下；七是小心爱上友善、好客的菲律宾人；八是小心坠入爱河，因为菲律宾姑娘热情而美丽；九是小心被亚洲最好的酒店和餐厅宠坏了胃口；十是小心对菲律宾着迷而忘了回家。

这十个正话反说的危险，展现了菲律宾旅游圣地的极大吸引力。

另有一则日本美津浓牌运动服广告更是直接点出了广告产品的瑕疵。

这件运动衣在日本是用最优秀的染料、最优秀的技术染色的。但我们仍觉遗憾的是茶色的染色还没有达到完全不褪的程度。

从这则文案的字面上看，茶色的染色还没有达到完全不褪的程度是一个缺陷，但言下之意，茶色的染色已达到基本不褪的程度，而其他颜色的染色则已达到完全不褪的程度，这实际上是一个长处。再说，该产品所使用的染料和染色技术都如此优秀，生产该产品的厂家还为一点小小的不足而深表遗憾，这也从一个侧面表现了厂家在染色技术上的精益求精。

2. 坏话好说

如果广告的本意是批评或揭短（多见于公益广告），表现形式也是直接地批评或揭短，那么这就是坏话坏说。由于坏话坏说是一种习惯，所以运用逆向思维就要坏话好说，也就是名为摆好，实为亮丑。

有一则宣传吸烟有害健康的电视广告，名为《吸烟三好》，它用相声形式写成，内容如下：

甲：吸烟有三好。

乙：哪三好？

甲：吸烟可以防盗。

乙：吸烟的人贼就不偷？

甲：对，你想，吸烟的人整晚整晚地咳嗽，人家小偷还敢进来吗？

乙：嗨。那第二好呢？

甲：吸烟可以防狗咬。

乙；如何解释？

甲；吸烟的人多骨瘦如柴，弱不禁风，出门就得拄拐杖，狗还敢咬吗？

乙：还真是。

甲：三好嘛，吸烟节约开支。

乙：没听说过。

甲；你看我，吸成这样，活不长喽。死得早，不就节省开支吗？

乙；啊？……

把人们习闻的吸烟有害说成“吸烟有三好”，不能不叫人吃惊，因而受众急于想知道下文。说“吸烟可以防盗”，“可以防狗咬”，可以“节约开支”，更觉牛头不对马嘴。带着满心的疑惑听下去，才知道所谓的“三好”原来是整夜咳嗽，骨瘦如柴，而且死得早。这则广告创意新颖，使观众在笑声中受到了教育。

3. 转换对象

按照习惯的思维方式，商品或企业广告都是就商品说商品，就企业论企业的。运用逆向思维，就要打破这种定式，把论说的指向转换到别的事物上去。当然，这另外的事物必须是与广告商品或广告企业密切相关的，并且文案要起到言在此而意在彼的作用，也就是说，看起来不像广告却令人注目的一段文字，实际上正是某商品或企业的广告语，下面几则文案都是典型的例子：

注意，这窗户是装了玻璃的。（某品牌玻璃清洁剂广告语）

当心伪钞！（切思·布鲁宁公司彩色复印机广告语）

再小的伤口也不应忽视（邦迪牌创可贴广告语）

盗贼可是从来不管春夏秋冬的。（标准意外事件保险公司广告语）

4. 转换角度

人们习惯从正面人手研究问题，撰写广告文案也多采用正面介绍的形式。打破思维定式，运用逆向思维，就会发现转换角度，不走直线走曲线，不攻正面攻侧翼，有时会收到意想不到的效果。

英国一著名广告商为波多黎各设计过一个旅游广告，画面是一个空房间，醒目的只有一把挂在墙上的大提琴，其文案部分是：“为什么如此诱人的波多黎各，旅游房间竟空无一人？去欣赏一下吧！”

这则广告没有正面介绍波多黎各的旅游景点，而是从旅游房间空无一人这个侧面暗示，诱人的波多黎各使得旅游者们倾巢而出。

另有一则汽车广告，也采用了侧面宣传的手法："如果谁发现'奔驰'牌汽车突然被迫抛锚，本公司愿奉献奖金 1 万美元。"

此广告的言下之意是，"奔驰"牌汽车质量过硬，突然被迫抛锚的事几乎不可能发生，否则公司没有胆量悬赏发现者。在这里，侧面宣传比正面宣传更有力量。

这里需要指出的是，运用逆向思维创意的形式远不止以上四种，也就是说，在进行逆向思维的时候，不要被以上四种形式捆住了手脚，而应该在不落俗套的原则下作多方面的探讨或尝试。此外，运用逆向思维产生出来的某种创意，开始是新鲜独特的，但套用的人多了，这种创意也就变成了一种常规或习惯，于是摆脱这种习惯，采用更新的广告表现形式又成了广告文案人员的新课题，所以广告创意的求变创新是没有止境的。

## 二、广告文案创意中文化因素的运用

### （一）广告与文化

广义的"文化"指人类在其发展过程中所创造的物质和精神产品的总和；狭义的"文化"仅指人类的精神产品，如哲学、科学、文学、艺术、道德、教育形态、宗教信仰、价值观念等。

广告是人类创造的一种精神产品，所以广告也是一种文化。由于广告受到哲学、科学、文学、艺术、道德、教育形态、宗教信仰、价值观念等的影响和制约，所以我们把广告文化看作一种亚文化，而把对广告文化具有影响和制约作用的文化叫做主导文化。从辩证的观点看，广告文化的繁荣和发展也会反过来影响主导文化。

无论是主导文化还是亚文化都具有民族性，比如，东西方文化之间就存在着明显的差异。大体上讲，东方文化的价值观重在内部的超越，人的价值主要通过"内省"、"克己"来表现，儒家倡导的"修身，齐家，治国，平天下"强调的就是道德规范的自觉性。西方文化的价值观重在外部的超越，上帝是价值的源头，人们一方面用宗教来对照世间的罪恶，另一方面又用它来催人向上。东方人的心理结构以"仁"、"务实"、"忍耐"为基本内容，西方人的心理结构则以"人本"、"认知"、"行为"为基本内容。东方人对家乡有深厚的眷念之情，西方人则强调自由与冒险。

一个民族的主导文化会影响到该民族的广告文化。美籍华人杨朝阳教授认为："中国人注重广告的产品内容，讲实证。其文化背景是道——佛——儒家伦理宗教行为，有宿命论色彩，有整体取向，关系建立在实证上。"

当然，不管是主导文化还是广告文化，它们都不是一成不变的，文化会随着时代的发展而变迁，不同民族之间的文化也会由于交通、通信的发展和经济文化往来的增多而相互影响和融合，所以在研究一个民族的广告时，既要看到其受传统文化影响的一面，又要看到它与外来文化融合的一面。

### （二）民族文化在广告文案创意中的作用

在广告文案创意时恰当运用民族文化有助于创造消费者喜闻乐见的广告表现形式，可使广告易于被诉求对象理解和接受。大凡广告都有特定的对象，也就是说广告的受众是居住于某一地区或属于某个民族的特定的消费者。为了使广告在特定的广告对象中引起好感，产生共鸣，广告创作者就必须了解广告对象的文化心态和构成。

如果面对中国的受众做广告，广告创作者就要研究中国受众的风俗习惯、伦理道德、价值观念、语言习惯等。只有在了解中国文化对广告受众影响的基础上进行创意，广告才能为中国消费者理解和接受。外商来华所做的成功的广告，大都是根据中国受众的文化心态进行创意的。

日本丰田公司向中国市场推销丰田汽车时，在《人民日报》上刊登的大幅广告中只有两句广告语："车到山前必有路，有路必有丰田车。"这则广告是由中国俗语"车到山前必有路，船到桥头自然直"改编而成的。采用这种形式的目的有二：一是为了求得中国受众在文化心态上的认同；二是为了形象地说明丰田车畅销各地，很受用户的欢迎。这则广告的成功主要得力于广告文案创意者对中国文化的熟悉和理解。

有一年春节期间，美国可口可乐公司面向中国受众推出了一个迎合中国习俗与文化背景的电视广告。广告依次出现的画面是："红瓦红墙的闽南式建筑，穿中国衫的小男孩，从电车上跳下的回乡的游子，一人用毛笔在巨幅红布上书一巨大的"福"字，可乐在杯中泛着泡沫以及同时叠现的贴春联、烹佳肴、亲朋团聚畅饮等场面，最后是广告语："当团聚的时刻，挡不住的感觉。"这则广告把中国传统的佳节思亲融入可口可乐的广告主题"挡不住的感觉"之中，收到了很好的效果。

宝洁公司汰渍洗衣粉广告中"汰渍三块五"、杭州"娃哈哈"儿童营养液广告中"喝了娃哈哈，吃饭就是香"的创意，都是比较受人欢迎的，究其原因，也是因为它们符合中国人讲究实惠的传统文化心态。

以上事例说明，适合广告受众文化心态的广告文案创意，会因得到消费者的认同而获得成功；违反广告受众文化心态的广告文案创意，会因引起消费者的反感而招致失败。

### （三）我国国内广告文案创意中常用的文化因素

1. 求吉利

办事求吉利的民族心理在广告文案创意中表现得十分明显，其中最直白、通俗的字眼就是"顺"和"发"。"东新商住大厦 6·6 封顶大顺"是一则报纸广告的通栏标题，标题下面，与文案照应的满满一盘红鸡蛋是大吉大利的象征；"恭喜发财迎新岁，长年好运金利来"，这则金利来领带广告在新春佳节之际推出，它在向消费者恭贺新喜，祝其好运的同时，也使"金利来"这一品牌得到了广泛的传播。类似的广告语还有很多，比如，"踏上轻骑，马到成功"、"人头马一开，好事自然来"、"恒源祥，发羊财"、"今夜星光灿烂。明日万事如意"等。这里需要提及的是，在创作这类广告时要注意剔除传统文化中庸俗、迷信的部分。

2. 仁爱

敬老爱幼历来是中国人引以自豪的美德，时至今日，它仍被人们视为道德的规范。正因为如此，以敬老爱幼作情感诉求的广告才频繁出现。上海浩业房地产有限公司在一则出售公寓的广告中，用动情的话渲染了父母对儿女的养育之恩后写道："望着他们的白发一天比一天增多，脸上的皱纹记载着不断的辛苦和操劳，我们又能为他们做些什么？——力所能及地为父母怡享天年尽一份拳拳爱心吧……余山风景区的天享公寓为您创造了这份机会。"在这之后才是关于公寓位置、结构、价格等情况的介绍。

在威力洗衣机的一则电视广告里呈现出这样一组画面：一条小溪、一座山村、一位晾衣服的老妈妈，她使人想起自己辛苦了一辈子的母亲。这时响起一个女性充满柔情的画外音："妈妈，我又梦见了村边的小溪，梦见了奶奶。妈妈，我给您捎去一样好东西。"接下来，画面上一辆卡车把洗衣机送进了小山村，妈妈的脸上露出了欣慰的微笑。广告最后点明，这是"献给母亲的爱"。

以上是含敬老文化因素的广告文案创意，下面再看看以爱幼作感情诉求的例子。台湾地区的一则人寿保险广告曾使人们的心灵受到父辈之爱的强烈震动。这则题为"智子，请好好照顾我们的孩子"的广告，用了大约 80% 的篇幅来记叙一次空难。在简洁地交待了空难发生的时间、地点、遇难人数以后，文案突出了以下内容：发生爆炸后，飞机坠毁之前在空中盘旋了 5 分钟。"500 多位活生生的人在这最后的 5 分钟里面，除了自己的安危还会想到什么？""在空难现场的一个沾有血迹的袋子里，智子女士发现了一张令人心酸的纸条。""为人父、为人夫的谷口先生写给妻子的最后叮咛：智子，请好好照顾我们的孩子！"在如此牵动了广告受众的情感之后，广告才在结尾处落到人寿保险上："走在人生的道路上，没有恐惧，永远安心，如果有保德信与你同行。"这则广告获得了台湾第 5 届时报广告最佳杂志金像奖。

以父母之爱作为情感诉求的广告还有很多，比如，“祛痱一滴灵”用过的广告语就有“母爱情深——给最爱的宝宝”；“宝宝的成长只有一次，现在就为他的健康选择最好的——祛痱一滴灵”等。

3. 恋家

思乡恋家的传统观念在广告文案创意中也常有表现，比如，中国大陆在国际上首次获得 CLIO 广告大奖的作品《家·中国人的故事》就是围绕“家”来创意的。广东白马广告有限公司为深圳“锦绣中华”和“中国民俗文化村”设计的这本旅游推广纪念册分为三卷，第一卷是《话说家园》，第二卷是《热爱家园》，第三卷是《走出家园》，作品用一个通俗简单的“家”字，表现出深厚的文化主题。

4. 科技

含科技进步因素的广告文案创意近几年来也时有出现，比如，成龙为小霸王学习机做的广告“过去我是靠拳头打天下，今天我的儿子要用‘小霸王’打天下”就是一个典型的例子。

北大方正集团曾做过这样一个电视广告，其广告语是：“古有毕昇，今有方正。”广告中先后出现的画面是：古代，毕昇用活字排版印刷的情况；今天，北大方正集团电子出版系统工作的场面。强烈的对比使人们对现代高新技术产生了深刻的印象。这个广告还有更深的文化蕴意，那就是北大方正的高新技术是在继承我国优秀文化的基础上创新发展起来的。

5. 享受

中国人历来以节俭为美德，20 世纪 60 年代人们常唱的一首歌就叫《勤俭是咱们的传家宝》；西方人较追求人生的享受，美国《生活杂志》的一则广告就是：“享受生活从这里开始。”尽管如此，享受生活的观念自对外开放以来也已对许多中国人产生了影响，并且在广告文案创意中表现出来。王子沙龙（一家歌舞酒吧）的车身广告“王子沙龙，王子的享受”曾被电车载着游遍了武汉三镇。类似的例子还有：“皇太子 T 恤衫并非皇家独有”，“酒类极品、王者享受”，“林河酒，XO 的享受”，“春兰空调——高层次的追求”，“琴岛海尔，选择一次，享受一生”等。应当指出的是，过分地宣传贵族气派、帝王享受、高档追求不合中国国情，也不利于精神文明建设。

由于受到西方文化的影响，独立、竞争等观念也在广告文案创意中有所表现，××护肤霜的一则电视广告借一位少女的口说：“长大了，再不用看别人的脸色了。脸面上的事情还是要问自己。朋友在心间，‘××’天天见。”××自行车的一则路牌广告“独立，从掌握一辆××自行车开始”，这都是抓住现代青年人希望发展独立个性的心态进行广告文案创意的。

实践证明，文化认同高的广告创意更容易为消费者接受，因此在进行广告文案创意时应该研究受众心理，注重文化。民族文化中真、善、美的东西要继承，外来文化中先进与科学的东西要吸取，这样做不但能提高广告的促销效果，而且能够弘扬民族文化，并推动人类文明的发展。

## 第三节　广告文案创意的常见类型

广告文案创意是根据商品特点，针对广告对象，围绕广告主题进行的，因为广告商品形形色色，广告对象千差万别，广告主题各有不同，所以广告文案创意，即表现主题的文案形式也是层出不穷的。这里归纳出 9 种类型供广告文案人员参考，但不要把它作为一成不变的教条。

### 一、直陈型

它是直接陈述广告企业或广告商品的优点或特点的创意类型。这种创意不需借助感性形象、积极修辞或故事情节，而是直截了当、有条不紊，朴实无华地叙述有关企业或商品的事实。这种形式的文案看起来并不需要广告文案人员发挥什么想象力，他写的仅止于商品本身，广告文案人员什么东西也没有加上去，但经过选择的事实，通常隐含撰稿人对广告商品的情感或评价，文案中不易察觉的策略往往能大大加深受众对于广告企业或广告商品的印象。

请看下面这则英国“劳斯莱斯”高档轿车的优秀的广告文案。

**“这辆新型‘劳斯莱斯’在时速**
**60 英里时，最大闹声是来自电钟”**

“什么原因使得‘劳斯莱斯’成为世界上最好的车子?”

一位知名的“劳斯莱斯”工程师说：“说穿了，根本没有什么真正的戏法——这只不过是耐心地注意到细节。”

1. 行车技术主编报告：“在时速 60 英里时，最大闹声是来自电钟。引擎是出奇的寂静。3 个消音装置把声音的频率在听觉上拔掉。”

2. 每个“劳斯莱斯”的引擎在安装前都先以最大气门开足 7 小时，而每辆车子都在各种不同的路面试车数百英里。

3. “劳斯莱斯”是为车主自己驾驶而设计的，它比国内制造的最大型车小 18 英寸。

4. 本车有机动方向盘，机动刹车及自动排档，极易驾驶与停车，不需司机。

5. 除驾驶速度计之外，在车身与车盘之间，互相无金属之衔接。整个车身都加以封闭绝缘。

6. 完成的车子要在最后测验室经过一星期的精密调整。在这里分别受到98种严酷的考验。例如：工程师们使用听诊器来注意听轮轴所发出的低弱声音。

7. “劳斯莱斯”保用3年。已有了从东岸到西岸的经销网及零件站，在服务上不再有任何麻烦了。

8. 著名的“劳斯莱斯”引擎冷却器，除了亨利·莱斯在1933年死时，把红色的姓名第一个字母R改为黑色外，从来没更改过。

9. 汽车车身之设计制造，在全部14层油漆完成之前，先涂5层底漆，然后每次都用人工磨光。

10. 移动在方向盘柱上的开关，你就能够调整减震器以适应道路状况。（驾驶不觉疲劳，是本车显著的特点。）

11. 另外有后车窗除霜开关，控制着1 360条看不见的在玻璃中的热线网。备有两套通风系统，因而你坐在车内也可随意关闭全部车窗而调节空气。以求舒适。

12. 座位垫面是由8张英国牛皮所制——足够制作128双软皮鞋。

13. 镶贴胡桃木的野餐桌可从仪器板下拉出。另外有两个在前座后面旋转出来。

14. 你也能有下列各额外随意的选择：做浓咖啡的机械、电话自动记录器、床、盥洗用冷热水、一支电刮胡刀等。

15. 你只要压一下驾驶者座下的橡板，就能使整个车盘加上润滑油。在仪器板上的计量器，指示出曲轴箱中机油的存量。

16. 汽油消耗量极低，因而不需要买特价汽油，是一种使人喜悦的经济车。

17. 具有两种不同传统的机动刹车，水力制动器与机械制动器。“劳斯莱斯”是非常安全的汽车，也是非常灵活的车子，可在时速85英里时宁静地行驶，最高时速超过100英里。

18. “劳斯莱斯”的工程师们定期访问以检修车主的汽车，并在服务时提出忠告。

19. “班特利”是“劳斯莱斯”所制造。除了引擎冷却器之外，两车完全一样，是同一工厂中同一群工程师所制造。“班特利”因为其引擎冷却器较为简单，所以便宜300美元。对驾驶“劳斯莱斯”感觉没有信心的人士可买一辆“班特利”。

价格：本广告画面的车子——在主要港口岸边交货——13 550美元。

假如你想得到驾驶“劳斯莱斯”或“班特利”的愉快经验，请与我们的经销商接洽。他的名号写于本页的底端。

劳斯莱斯公司　纽约　洛克斐勒广场十号

（方格内标题及文案：）

**喷射引擎与未来**

• 某些航空公司已为他们的“波音707”及“道格拉斯DC8”选用了“劳斯莱斯”的涡轮喷射引擎。“劳斯莱斯”的喷射螺旋浆引擎则用之于“韦克子爵机（Vickers Visccount）”、“爱童F－27”（Fairchild）式机及“墨西哥湾·圭亚那”（Guiana Gulfstream）式机上。

• 全世界航空公司的涡轮喷射引擎及喷射螺旋浆引擎，有一半以上是向“劳斯莱斯”订货或由其供应。

• “劳斯莱斯”现有员工42 000人，而本公司的工程经验不局限于汽车及喷射引擎。另有“劳斯莱斯”柴油发动引擎及汽油发动引擎能做许多其他用途。

• 本公司的庞大研究发展资源正从事对未来做许多计划工作包括核子及火箭推进等。

为写好上述广告，文案作者曾亲自到英国进行实地考察，并详细了解了该车的各种性能。他在后来为这则广告所写的一段说明中指出：“像这种以事实所做的广告比过度虚张声势的广告更能助长销售。你告诉消费者的愈多，你就销售得愈多。请注意，这个广告中非常长的标题以及719个英文字的文案，全部都是事实。”

## 二、暗示型

它是用引导暗示的方法来表现广告主题的创意类型。运用这种创意的要点是设下悬念，引起兴趣，但不点明主题而把想象的余地留给广告受众。比如，英国著名作家毛姆以征婚形式刊出的推销小说的广告就是一个很好的例子：“本人喜欢音乐和运动，是个年轻而又有教养的百万富翁，希望能和毛姆小说中的女主角完全一样的女性结婚。”

## 三、故事型

它是通过讲故事或叙述事情的经过来表现广告主题的创意类型。例文如下：

**妈妈，我不是故意的**

1994年10月15日，星期六，凌晨两点。

车子由高志勇驾着，他今年17岁，血气方刚。车上另有一名前座乘客及一名后座乘客，他们都是志勇常聚在一起玩乐的好朋友。

车子是志勇向妈妈借来的，妈妈从来都没拒绝过他，只是每一回总是再三嘱咐志勇得小心驾驶，毕竟志勇还是个“新手”。车子正朝往“牛顿小贩中心”奔驰，大伙肚子都饿急了，准备到那儿大吃一顿。一个左转来到杜尼安路时，意外发生了。

经过一轮猛烈的冲撞之后，车子惨不忍睹，在那一刹那间，志勇以为一切都完了。

幸好，那是福士伟根。

是吉人天相也好，是大难不死也好，奇迹般地，志勇等三人皆平安无事，毫发无损。自行打开车门后，面面相觑，目瞪口呆。志勇这时最担心的是如何向妈妈交代。闯了大祸，妈妈一定不会原谅他，毕竟那是她心爱的车。

听妈妈怎么说：

“当志勇来电通知我时，知道孩子们都没事，也就放心了，以为只是小意外。后来，看到心爱的车子时，我简直不敢相信自己的眼睛，我一点也不生气。谢谢福士伟根，救了孩子们一命。”

福士伟根，安全上路。

生命可贵，岂可儿戏。德产福士伟根深明此理，因此在设计及制作每一部车子时皆以您的安全为首。超过30种不同的冲撞测试，以确保万无一失。车身结构的加强措施，前后左右的安全护撞区与防撞杆给予更大的保障，驾驶座安全气袋在紧要关头能化险为夷。

事实证明，福士伟根的安全措施绝非纸上谈兵。其高度驾驶乐趣更为同行所津津乐道，一经驾驶，必有所悟。

——德国大众轿车

## 四、摹状型

它是通过描写与广告企业或广告商品相关的事物来表现广告主题的创意类型。新加坡航空公司的一则广告就是如此：

她将一缕温馨的柔情带给全世界，
和蔼的空中服务员，
身着一袭纱笼裙。
当她和您相逢，
一绽迷人笑容，
一缕温馨的柔情。
晴空万里，朵朵白云，
你们相逢在747B、707或737——

波音机群上，
她将以最殷勤的方式招待您。
我们的女郎，
是新加坡航空公司的灵魂。

## 五、对话型

它是通过人物对话来表现广告主题的创意类型。美国贝尔电话公司的一则电视广告就属这一类：

（傍晚，一对老夫妇正在进餐，电话铃响，老妇人去另一间房接电话，然后回到餐桌边。）

老先生：谁的电话？
老妇人；是女儿打来的。
老先生：有什么事？
老妇人：没有。
老先生：没事？几千里地打来电话？
老妇人：她说她爱我们。
（老夫妇相对无言，激动不已。）
旁白：用电话传递你的爱吧！

## 六、证言型

它是通过引用或转述商品使用者、专家、权威等对商品的评价来表现广告主题的创意类型。现举例如下：

要演好一个角色
由内而外都要充分发挥
正如皮肤保护一样
内外都要得到均衡滋润
我用雅倩
全新雅倩深层保湿美容膏
特有保湿修护素
能迅速渗透至肌肤深层
衡肌肤水分及养分

用雅倩，肌肤时刻都
清爽润泽，娇美动人
自然有好表现啦
雅倩深层保湿美容膏
表里如一，娇美动人
——雅倩深层保湿美容膏电视广告文案

## 七、物证型

它是通过讲述商品获奖以及取得荣誉称号等事实来证明企业先进、商品过硬的创意类型。以下三菱小骏马汽车广告即是一例：

三菱小骏马曾囊括多次国际殊荣，迄今仍旧处于领导地位，试问其他掀背型汽车是否有以下这么辉煌的记录？

"1979年最精巧娇美三门式小轿车"

——瑞士第49届国际汽车沙龙

"1979年最经济的轿车"

——美国Road Test杂志

"1979年最经济省油的轿车"

——加拿大政府

三菱小骏马在"全国最佳汽车"荣衔的竞逐中，高居所有日本汽车之首位。
请驾驶超群出众的掀背型汽车——
屡经证实，性能凌驾一切的三菱小骏马。

## 八、推理型

它是通过讲明原理或道理来证明企业或商品具有某种优点或特点的创意类型。以下两例即属此类：

1. 龙牡壮骨冲剂广告

补钙关键在吸收，
吸收最佳是龙牡。
不要让孩子输在起跑线上啊！

2. 胡适为某保险公司撰写的人寿保险广告

人寿保险含有两种人生常识：

第一，“人无远虑，必有近忧”，所以壮年要作老年的准备，强健时要作疾病的计划。

第二，“日计不足，岁计有余”，所以细微的金钱，只须有长久的积聚，可供重大的用度。

## 九、抒情型

它是直抒胸臆或通过间接抒情来表现广告主题的创意类型，间接抒情即通过叙述、描写、议论来抒发感情。下面这则例文即属抒情型：

如果你问我，这世界上最重要的一部车是什么？那绝不是你在路上能看到的。

30 年前，我 5 岁，那一夜，我发高烧，村里没有医院。爸爸背着我，走过山，越过水，从村里到医院。爸爸的汗水。湿遍了整个肩膀。我觉得，这世界上最重要的一部车是——爸爸的肩膀。

今天，我买了一部车，我第一个想说的是：“阿爸，我载你来走走，好吗?”

中华汽车，永远向爸爸的肩膀看齐。

——中华汽车电视广告

以上 9 种广告文案创意的类型大体上是按照表达方式的不同来划分的，如果按照修辞手法的不同来划分，又有对比型、衬托型、拟人型、比喻型、夸张型等。

### 思考·案例·练习

1. 广告文案创意应遵循哪些原则?
2. 以一次广告文案创意为例，说明广告文案创意的实际过程。
3. 我国国内在广告文案创意中常用的文化因素有哪些?
4. 请选择某一品牌的产品，运用“逆向思维”进行创意。
5. 案例分析

以下是台湾中华汽车电视广告文案。请在认真阅读以后，思考该广告的创意特点，分析其成功之处。

**广告文案之一：**

印象中，
爸爸的车子很多，
大概七八十部吧。
我爸爸没什么钱
他常说，

买不起真车，
只好买假的，
我这辈子只能玩这种车喽。
经过多年努力，
我告诉老爸，
从今天起，
我们玩真的。
爸爸看到车后，
还是一样东摸摸、西摸摸，
他居然对我说——
我这辈子只能玩假的，
你却买真的。
“爸，
你养我这么多年不是假的，
我一直想给你最真的。”
（广告口号）中华汽车真情上路

**广告文案之二：**

如果你问我，
这世界上最重要的一部车是什么？
那绝不是你在路上能看到的。
30 年前，
我 5 岁，
那一夜，
我发高烧，
村里没有医院。
爸爸背着我，
走过山，
越过水，
从村里走到医院。
爸爸的汗水，
湿遍了整个肩膀。
我觉得，

这世界上最重要的一部车是

——爸爸的肩膀

今天，

我买了一部车，

我第一个想说的是：

“阿爸，我载你来走走，

好吗?”

（广告口号）中华汽车永远向爸爸的肩膀看齐

# 第4章　广告文案的结构

**本章知识要点：**

掌握广告文案的标题、正文、附文及标语的作用、类型、写法与要求。

广告文案的构成，是广告人必须掌握的基本理论知识。但是，对文案的本质认识以及文案形态的复杂，造成了对文案构成的认识困难。文案是制作广告成品之前有艺术性的说明文底稿。而有些简单的广告成品的制作是不设文案的，需要文案的广告又呈现不同的形式和种类。人们一般常常称呼的文案，是报刊平面印刷广告的文案，这些文案，其内容往往原封不动地成为平面广告，此类广告文案的构成是常规明晰的。而另外一些广告的文案则呈现不同状态，如影视广告的文案，常常称为故事板或者故事画纲，其构成比较特殊，有画面、道具、时间、音响、解说等因素。又如广播广告的文案，常称脚本，有音乐、音响和声音三种必要成分。然而，对绝大多数文案进行解析和比较，我们概括了一个共识：一般地说，文案的构成有四个要素，即标题、正文、标语和随文。以下对文案的四要素进行简要的解说。

## 第一节　广告文案的标题

广告文案的标题，用来吸引消费者，反映广告的主题，是区分不同广告的标志。人们常常把标题比喻为画龙点睛的睛，或者广告的旗帜、窗口。这里必须说明，个别广告文案如影视广告文案的标题，有的不会出现在广告中，有的常常与广告标语同一。

# 一、广告文案标题概述

## （一）标题及与主题的区别

1. 标题及其功能

标题，是广告文案的题目。

标题的位置，一般在广告文案的最前面。而在最终成为广告成品后，标题可能不再需要。

广告文案标题的功能有四个：

一是画龙点睛，反映广告的主题内容——有的标题本身又是标语，如“可口可乐，真正的快乐”、“金利来领带，男人的世界”和“梁新记牙刷，一毛不拔”等。

二是吸引消费者的注意力。

三是为制作广告之便而写在文案中（这是在广告成品中不出现的文案标题）。

四是广告文案的标题常常作为区别不同产品的广告的标志以及同一产品广告的标志。

2. 标题和主题的区别

标题和主题的关系是十分密切的。

有的标题，直接表达主题，可以说是“主题＝标题＝标语”。

有的标题反映主题内容。一种标题反映广告主题、内容和范围，如“耐克鞋”。另一种标题暗示性地反映主题内容，如象征性标题，将鞋子当作“飞舟”。有的标题，提示了内容的部分线索，如“飞人刘易斯穿的鞋子”。

总的来说，标题服务于主题，标题可以更换，主题不能随意更换。标题和标语的区别是非常重要的，特别是在人们常常将二者混为一谈，而两者也确实常常合二为一（被称为“标题式标语”）的情况下。

标题不是标语的时候，两者的区别有以下几个方面：

（1）作用

标题只是广告文案的题目，用以引起注意，便于制作广告；而标语则建立一种观念，强调印象，指导消费行为，是较为稳定的商业用语，一经确定后，一般不轻易改动。

（2）表达

标题可以是一句话，也可以是一个词或词组；而标语必须是一句话（后面有标点符号）。

(3) 变化

标题都在文案中出现，可以变化；而标语在同一商品的一系列广告中长期、反复使用。

(4) 重心

标题重在吸引人的注意；而标语重在鼓动、号召，往往落实到长期的印象以及文化和行为的劝导影响上。

(5) 位置

标题一般在文案和印刷广告的前面，标语一般置于后面，也可以反复出现在一个广告中，还可以单独使用。

## 二、标题的类型

### (一) 标准型

在全部广告标题中，大约占 23.8%。这种类型的标题，特点是平铺直叙，信息可靠，简要说明事件，可以称为“宜事型”。如《每日有三条航线飞往美国，只有泛美航空公司》、《紫禁城牌羊毛衫》、《嘉陵牌摩托车广告》等。再如《中华牌牙膏》、《九月份新影片预告》等。

### (二) 新闻型

在全部广告标题中大约占 18.9%。这种类型的标题，特点是简单明白，用于发布新产品的消息，常常带“新”、“最新”之类字眼。如《’94 新光办公用具上海订货会》、《中国迅达电梯有限公司蝉联五届全国十大合资企业称号》、《专治肠胃弱新药问世》(三黄制药广告) 和《您希望减少花费吗？BURMS 有新法》等。

### (三) 暗示型

在全部广告标题中大约占 12.2%。这种类型的标题，特点是婉转多义，可以称为“寓意型”。如《肉价与车价》(福斯汽车广告)、《今年二十，明年十八》(上海白丽香皂广告) 和《忘不掉的母爱》(白云山乌鸡白凤丸广告) 等。

暗示型标题属于间接标题类型。以标题与主题的关系为主要标准，标题分直接标题和间接标题两种。直接标题直接诉求，表明主题和商品好处，如上海无线电四厂系列广告标题《亚运在我心中，凯歌为您服务》。直接标题还有商品化的直接标题和艺术化的直接标题之分，前者如《嘉士利薄饼真酥脆》，后者如《心心知我心，爱华暖人心》。

而间接标题不直接点明主题和宗旨，有的使用艺术手法如《韵》，有的使消费者注意力转向正文和图片，迂回曲折地去诱发消费者，如《今后50英里没有加油站》。

（四）语调型

在全部广告标题中大约占12.4%。这种类型的标题，特点是以情动人，直接诉说，常常带有感叹词和感叹号，可以称为“祈求型”、“抒情型”。如《不会让您一路挤到美国》（西北航空公司广告）、《你也试试看!》（花王美丽洗发乳广告）、《讲究仪表，浪琴不可少》（浪琴表广告）和《不在乎天长地久，只在乎曾经拥有》（铁达时表广告）等。再如《红梅——献上颗颗爱心，洒下一片深情》、《在时光的流逝中，女人呼唤着爱；在时光的流逝中，男人呼唤着人生》（日本星晨表广告）、《黑妹牙膏，洁齿皇后》、《嘉士利薄饼真酥脆》、《味道好极了!》等。

（五）思考型

在全部广告标题中大约占20.8%。这种类型的标题，特点是提出问题，引起兴趣或者发人深思，可以称为“悬念型”和“提问型”。如《为什么不从现在就始用金牌面粉?》、《它的颈项可能拯救你的心脏》（长颈鹿研究广告）、《从12月23日起，大西洋将缩短20%》（航空公司广告）、《贵庚如何?》（保险公司广告）、《您的孩子瘦小，怎么办?》（药品广告）、《您想用尽可能少的时间获得尽可能多的知识吗?》（书籍广告）、《你想知道写作的奥秘吗?》、《如何叫35岁的女士看来更年轻》（荷尔蒙面霜广告）、《教你如何当作家》、《使用英语时你犯了这些错误吗?》等。

（六）对比型

在广告中巧妙地将自己的商品与对方的商品作对比，但按照我国广告法规，不要指名道姓，更不能盛气凌人。如《惟一完全自动式洗衣机》、《山外青山楼外楼，江南酒家第一流》、《食在广州，饮在亚洲》、《看楼看尽全港九，太古城更胜一筹》（太古地产公司广告）和《IBM意味着最佳服务》等。

（七）演出型

在全部广告标题中大约占11.9%。这种类型的标题，配合图片、画面等形象道具背景。如《身处闹市，享受自然》（活力啤酒广告）。

（八）复合型

这种标题广告文案一般少用。复合型标题也就是多重标题，犹如新闻标题。如某洗发精的广告文案标题——

现在可以从头发上洗刷掉岁月的痕迹了

——母女俩有同样的头发、相似的容貌

再如西风酒广告文案的标题：

西凤酒（正题）

送客亭子头，蜂醉蝶不舞，三阳开国泰，美哉柳林酒（副题）

## 三、标题的写作

### （一）写作法则

可将标题的写作诀窍归纳为利、奇、知三个字，就是说标题要透露给消费者的利益，要奇特新颖，要传播商品或者服务信息以及品牌商标，让受众知晓。具体法则如下：

1. 突出主题。写作标题要时时想着主题，或者直接表达主题，或者反映主题。

2. 简明精炼。一般来说，标题要短，一个词或者词组也可以作为标题。

3. 醒目诱人。标题要在视觉和听觉上给人以冲击力，这就要有所突出，抓住特点。

4. 新颖独创。标题不要人云亦云，要新颖独到。

### （二）写作注意

1. 反问式标题要慎用。这种标题有时很有效，如《不让家里人参加生命保险，是好父亲吗?》（日本保险公司广告）。有时会产生误会，使人想入非非，犹豫不决或止步不前。如《难道我们的盐里含砒霜吗?》。

2. 竞争性标题要够胆色，也要合法。如在热水器产品的一场竞争中，“万家乐”和“神州”的广告文案，标题就显示出针锋相对。《万家乐热水器精美华贵，独具“人无我有，人有我优”十大特点》、《神州款款万家乐》、《款款神州，万家追求》。再如一个既有大将风度而又潜藏竞争力的标题《有我这样靓，无我这样长命；有我这样长命，无我这样干净》（香港吸尘器广告）等。

### （三）写作技能

广告大师都十分重视写作技能，这些技能很多，以下选择若干供参考。

1. 先写下，再完善。

2. 遴选后，再加工。要从几个角度多拟标题，然后进行选择加工。如推销退休金保险的广告文案标题《退休后可以天天享受假日气氛》，改为《保证终生有收入》。

3. 务必把新信息注入。

4. 在品牌商标上打主意。如标题《万家乐，乐万家》、《健力宝，健力之宝》、《家有凯歌，幸福欢乐》（电视广告）等，可以说都是在品牌商标上一打主意。

5. 多用委婉语，少用否定词。委婉语也可以说是讲究语言艺术手法，如《对“痘”下药》和《“闲”妻良母》（洗衣机广告）等。

# 第二节 广告文案的正文

写作正文，要有一定的写作基础。具体地说，要有写作基本功，也就是语言文字功夫。从根本上说，广告人应当提高自身素养，尤其是思想道德水平。所有的广告大师都是优秀的人文主义者。广告文案的写作，也需要文案人员有突出的写作才能，从一定意义上说，广告文案文本是广告人生命的对应表现，是经济、文化、美学、哲学、历史、文学、政治等等的融合生命体。

## 一、正文及其特点

### （一）概念

正文指广告文案的中心部分，即除标题、标语、随文以外的说明文字。正文是针对广告主题的集中、细致的说明。

广告文案属于说明文体，正文当然有自己的特点。

1. 说明性。正文的目的是为了说明广告内容，传播信息，说服消费者，促进销售。

2. 真实性。正文是商品与服务信息的准确传达，是给予消费者利益的真实许诺，所以一定要给消费者以真实感。

3. 艺术性。正文要恰当地采用艺术手法，引起受众的兴趣，使其产生欲望。正文中可以使用画面，给人以形象。不但语言要美，而且要争取产生意境美。

### （二）功能

正文的功能较多，要说明广告信息，使消费者产生兴趣、确信、欲望和行动。

## 二、正文的写作

### （一）法则

正文的写作法则，广告学专著和教材提出了不少，如 Aida 法则（开头就引起注意，目的是促使动作）、五“I”法则（Idea 设想；Impact 冲击力；Interesting 兴趣；Information 信息；Impulsion 冲动）、四“F”法则（Fresh 新鲜；Fun 有趣；Faithful 忠诚；Free 自由）、D—D—P—C 法则（Dramatic 惹人注目；Desceriptive 描写商品或劳务；Persuasive 进行劝诱说明购买后的好处；Climching 决定交易）、叙述—允诺—推动、Lacy 五个问题、Stone 七步曲等。

Aida 法则，有些教材称为“爱达公式”，比较符合消费者心理接受过程。我们最好以这个法则来具体指导正文的写作。正文可以按一般的结构认识分为三个部分：开头、中间和结尾。具体到写作中，文案主要是正文应当体现一个心理接受过程，模式如下：

**标语**：改变或者强化消费者的思想观念

**标题**：使消费者产生注意（Attention）

**正文开头**：使消费者产生兴趣（Interest），因此应当采用艺术手法，力求奇特新颖。

**正文中间**：使消费者产生确信和欲望（Desire），因此应当客观、真实地说明，多用证据，少用艺术手法；只要能产生确信和欲望的心理作用，完全可以不厌其烦，最好写得长一些，读不下去也不要紧。

**正文结尾**：使消费者产生购买行动（Action），因此要采用号召、刺激的办法，简短有力。

（二）方式

前面我们知道，广告文案有不同的种类，这里要对文案的正文方式进行选择，争取选择最为恰当、最有表现力的正文写法。可以将正文的方式分为以下三大类：

1. 应用体裁的正文。这是基本的正文写作方式，有说明体（包括证言体）、公文体（包括报告体、纪要体、通知体）、书信体、声明体、自述体、新闻体等。

2. 文学体裁的正文。有小说体、诗歌体（包括对联体和歌曲体）、散文体、戏曲体（包括相声体、戏剧体、快板体和对话体等）。

3. 议论体裁的正文。这种方式比较少见，有推理体、论说体、演讲体等。

（三）结构

1. 开头（或称导语、前言、引言）

上接标题，下启主体。概括性地介绍主题，争取采用新颖奇特的手法，如有趣动人的幽默。开头的心理作用是使人产生兴趣。常用以下几种：

一是概括式：概括说明性能、质量等特性。如桑普空调：“别人有的我都有，别人没有的我也有”。

二是提问式：如“您想去北京游览吗？”“唉，又睡不着！失眠了？”

三是声明式：说明服务宗旨。

四是陈述式：介绍背景、理由。如“经人事部全国人才流动中心批准，唐山市高新技术开发区和高新技术企业面向全国招聘新材料、微电子、机电一体化、生物医学工程……等专业技术人员……”、“为答谢……”

五是奇特式。如“放屁放屁，真正岂有此理……吴稚晖先生的著作《何典》出版预告”（见《语丝》）。白马广告公司的招聘广告，突出了四个小标题：招、兵、买、马。房地产系列广告的标题各自突出一个字，分别是风、水、宝、地。它们的广告正文分别围绕这四个小标题去做文章。

其他开头方式有祝谢式、描写式、承题式、介绍式、对话式、悬念式等，不一一列举。

2. 中间（或称主体）

紧扣主题，精选事实，点面结合，层次分明。心理作用是使人确信并产生欲望，为此，不怕人烦，只要人信。中间最好是规范的说明，多用证据，一般来说要言简意赅。但是，长的正文往往能产生好的效果。美国广告有长达 6 450 个字的，Schlitz 啤酒广告长达 5 页，效果都好。据说，800 字的壳牌石油公司广告，男性读者中有 20% 的人认真读完。可以说，人们喜欢长的正文，要运用科学的解说。中间常用以下方式：

一是时序式。从前到后地写。

二是主次式。先主后次，主次结合。

三是逻辑式。按照信息的特性分成几个方面来写。

四是文学式。采用各种各样的文学手法。

3. 结尾

结尾的心理作用是催促消费者采取行动，不宜长，要有力。常用以下方式：

一是祈使式。如：“数量有限，欲租从速”、“竭诚欢迎”。

二是许诺式。如许诺效果、优惠等。

三是利益式。如“常用夏士莲，常保娇艳”。

四是树立形象式。如“彩电当然是 Panasonnic”。

五是归纳式。如“维护全家人的身体健康，无论居家外出，吃喝旅游，香港保济丸随时用得着！”

六是设问式。如“此生不游阳朔和桂林，岂不是枉来人间一场吗？”

还有抒情式、展望式、祝谢式、服务式、描摹式等。

（四）技巧

写作正文有不少技巧，这里仅作简要介绍。正文在整体上的写作可以采用——

聚焦法：标语就是焦点，全文围绕焦点来写，这是基本的方法。

文眼法：每一部分都用同一个关键字词来贯穿。

置换法：变换人称，第一人称和第二人称、第三人称根据需要变换。

各种修辞手法的运用，是最常见的技巧。而化用文学体裁的正文，更是采用了整体的技巧。

写成的广告文案正文，要认真修改。修改的程序是主题——结构——材料——语言，由大到小。

# 第三节　广告文案的标语

广告文案的标语，又称广告语、口号等，其实质就是主题。准确地说，标语是主题的艺术化、口语化。

标语的提炼在广告文案写作和广告制作中是最为重要的事情，是第一位的事情。一句话，标语是广告的心脏。弄不清标语是主题的艺术表达，是一个理论和实践的历史问题。然而，广告理论的发展远远没有达到科学化、规范化的高度，其中突出的一点是主题的认识十分模糊。在广告专著教材中，主题在创意部分中或者被一笔带过，或者被片面地模糊地称为概念、观念、理念等，而在广告文案的写作中却又令人不解地只字不提。因而，这样的主题认识导致读者抓不住广告核心，进而严重影响了广告发挥作用以至于形成广告水平难以提高的普遍问题。

## 一、主题的产生

主题，应当在创意构思阶段产生，这是创意的一个首要任务。创意的意，主要是指主题。主题的产生，基本上是科学提炼的成果，大多情况是这样的。据说，20 世纪 50 年代速溶咖啡投入市场后不受欢迎，经过问卷调查，得到主要消费者群体的反应是“味道不好”。仪器证明，速溶咖啡和传统咖啡的味道没有什么不同。这就又要进行科学调查和思考分析。新的问卷采用心理投射法，发现美国家庭妇女认为购买速溶咖啡的都是像梦露那样的时尚女性，而作为战后勤劳的传统妇女是宁愿早起熬制老式咖啡的，这就找到了消费者不愿购买的心理深处的症因。于是，针对美国妇女购买主体心理问题的新主题产生了，抓住了味道这一中心认识，写出了“味道好极了”这一经典的标语。有时，在科学思维的过程中，会忽然产生出现主题的灵感。

## 二、主题的概念

主题，是广告人通过全部材料所要表达的一个中心认识。而标语就是主题，是为了有利于消费大众接受的艺术化、口语化的主题，也就是常常简单明了地说明的：标语是为了改变或者强化消费者观念和行为而反复、长期使用的口号性语句。

## 三、主题的作用

主题，是广告文案的核心。如果说文章——广告文案是人类创造的精神生命，那么材料——广告产品及其他对象是血肉，结构是骨骼，语言是细胞，表达方式是皮肤，线索是脉络，而主题则是核心。进而还应该认识到，在作为说明文体的广告文案的写作要素中，材料、语言和结构都是客观存在的，只要善于选择就可以了；惟有主题是广告人自己产生的，并且它最为重要。

## 四、主题的特性

主题具有明显的特性：

（一）客观性——主题以材料（以商品为中心）为前提，是对材料特质的判断。在调查和策划的前提下，广告人进入广告创意阶段的时候，对广告内容进行抽象思维，联想社会实际，针对消费者的心理，找到一个明晰可见的判断认识。如对雀巢咖啡的广告语就是这样得来的。

（二）主观性——主题是广告人产生的，对同一广告内容，不同的广告人会产生不同的中心认识，而且一个广告人也可以不断地提炼出不同层次的主题。主题的层次如下：

1. 客观特色层次。这种主题，是最基本的层次，是对广告内容的质量和功能的认识。以鞋子的广告标语为例来说明，客观层次的标语有“××鞋最好（或者最耐用）的运动鞋”。

2. 时代科技层次。这种层次的主题，强调广告内容的科技含量和新颖进步。如“符合人体工程学的鞋子”。

3. 民族文化层次。这种主题，是在文化背景上的认识。如“步云靴 风火轮出现了”。

4. 哲理意味层。这种主题，带有普遍性和永久性的理趣。如“走向永恒的飞舟”。

5. 审美生命层次。这种主题，带有新生命的审美色彩。黑格尔认为美学是哲学的高度发展，而哲学又是人类所有认识的精华。所谓美，其实就是促发人们积极向上的具有自由创造本质的个体生命及其表现。主题最高的层次应该是审美的生命认识。如“新新人类的标志”。

（三）抽象性——主题不是感受，是抽象的成果，是逻辑判断，这是主题的本质特性。主题的抽象性更表现在它的具体表达形式是一个逻辑判断句。正确的主题写法是一个有主语（可以省略）、谓语和宾语（也可以单独省略）的判断句。

（四）社会性——广告的主题，不是只有少数人才接受的科学论文的发现，而是生活化的认识。同时，为了接受者的方便，要求主题艺术化地表达为标语，要大众化、通俗化。

## 五、主题的表达

首先，主题艺术化地表达为不同形式的标语——为改变或者强化消费者对商品的思想观念而长期反复使用的、艺术化的口号性主题用语。

其次，主题具体表现为一个陈述句或者判断句，这个句子往往只有一个动词，这个句子的字数，按记忆规律要在 7 个字左右。也有的标语，字数较多，这就要借用诗词的方法，如节奏、句式的整齐。如“车到山前必有路，有路必有丰田车”。

## 六、主题的位置

标语是广告文案的核心，作为主导思想贯穿全文、指导全文，这是容易理解的。但是，究竟怎样主导，就有一些人不甚了了，尤其是对标语的位置更不能清醒地把握。标语在广告文案中的位置应是明晰的，模式如下：

标题。一般写成标语，也有的写商品名称。

开头。一般要在段尾写出标语。

中间。主要采用分析法——分出二三层来，说明主题为什么和怎么样，行文中兼用其他论证方法，如列举事实的例证法。在中间部分的靠后处突出标语。

结论。重申标语。

标语还有一个位置，就是独立运行。具有美感和独立性的标语，可以像优美的诗句一样单独来往，这是标语的一个特殊功能。

## 七、主题的写作

### （一）写作法则

1. 短促有力。按照记忆规律，7±2个字最理想，好念、好记，有鼓动力。

2. 有艺术性。要运用各种修辞手法，要有诗味和音乐性。

3. 通俗亲切。要口语化，不大规范也无妨。如“人头马一开，好事自然来”（XO干邑红酒广告）。要有所建议，如“旭日东升，万马奔腾，这里是万宝路的世界”（万宝路香烟广告标语）。

### （二）标语类型

一是颂扬型。直露，自豪。如饮料维佳的标语“100%新感觉”。

二是煽情型。有人情味，祈使，愉悦，拉近关系。如“金利来领带，男人的世界!”“眼镜是灵魂的窗户，为了保护你的灵魂，请给她装上玻璃吧!”“与爱人同行，永久最好!”（永久自行车广告）“让情人的体贴，温暖你整个严冬”（围巾广告）“酸酸甜甜，就像少女的初恋”（樱桃制品广告）。

三是鼓动型。“请认明999”，“万里之行始于足下”（南京皮鞋广告），“请接受太阳的恩赐!”（热水器广告）。

四是复合型。如“三洋常在我心间”。

五是标题型。如“岂有此履”（鞋店广告）。又如“AST电脑系统屡获殊荣”。

### （三）写作手法

作为一句话的标语，采用的只能是最基本的艺术手法修辞。广告标语运用了各种各样的修辞，以下略举数例。

1. 口语法。本来广告语言基本的要求就是口语化，标语更要讲究口语的亲切自然。“味道好极了!”（雀巢咖啡广告）“饭后一支烟，赛过活神仙”（南洋兄弟烟草公司“百万金”香烟广告）。

2. 排比法。使用3个以上相同结构的句子，形成一种气势。如“看新画王，听新画王，用新画王”（电视广告）。

3. 夸张法。这种夸张使人产生会心的微笑。如：“今年二十，明年十八!”“不老宣言!”（抗皱霜广告）。

4. 对偶法。上下两句，结构相同，词义一般是相反的，但在广告中不必刻板。如：

“蓝蓝的火，浓浓的情”（热水器广告）。

5. 顶针法。前一句末尾一字，是第二句的第一字：“佳佳走进家家，家家爱佳佳！”

6. 谐音法。如“心地善‘良’（凉）！”（电风扇广告）。“骑（其）乐无比”（摩托车广告）、“大‘石’化小，小石化了！”（胆结石药品广告）。

7. 仿词法。如“一唱‘喔喔’天下白”（喔喔食品公司广告）。

8. 比喻法。比喻是人们最常用的修辞方法。如“像妈妈的手一样温暖！”（童鞋广告）“犹如第二皮肤！”（牛仔裤广告），“八月十五的月亮”（松下灯泡），“把交响乐团带到家里来！”（音响广告）。

9. 双关法。一语双关，巧妙自然。如：“第一流产品，为足下增光”（鞋油广告），“头等生意，顶上生涯”（理发店广告）。

10. 反问法。如“我们宝贵的血液，为什么供臭虫果腹？”（杀虫剂广告）

11. 回环法。如“长城电扇，电扇长城”、“万家乐，乐万家”。

12. 演化法。对成语、谚语、歌谣、诗词等改动文字。如“欲穷千里目，常饮‘视力健’！”

13. 重叠法。如“潇潇洒洒特丽雅，漂漂亮亮伴一生！”（皮鞋广告）

14. 押韵法。如“望皮欲‘穿’，爱建服装”。

标语还有诚恳式、夸张式、提示式、幽默式、温情式、亲密式、含蓄式、借典法等。

以下列出近 30 年间流行的广告标语，以供参考。

味道好极了（雀巢咖啡）

滴滴香浓，意犹未尽（麦氏咖啡）

先进石英科技，准确分秒不差（梅花表）

国内首创，驰名中外（珍珠霜）

为人民服务，为大众计时（铁达时表）

“飞跃”目标——世界先进水平（飞跃电视）

“飞跃”精神——一切为用户着想（飞跃电视）

戴雷达，闯天下（雷达表）

就是可口可乐（可口可乐）

车到山前必有路，有路必有丰田车（丰田汽车）

质量第一，用户第一（金星电视）

独特设计，最新产品，女装自动表（东方表）

燕舞，燕舞，一曲歌来一片情（燕舞收录机）

“凯歌”传佳音，更上一层楼（凯歌电视）

一切为用户着想，一切为用户负责（海信电视）
百事，新一代的选择（百事可乐）
质量至上有夏普（夏普）
力波啤酒，的确与众不同（力波啤酒）
上海大众永远和您在一起（大众汽车）
威力洗衣机，献给母亲的爱（威力洗衣机）
大宝，天天见（大宝）
优质的联想——夏普（夏普电器）
SONY这是你第一次见到的名字吗（SONY）
万家乐，乐万家（万家乐电器）
飞利浦——尖端科技的标志（飞利浦）
精美耐用，全球推崇（西铁城表）
上海桑塔纳，汽车新潮流（桑塔纳）
当太阳升起的时候，我们的爱天长地久（太阳神）
两片，史克肠虫清（中美史克）
最适合中国民航客运的机种——波音757客机（美国波音）
第一流产品，为足下争光（上海鞋油）
质高款新寰宇颂，国际名表西铁城（西铁城）
精心创造，精心服务（金星电视）
汽车工业新一代标志（广州标致）
聚科技群星，创电子先河（星河音响）
挡不住的感觉（可口可乐）
中原之行哪里去？郑州亚细亚（亚细亚商场）
今年二十，明年十八（白丽美容香皂）
东方航空，飞向世界（东方航空）
容声，容声，质量的保证（容声冰箱）
嘉士伯，可能是世界上最好的啤酒（嘉士伯啤酒）
只溶在口，不溶在手（M&M巧克力）
城乡路万千，路路有航天（航天汽车）
高高兴兴上班去，平平安安回家来（公益广告）
她工作，您休息（凯歌全自动洗衣机）
安贴保护，伸缩自如（邦迪创可贴）
用了都说好（达克宁霜）

领先一步，申花电器（申花电器）
要开一流车，江西五十铃（江西五十铃）
雪中之豹，雪中之宝，雪中送宝（雪豹皮革行）
喝了娃哈哈，吃饭就是香（娃哈哈）
一股浓香，一缕温暖（南方黑芝麻糊）
喝贝克，听自己的（贝克啤酒）
人人求健康，长寿505（505神功元气袋）
天磁杯，天磁杯，你一杯，我一杯，
一杯一杯又一杯（天磁杯）
人头马一开，好事自然来（人头马酒）
亚细亚，太阳升起的地方（亚细亚商场）
新飞广告做得好，不如新飞冰箱好（新飞电冰箱）
康师傅方便面，好吃看得见（康师傅）
岁岁平安，三九胃泰的承诺（三九胃泰）
何以解忧，惟有杜康（杜康酒）
太空时代的饮品（果珍）
拥有健康，当然亮泽（潘婷洗发水）
让生命尽显健康本色（太阳神口服液）
专业保健，至精至诚（太阳神口服液）
叩开名流之门，共度锦绣人生（上海精品商厦）
美在妇女（上海妇女用品商店）
有多少南方摩托车，就有多少动人的故事（南方摩托）
明天将发生什么（联想集团）
今年夏天最冷的热门新闻（西泠冰箱）
一呼天下应（润讯通讯）
中意冰箱，人人中意（中意电器）
青春宝，使你永葆青春（青春宝）
燕京啤酒，清爽怡人（燕京啤酒）
不要太潇洒（杉杉西服）
走富康路，坐富康车（富康车）
好马配好鞍，好车配风帆（汽车蓄电池）
中国名车，嘉陵摩托（嘉陵摩托）
赢家的风采（切诺基轿车）

每天送你一位新“太太”（太太口服液）
明星风采，纯纯关怀（美加净）
伊思丽使我更美丽（伊思丽）
羊羊羊，发羊财（恒源祥）
喝孔府宴酒，做天下文章（孔府宴酒）
今天你喝了没有（乐百氏）
海尔，真诚到永远（海尔电器）
牡丹虽好，还要爱人喜欢（牡丹电视机）
望子成龙，小霸王学习机（小霸王电脑学习机）
柔美皮肤，从旁氏开始（旁氏护肤品）
省优，部优，葛优（双汇火腿肠）
汽车要加油，我要喝红牛（红牛饮料）
走中国道路，乘一汽奥迪（一汽）
踏上轻骑，马到成功（轻骑摩托）
共创美的前程，共度美的人生（美的电器）
金矢所至，施尔健康（金施尔康含片）
让一亿人先聪明起来（巨人脑黄金）
领先一步，申花电器（申花洗衣机）
容事达，时代潮（容事达洗衣机）
让我们做得更好（飞利浦）
孔府家酒，叫人想家（孔府家酒）
生活中离不开这口子（口子酒）
款款“神州”，万家追求（神州热水器）
要想皮肤好，早晚用大宝（大宝）
鄂尔多斯羊绒衫，温暖全世界（鄂尔多斯羊绒衫）
正宗椰树牌椰汁，白白嫩嫩（椰树牌椰汁）
今年夏天喝什麽？828 蔬菜汁（828 蔬菜汁）
东奔西走，要喝宋河好酒（宋河）
拥有桑塔纳，走遍天下都不怕（桑塔纳轿车）
我们为你想的更多（格力空调）
做女人真好（太太口服液）
维维豆奶，欢乐开怀（维维豆奶）

太阳更红，长虹更新（长虹电视）
长城永不倒，国货当自强（奥妮皂角洗发浸膏）
其实，男人更需要关怀（丽珠得乐）
开开衬衫，领袖风采（开开衬衫）
一切尽在掌握（爱立信）
科技以人为本（诺基亚）
飞跃无限（摩托罗拉）
让我们做得更好（飞利浦）
长城烽火，传信万里（西门子）
每一年，每一天，我们都在进步（联想电脑）
容事达，时代潮（容事达电器）
穿金猴皮鞋，走金光大道（金猴皮鞋）
东西南北中，好酒在张弓（张弓酒）
永远的绿色，永远的秦池（秦池酒）
红星御酒，融进你我真情（红星御酒）
坐红旗车，走中国路（红旗轿车）
我们一直在努力（爱多电器）
中国人的生活，中国人的美菱（美菱冰箱）
没有最好，只有更好（澳柯玛冰柜）
好空调，格力造（格力空调）
牙好，胃口就好，身体倍儿棒，吃嘛嘛香（蓝天六必治）
轻松爽洁，不紧绷（碧柔洗面奶）
中华永在我心中（中华牙膏）
保护嗓子，请用金嗓子喉宝（金嗓子喉宝）
补钙新观念，吸收是关键（龙牡壮骨冲剂）
播下幸福的种子，托起明天的太阳（种子酒）
南有茅台，北有种子（种子酒）
种子酒，情洒九州（种子酒）
种子酒，金种子（种子酒）
喝汇源果汁，走健康之路（汇源果汁）
苦苦的追求，甜甜的享受（伊利雪糕）
华龙面，天天见（华龙方便面）
食华丰，路路通（华丰方便面）

集美沙发，牛（集美沙发）
我的眼里只有你（娃哈哈纯净水）
远大，开创中央空调新纪元（远大空调）
当别人仍然以“大”事为重，NEC 却专注于“小”事（NEC 传呼）
新春新意新鲜新趣，可喜可贺可口可乐（可口可乐）
真金不怕火炼（金正 VCD）
福气多多，满意多多（福满多方便面）
非常可乐，非常选择（非常可乐）
农夫山泉有点甜（农夫山泉）
清清爽爽每一天（娇爽卫生护垫）
海尔，中国造（海尔）
男人应有自己的声音（阿尔卡特手机）
从更大到更好（长虹电器）
清凉舒爽，全家共享（六神沐浴露）
家有三洋，冬暖夏凉（三洋空调）
27 层净化（乐百氏纯净水）
飘柔，就是这么自信（飘柔）
足及生活每一天（搜狐）
知识改变命运（公益广告）
科技让你更轻松（商务通）
没什么大不了的（丰韵丹）
晶晶亮，透心凉（雪碧）
治肾虚，请用汇仁肾宝（汇仁肾宝）
呼机，手机，商务通，一个都不能少（商务通）
谁让我心动（FM365 网站）

## 第四节　广告文案的随文

广告文案的随文，是正文之后必要的小说明，通常主要说明联系方式。随文一般包括购买商品或者获得服务的方法、权威机关证明、特别需要说明的内容等，有厂址、电话、网址、厂长姓名、联系人、代理商、售后服务等，要求绝对准确、清晰、易记。

随文可以有几种形式的写法，常见的是跟随正文以纯文字形式表示（字号一般比正文小，字体也常会区别于正文），有的随文前面写有“附”字，有的用一个方格框起来，也有的画成表格形式。例如——

**Haier海尔洗衣机**

洗衣洁净无残留，健康柔顺有弹性。

宝宝肌肤最有感受!

海尔环保双动力，真正不用洗衣粉!

MW活水处理技术

A. 活水处理技术——

a. 软水处理，洗衣不受水质影响，柔顺衣物。

b. 活水处理，消除污垢与衣物纤维的结合力，使污垢脱落。

B. MW离子技术——膜化学、电渗析电解技术

a. 洗涤时产生M离子，相当于洗净水。

b. 漂洗时产生W离子，相当于消毒水。

双动力技术——产生强劲的沸腾水流给离子加速，离子快速穿透衣物纤维，荡涤污垢。

您只需拨打海尔电话营销专线020—87397327或热线服务电话020—87389999，即可享受到海尔电话专卖店从产品导购、电话订货、即时配送、安装调试一站式的超值服务。

广州海尔工贸有限公司（地址：广州五羊新城广场16楼），服务电话：(020) 87389999，Internet网站：http：//www. haier. com　E-mail地址：wew@ haier. com.

——摘自《广州日报》2004年2月6日

上文中，标题是“Haier海尔洗衣机”，直接写出商品名称。标语是“海尔环保双动力，真正不用洗衣粉!”运用了诗词形式，赞扬了商品最佳之点。正文截止“双动力技术——产生强劲的沸腾水流给离子加速，离子快速穿透衣物纤维，荡涤污垢”。接下来两段即为随文，依次是营销联系电话、地址、服务电话、网站和E-mail。

## 思考·案例·练习

1. 分别认识广告文案构成的几大部分，即标题、正文、标语和随文的内涵、功能和写作法则。

2. 广告标题的常见类型有哪几种？请熟记每种广告标题类型的几个典范例子。

3. 如何理解广告标语是反复使用的商业用语？为什么说标语成功的本身并不一定

在于它的创意，更多的在于它的常用。

4. 试比较标题与标语的异同。

5. 案例分析

## 我们爱第一——百威啤酒

### 第一啤酒在此

美式生活就是用百威啤酒润喉，请看这个设计，多么富有星条风味，当您手握此罐，必然，您将会感受到您已将美国紧握手中。当您拉开拉环，纤细泡沫一涌而出，新尝时滋味美妙，最后时滴滴畅怀，是的，这就是美国味，美国的伟大，我诚实的喉深深点头，如此完美，足堪第一，何不畅饮最大牌的百威！

这则文案正文部分的结构类型是什么？为什么采用这种结构类型？结合所学内容，分析广告标语“第一啤酒在此”的作用。

# 第5章　广告文案的语言

**本章知识要点：**

1. 树立广告文案的语言规范化的意识
2. 掌握广告文案的叙事角度和叙事人称的运用
3. 掌握广告文案的修辞技法

广告文案所借助的工具是语言符号，而语言符号运用得好坏直接关系到广告文案的表达效果。因此，研究广告文案的语言艺术，探索语言的规范与技巧，是广告文案创作的一项重要课题。

## 第一节　广告文案的语言规范

关于广告文案的语言规范问题，文案撰稿人与语言学家在认识上存在一定的差距。语言学家往往声嘶力竭、大声疾呼要注意语言的规范性，而文案撰写人却更关心创意力的大小，认为语言规范问题是“小菜一碟”，是“小儿科”。

从广告学角度来看，广告文案的语言规范真的是“小菜一碟”，是“小儿科”吗？答案是否定的。我们认为语言规范对发挥广告的经济效益和社会效益都起着重要的作用。

首先，从发挥广告的经济效益来看，语言规范可以确保广告文案传达准确、清晰的信息。只有迅速让消费者准确无误地理解广告信息的文案才是有效的文案，但是如果文案中出现了不规范的语言现象（如错别字、病句等），就会导致如下情况：或者错误地传递了广告信息，如某招生广告的标题为“帮您的孩子开窍门”，但把“窍”字写成“窃”字，虽是一字之差，却有天壤之别，家长见了这样的广告绝不会让孩子去学“开窃门”的，这样一来广告效果就适得其反；或者让消费者理解起来很困难，即使理解了也费了很多时间，这样就会造成沟通的困难，如某沙拉酱的广告语“将世界的餐桌变得美味可口”，有人曾批评说：难道这种沙拉酱真能让餐桌成为可食之物吗？真令人费解。

其次，从广告的社会效益看，广告语言大多凭借大众媒体进行由点到面的传播。广告语言本身也是一种语言的广告，所以一旦出现错误就会产生极为恶劣的社会影响，形成一种“语言污染”。据报道，上海某中学发生过这样一件事：语文老师在黑板上刚写出“无与伦比”的成语，一位学生马上说：“老师，你写错了。”老师让学生上来写，学生写成“无与轮比”。老师问全体学生：到底哪一个正确，哪一个错误？居然有2/3的学生认为“车轮”的“轮”是正确的。学生之所以犯这样的错误，是由于受某轮胎广告语“无与轮比”的影响。可见不规范的广告语言会在社会上，特别是在中小学生中造成极坏的影响。因而广告文案的语言规范应该提高到纯洁祖国语言的高度来认识。

那么，如何才能做到广告语言的规范、正确呢？我们认为起码应做到以下几点：

## 一、用字正确，消灭错字别字

正确用字是广告语言规范的一项重要内容。很难设想，一个错字连篇、缺乏文字基本功的撰稿人，能写出出色的广告文案。当然，有的错别字是因为文案撰稿人的粗心大意或打字员用心不专而出现的，这就要求文案撰稿人要有一丝不苟的态度，仔细核对文案，觉得拿不准的地方要勤查字典和词典。

然而令人失望的是现在印刷媒体广告中出现错字、别字的情况已成了司空见惯，不以为怪的现象了。如：

萤幕显字功能。

这里“萤”字为错别字，应该用“银幕”或“屏幕”。又如：

早露和晚露配合使用，效果尤佳。自上市以来，深受广大女性的青睐，被称谓是一种全新的感受。

这里“被称谓”的“谓”字错了，应是“为”。

此外，还应注意不用繁体字以及不规范的简化字。

## 二、遣词准确，避免用词不当

### （一）要准确理解词语的含义

现在有一些文案撰写者往往不能准确理解一个词的含义，就拾人牙慧，随意模仿，结果将词用得不伦不类。例如：

今天是除夕，灯火阑珊，春意融融。

（“双鹿”冰箱广告）

“阑珊”的意思是“将尽”、“消尽”，不能用来描写除夕之夜灯火辉煌的景色。

（二）杜绝生造词

汉语中的词汇一经固定下来，就不得随意更改，也不能任意编造“新词”，但在广告语言中杜撰新词的现象还时有发生。如：

高雅，高贵，高观，舒适极了！

（“三色牌”沙发展销广告）

这里“高雅”、“高贵”都可以理解，但“高观”就难以理解了，因为它是为了与前两个词相呼应而生硬地编造出来的。再如：

高性能，高品质，优服务。

（华宝空调广告）

“优服务”没有这种说法，通常的说法是“优质服务”。

（三）不要随意简缩

在汉语中有时为了表达简洁，而把一长串的短语精简压缩，例如“中山大学”可简称为“中大”。但是这种简缩应以不影响人们对词语的理解为前提。假如商店将“人造象牙麻将”简称为“人牙麻将”，定会吓得顾客望而却步，更谈不上购买了。在广告文案中如果出现随意简缩的情况，就会导致语义传递的含糊与费解，例如：

传统酿造玫、加、高，天津出产最地道。

“玫、加、高”让人难以理解，原来是对玫瑰露酒、五加白酒和高粱酒的简缩。

## 三、造句合理，防止出现病句

汉语的句子有其固有的结构方式和搭配习惯，如果不遵守这种结构规律和搭配习惯，就会导致病句的出现。汉语中常见的病句有以下几类：

（一）词类误用

从语法上看，汉语中的词可分为名词、动词、形容词、副词、代词、数词、量词、叹词、拟声词等实词和介词、连词、助词、语气词等虚词，每一种词都有其不同的语法特征，不能乱用。如：

敝公司专业于激光电脑排版系统……

这里“专业”是名词，不能当作动词来用，应改为“专门经营”。介词“于”也是多余的。

（二）成分残缺

不符合省略的条件，却任意省略或遗漏句子的某个成分叫成分残缺。例如：

该机配上专用打印纸，能用于……可选用英文、阿拉伯文打印编号，字母清晰整齐，永不褪色，提高产品质量，便于维修的新工艺设备。

前面的主语是“该机”，但最后两句“提高产品质量，便于维修的新工艺设备”作谓语是不恰当的。看来这里是少了一个动词作谓语，应改为：“（该机）能提高产品质量，是便于维修的新工艺设备”，这样才合乎语法。

（三）搭配不当

汉语的每一句子成分的搭配都有特定的规律，不能随意组合、任意搭配。请看下例：

我公司生产的×××矿泉水，经全国矿泉水行业最强威机构“中国饮料工业协会天然矿泉水专业委员会”长期了解和考核。定为“全国第一批瓶装饮用天然矿泉水产品信得过单位”。

这段文字存在多处错误：①主语是“矿泉水”，谓语“定为”，宾语却为“……信得过单位”，显然是主宾搭配不当；②“考核”后句号误用，应为逗号；③“最强威机构”的“强威”为生造句，应为“权威”；④“经……长期了解和考核”搭配不当，应为“经过……长期考查”。一段小小的单张文案，竟出现如此多的错误，实在令人震惊。

（四）句子杂糅

就是将两种表达方式糅合在一起说，给人以含糊不清的感觉。例如：

三月份参加在中东召开的国际远东名优、新产品展销会上，深受外商欢迎、订货。

这里“参加……展销会”是一种表达方式，而“在……展销会上”也是一种表达方式，单说都可以，但不能把两者混合起来表达。“参加在……展销会上”为句子杂糅。另外，“深受外商订货”也犯了搭配不当的错误。

（五）语序紊乱

即词语排列的次序不对，例如：

××电磁灶——……是煎煮炒炸炖蒸下厨的好帮手。

这里语序有误，应调整为：“是您下厨煎煮炒炸炖蒸的好帮手。”

（六）标点错误

标点符号是书面语言必不可少的部分，标点符号可以表示停顿的语气，并能表明某个词语的性质。如果标点符号用错，会影响意思表达的完整性和准确性。例如：

让您笑逐颜开享受“神秘之火”、烹调乐趣！

（××电磁炉广告）

这里“神秘之火”后用了顿号，表示它与后面的“烹调乐趣”是并列关系，它们共同拥有一个谓语“享受”，这样问题就出现了，烹调乐趣可以“享受”，但“神秘之火”却不能享受。所以应改为：“享受‘神秘之火’的烹调乐趣”。

据专家调查，广告文案中标点符号的错用，比较多的是顿号和书名号的误用。如《双燕牌》、《东方红牌》运输带轮胎等。品牌名称用书名号是错误的，应删去书名号，并在“双燕牌”之后加上顿号。

# 第二节　广告文案的叙事方式

20 世纪 60 年代末兴起的叙事学理论，经过 40 多年的发展，取得了令人瞩目的成就，为文学作品的分析与评论开辟了崭新的天地。这一理论也很快被运用到其他文字作品的分析中（如新闻报道、广告文案等）。本节将运用叙事学理论，并结合广告文案的实际情况，总结出广告文案作品的叙事形态及其功能。

## 一、广告文案的叙事角度

“叙事角度”是叙事学的一个重要概念，指作者在对一个或一个以上事件进行叙述时采取的视角、口吻或立足点。众所周知，同一事物，如果从不同的角度叙述，会让受众产生不同的心理感受，这便是叙事角度的功效所在。诚如苏轼所言“横看成岭侧成峰，远近高低各不同”。对广告文案来说，叙事角度的优劣往往会影响到广告效果的好坏，所以对叙事角度的选择和驾驭，理应成为文案创作者的自觉追求。

根据广告文案自身的特点，可对广告文案的叙事角度作如下划分：

（一）无所不知的“神灵”——全知视角

这种叙事角度给叙述者提供了极为自由的叙事空间，叙述者可以交代商品、企业的信息，可以描写消费者的举止行为和心理活动。从时间上看，叙述者不但知道过去，而且知道现在，还能设想未来的情景。叙述者仿佛是一个无所不知、无所不能的“神灵”，触及生活的方方面面和人的内心深处。如台湾新格牌小家电广告文案《在妈妈心中，他们只是孩子》：

（画面为24位伟人的肖像）

**在妈妈心中，他们只是孩子**

翻开历史，很难找出
比他们更伟大的名人吧？
然而在妈妈心中，
他们永远是孩子。
牛顿被苹果砸到头，
马克·吐温的顽童本性，
甘地经常绝食抗议，
为了理想，他们会忘了自己。
但是妈妈不会忘记，
妈妈总是默默地
付出更多的爱心。
……
新格，是妈妈的好帮手！

在这里，叙述者不但知道牛顿被苹果砸到头、马克·吐温的顽童本性、甘地经常绝食抗议，而且知道产品的功用，甚至还了解这些历史人物的母亲的内心世界。这种神通广大的叙事手法就是典型的全知视角叙事。

全知视角的好处在于叙述较为自由灵活，可以不受视阈的限制向消费者介绍各种情况，或纵横天下，或引述古今。但缺点在于有比较强的虚拟性和主观性，并且代人感不如消费者视角强。为克服这一局限，文案创作者在运用全知视角时，应力求以内容的亲切感来减少形式的虚拟感。可以说，上述文案成功地做到了这一点。

（二）以诚相见，金石为开——广告主视角

这种视角是以广告主的口吻与消费者进行直接交流，如《南风窗》杂志创刊5周年的广告，字里行间无不流露出杂志的关注时代和社会变迁的使命感，以及与读者携手向前的期盼。这样的真诚邀约确实使人难以拒绝。

## 写给《南风窗》已知和未知的朋友

也许我们早已相识；也许我们还不熟悉。

《南风窗》刚刚5岁，但已是拥有百万海内外读者的很有影响的刊物，在改革开放的“综合试验区”广州，它是感触时代变革的“天线”，又是传输现代潮流的“神经”。在蓝色的大海和沉重的陆地之间，它是嘹望的塔，看潮的窗，飞架的虹。150年前，林则徐在广州成了中国近代“开眼看世界”的第一人；150年后，我们在这里重新出海扬帆。

也许，已经有很久很久，您渴望这样的朋友——它能告诉您在社会变动过程中出现的新事物、新潮流、新趋势，以能让您了解现有社会的形形色色；它能为您提供经营成功的策略，所以能伴您在生活的旅途中走得充实而轻松。今天，《南风窗》对您敞开了，它在期待您的选择，它在盼望您的信任。

如果，您愿意成为《南风窗》大军中新的一员，请剪下这封信左下角的标志，连同订单，在×年12月底以前寄给我们——30天内我们会赠送给您一份小礼品。薄礼如滴水，但水滴石穿，真诚会延伸成永远。

我们把真诚交给您，远方的朋友，未来的旅伴。天涯处处有知己，对《南风窗》来说，太阳每天都是新的。

我们把这封带着阳光的信笺交给您，从此，每一个早晨，我们都等着您的回音。

（三）诉说内心的感受与渴望——消费者视角

以消费者的口吻叙述使用产品前所遇到的困惑，或使用产品时及用后所体会到的产品的好处，其语言的感情色彩较强。

例如，新盖中盖牌高钙片的电视广告，老太太对着镜头说出下面的话语，就像拉家常一样，娓娓道来。

人啊，上了年纪就爱缺钙。以前一天三片，麻烦。现在好了，有了新盖中盖高钙片，一片，顶过去五片。高钙片，水果味，效果不错，还实惠，一口气上五楼，都不费劲……

再如雕牌洗衣粉广告《下岗篇》中就以下岗女工和懂事、体贴的女儿为主人公，真实地再现母女亲情。一句稚嫩的语言：“妈妈说，雕牌洗衣粉，只用一点点就能洗好多好多的衣服。”通过女儿的口，转述了妈妈对雕牌洗衣粉效果的评价，亲切可信。

这些例子都是以消费者独白的方式，叙述了产品的特点、效果，甚至暗含与其他产品的对比并向消费者推荐。由于有真实的人物形象，并将自己的感受和体验融入广告之中，不仅巧妙地把产品要素陈述得清楚明白，而且使消费者看后产生身临其境的感觉。

从这种视角做广告的好处是能够对消费者产生强大的驱动力和感染力。

### （四）让商品站出来说话——产品视角

将商品拟人化，让商品像人一样作自我介绍，例如某手表的广告："我浪漫，我变幻，我心不变。"这里手表被人格化了，它可以像梦幻中的情人一样既浪漫，又忠诚。

又如，贝克啤酒广告文案：

我，德国贝克啤酒，600 年来，我就是这样，坚持自己的独特脾气——泡沫一定要洁白，色泽一定要清亮，口感一定要爽快，我就爱跟您这样从不随波逐流的人交朋友。酒逢知己，干杯！

读了这段文案我们会有一种久违的亲切感，会体会到贝克啤酒的独特品味和高贵的个性，从中可获得价值观的认同。这种叙述角度的好处在于：一是可以增加受众对商品特性和品质的了解；二是对商品有亲近感，如同商品获得灵性在与消费者对话。

以上几种叙述角度都是较为常见的角度，下面我们探讨一些较为特殊的叙事角度。

### （五）反顾自身，调侃自己——广告作品的元视角

在运用语言的过程中，我们会遇到这样一种情况：有时候我们可以用语言来描述客观对象（如"这个西瓜很甜"），有时候又可以用语言来描述语言自身（如"这句话不通顺"、"那句话准确恰当"等）。波兰逻辑学家塔尔斯基把描述客观对象的语言称为对象语言，而把描述语言自身的语言称为元语言。在广告文案中有一种视角与元语言极为相似，它不直接说产品如何如何，而是把目光投向广告作品自身，说广告自身如何不如产品。这种特殊的视角我们称之为"元视角"。

元视角最为典型的例子便是人们所熟知的"新飞广告做得好，不如新飞冰箱好"。该广告语曾引起广泛争论，有人认为没有可比性，不知所云。我们认为原先的广告语"广告做得好，不如新飞冰箱好"的确有不可比的问题（广告与某一具体产品不可比），但改了以后"新飞广告"与"新飞冰箱"（即某一品牌的广告和该品牌的产品）是有可比性的。国际广告杂志社和国际广告研究所的一项调查显示，在 1997 年广告金句排名榜中新飞广告语名列第二。当然媒体的投放量大是其中一个原因，但更主要的原因在于它的视角的独特性。公众可能不知道这是一种反顾自身的元视角叙事手法，但是因为以前没有听过这种说法，所以印象极为深刻。

再如一则题为"抱歉，本广告未能道出 Fa'花'独特之处"的报纸广告：

纵有生花妙笔，在这平面媒介下要把 Fa"花"高级香皂描绘得清香四溢，可能会稍感吃力。事实上，Fa"花"高级香皂的三种独有幽香：青柠、鲜花、松木香味，渗澈心脾［应为"沁人心脾"］，若非亲身体验，单凭文字要将感受活现纸上，未免有点

隔靴搔痒。

又或试从科学角度出发，Fa“花”高级香皂蕴涵天然植物油，配合“水分平衡系统”，可以调节肌肤水分，然而尽管道尽千言万语，那细腻柔滑的感觉又岂及经过肌肤之亲来得直接。

要全面体验Fa“花”高级香皂的好处，只需走进浴室，一切不言而喻。

这则广告的特点也是在广告中提及广告自身、暴露广告行为，但为了宣传产品，叙述者有意先抑广告后扬产品，以调侃广告的方式来衬托产品的功效。

（六）漫不经心，一矢中的——旁观者视角

有的时候，如果广告的主题难以从正面来表现，不妨开拓思路，选择与产品或品牌形象有间接联系的旁观者的角度来表现，或许能收到意想不到的效果。例如，台湾智威汤逊广告公司为IBM公司所做的一个企业形象广告，就颇有新意：

**长大我要当客户**

客户到底是什么？
我也不是很清楚，
不过一定是个大人物。
我爸爸说，他在IBM上班，
每天努力工作，就是要让客户高兴。
他还说：客户要的东西，
公司里每个人都会想办法找给他。
当客户实在很棒。
要是我长大也当客户，
说不定爸爸也会替我做事呢。

这篇文案从IBM公司职员的孩子的视角出发，以小学生作文的形式，叙述了“爸爸”及IBM公司的每一职员对客户尽心尽力、无微不至的服务。在孩子的眼中，客户简直是个大人物，所以他立志长大要当客户。表面看来，用这种角度来叙事似乎漫不经心，但由于角度新颖奇特、表现到位、富有情趣，所以能让读者迅速被感染，从而认识到IBM公司的高质、高效的服务。

（七）巧设利益“连环套”——利益关联者视角

利益关联者是指与某一商品的消费有利益关系，但又不直接使用该商品的人或单位。利益关联者既不同于消费者，因消费者要直接使用商品；也不同于旁观者，因旁观者与产品或品牌没有利益的联系。例如，汽车这一商品在消费过程中，会牵涉到洗车行和加油站的利益，所以洗车行和加油站就是汽车这一商品的利益关联者。以利益关联者作为叙事角度，是广告文案写作中一种颇具匠心的叙述方式，其目的在于通过利益关联者的言行来引发消费者的连动反应。如新加坡三人行广告为 Nissan Sunny 轿车所做的一则平面广告，标题为：

**“它害得我很惨”**

——欧福美　福美油站

标题非常醒目，并给人留下强烈的悬念：车怎么把人害得很惨？为什么要这样说呢？但当我们看到标题下面的一行小字“欧福美　福美油站”时，便会恍然大悟。原来“它害得我很惨”是加油站老板说的话，意思是这种车害得他生意惨淡，由此可以推断这种车一定很省油。果然，在正文中创作者将“令人毫不操心的省油量”排在五大优点之首，从而强化了“省油”这一卖点。这里，标题所使用的角度就是利益关联者角度，它能让消费者透过利益关联者的言行而领悟到商品给自己带来的实际利益。

当然，有的时候也可将上述几种角度综合起来使用。例如：

**少女情怀**

少女情怀总是诗
给我一点金黄的火焰，
让我享有一份咖啡的浓郁，
我的天地
将是如许温馨，如许甜蜜。
即使是白雪皑皑的寒冬，
对我依旧是热情洋溢的季节
——可乐黑咖啡口香糖
最能表达你对情人的爱心

这篇文案的第一段运用了消费者视角，结尾那段用了广告主的视角。两种视角互为补充，既叙述了消费者的内心感受，又表达了广告主对消费者的关切之情。

## 二、广告文案的叙事人称

叙事人称和叙事角度是一个密切相关的概念，叙事角度往往会影响叙事人称的选择，例如消费者视角和产品视角通常采用第一人称，而全知视角大多采用第三人称，广告主视角一般采用第二人称。但叙事人称与叙事角度绝不能等同或混淆。

广告文案中叙事人称的选择直接关系到文案与消费者话语态度，影响消费者的阅读感受与阅读者兴趣。我们不妨用下表显示叙述人称与叙事类型、阅读感受之间的关系：

| 人称 | 相应词语 | 叙事类型 | 阅读感受 |
|---|---|---|---|
| 第一人称 | 我、我们 | 体验型 | 距离感最小 |
| 第二人称 | 你（您）、你们 | 交流型 | 距离感较小 |
| 第三人称 | 他、她、它、他们、她们、它们 | 描述型 | 距离感稍大 |

第一人称具有较强的代人感和情景感，读者阅读时仿佛自己亲身经历和体验了叙述者所叙述的事情过程，所以它是广告文案撰稿人所青睐的一种叙事人称。许多文案在广告语中就直接使用了第一人称，如“金味营养麦片，我们的健康食品”，“公道不公道，只有我知道”（大和衡器），“我们一直在努力”（爱多 VCD），如果换成第二人称或第三人称效果就会大打折扣。而在标题和正文中使用第一人称的就更多了。前面所分析的《长大我要当客户》的文案，从标题到正文都运用了第一人称的叙事方式。

第二人称能给人一种相互交流的平等感和亲切感，仿佛与消费者面对面谈话一样。例如：

嘉娜宝送你一万个细腻温柔的感觉

（嘉娜宝万次洁面巾）

太阳神时时提醒您　无病≠健康

你卧室的电视机叫什么？

（高路华卧室电视机有奖征名活动）

与第二人称单数（你、您）相比，第二人称复数（你们）的亲近感要相差许多，原因是第二人称复数将对话的一方归到一个与己不同的群体中（“你们”是与“我们”相对的），所以第二人称复数在广告文案中应尽量少用。

第三人称叙事给人的距离感也稍大，但它能够与全知视角结合起来，扩大了叙事空间，所以较适合于时空跨度很大的叙述。同时，为弥补其距离感稍大的不足，可在文案中多用些感性的描述和情感的抒发，如前文中所分析的台湾新格牌小家电广告文案《在妈妈心中，他们只是孩子》。这里“他们”为第三人称复数，给人的亲近感不足，但由于文案是采用情感诉求的方式，从而消除距离感，使读者感受到文案的亲和力。再如下列文案：

### 美她贝齿白

一笑倾人城，再笑倾人国，笑容何足倾，美她贝齿白。

有美人焉，芙蓉其面，杨柳其眉，桃腮杏鼻，檀口樱唇，设无如贝之齿者，必损减其美丽。

三星牌牙膏有杀虫、防腐、去垢、洁齿之功，朝夕用之，于卫生大有裨益，不特能使齿牙洁白，徒增美丽而已。

各埠均有出售。

中国化学工业社

这篇文案在使用第三人称“她”的同时，增加了许多形象与感性的描述，把“她”塑造成一个令人羡慕的形象，使得文案的感染力大大增加，从而有效地消除了距离感。

在广告文案中还有将多种人称并用的情况，最常见的是第一人称与第二人称的并用。例如：

我工作，您休息。(凯歌牌全自动洗衣机)

我坚守我的承诺，也相信您的选择。(鳗鲡精)

第一人称和第二人称并用，其本质还是交流型叙事，但可以在“我”这方面加进体验型叙事的内容。此外，还可将三个人称一起使用。如：

华珍生秀发，潇洒你我他。(华珍饮品)

这里的“你我他”是泛指大家（消费者)。

## 第三节　广告文案的修辞技巧

修辞在广告文案中的应用也是极为广泛的，无论是消极修辞（词语的推敲、句子的锤炼等等)，还是积极修辞（辞格和亚辞格的运用)，在广告文案中都可以巧妙、灵活地加以运用，但一定要紧紧围绕着广告目标进行。本节重点介绍广告文案中常见的辞格。

### 一、比喻

比喻俗称打比方，它是以另一事物与这一事物的相似点来说明这一事物。广告文案中运用比喻，可以把产品的特点、功效或企业的理念、精神具体形象地呈现给受众，化抽象为具体，化深奥为浅显，从而大大增加文案语言的形象性与生动性。例如有一则眼镜广告，文案为：

眼睛是心灵的窗户，为了爱护您的眼睛，请给窗户装上玻璃吧！

这是用比喻来说明抽象的事情。眼镜可以保护眼睛，就像给窗户装上玻璃一样。这则广告浅显易懂，形象可感。

又如清开灵口服液广告文案：

仿佛滴滴小雨

渗透心田……

清开灵口服液——清热解毒

该广告获 1991 年《广州日报》优秀广告奖商品类银奖，评委给它的评语是：

南方人经常需要滋阴降火，清开灵口服液正好满足这一需要。广告抓住这个特点把它比作渗透心田的滴滴小雨，亲切，自然。

这则广告，好就好在用比喻来增添了消费者对产品的具体感受。

广告文案在运用比喻时应注意以下两点：

1. 喻体应是目标消费者所熟知的对象。因为比喻的目的在于帮助消费者认识和感知产品，如果用了目标消费者不熟悉的喻体，那么会增加消费者的理解困难和感知困难。许多优秀的广告文案都注意到了这一点，如台湾爱迪达儿童鞋广告：

这双鞋就像妈妈牵引宝宝的双手。

对于儿童来说，妈妈的双手是他们最为熟悉的事物。又如：

袜子和老公一样噢……

要质感好，无菌、健康！

（香港某袜子广告）

这里将袜子比喻成“老公”，要无菌、健康，既表达了产品的特点，又替目标消费者把“老公”调侃了一下。又如：

眉笔像花瓣一样柔和

以花瓣作喻体既形象，又通俗，容易被人理解、接受。

2. 喻体要与商品的特性、功能或品牌名称等因素相关联。如：

你会像阳光一般明媚（阳光衬衫广告）

这里以品牌名称作喻体，目的在于增加受众对品牌的记忆度。又如：

愿我的翅膀似你的秀发那样飘逸（海鸥洗发膏广告）

这里采用了“倒喻”方法，旨在尊重消费者。

## 二、双关

双关就是利用语音或语义条件，使语句同时获得辞表和辞里两层含义的修辞手法。双关在广告文案中的作用是：第一，增添文案的趣味性；第二，提高受众对文案的记忆率。心理学测试表明，人们对枯燥无味的语言的记忆度远低于对有趣的语言的记忆度。

例如，上海大众出租汽车的原叫车电话为2581688，为了让人能记下来，广告中将电话号码编成谐音双关的汉字：让我发，一路发发。这样就很容易让人记住。正因为双关有这样的作用，所以广告语中经常运用双关手法。如：

保险没问题。（保险公司广告语）

聪明不必绝顶。（颐发灵广告语）

只要是美的，人人都喜欢。（美的电器广告语）

“保险没问题”中的“保险”既可作名词，指保险行业；也可作副词，意为“肯定”、“保证”。“聪明不必绝顶”中的“绝顶”，一层意思为“极端”、“到顶点”；另一层意思为“落尽头发而秃顶”。“只要是美的，人人都喜欢”中的“美的”，一是指品牌；二是指美好的事物。这些双关语可加深读者的印象，方便口头传播。

当然，话又说回来，并不是说广告文案中只要一运用双关，就一定能收到比较好的效果。如何在广告文案中将双关语运用得恰到好处呢？这里可考虑如下两种方法：

1. 用品牌名称作为双关语

例如：

千山万水我“独行”。（“独行客”背包广告）

中意电器，人人中意。（中意电器广告）

真正“名家”，真正实惠。（名家家具广告）

这种方法的优点是能够加深受众对品牌的记忆，缺点是对产品内涵揭示不够。

2. 用描述产品特点的词语作为双关语

如阿里山瓜子广告语：

阿里山瓜子，一嗑就开心。

“开心”一词有两层含义：① 描述瓜子的特点，意为壳开心出，容易嗑。② 使人高兴，一扫愁云或破涕为笑。又如某空调广告：

“冷”“静”处世，清爽待人。

“冷”“静”既突出了空调的“静”和“冷”的特点，又表达了从容不迫的处世态度。

这种方法的优点是加深受众对产品特性的认识和记忆，缺点是对品牌的强调不够。所以，最好能将这两种方法结合起来。如盖天力广告语：

盖天力，钙添力。

“钙添力”既与品牌相谐音，同时又能使消费者了解到产品的功能、特性。

## 三、对偶

对偶是把结构相同、字数相等、意义相关的两个句子或短语对称地排列在一起。对偶是一种历史悠久、富有中国特色的修辞手法。

中国古人常在店铺的门上贴上对子（商联）来进行广告宣传。例如古代理发店商联：

虽是毫末技艺，却是顶上功夫。

用语贴切、生动，“顶上功夫”一语双关，风趣幽默。

再如一酒家的对联写得非常出色：

为名忙，为利忙，忙里偷闲，且喝一杯茶去；

劳心苦，劳力苦，苦中作乐，再倒二两酒来。

这副对联对人的生存状态的体察相当准确，能一语道破消费者的内心所想，能够引起顾客的共鸣。

对偶这种传统的修辞手法一直被延续下来，它在广告语或广告标题中被反复运用，如六神沐浴露广告语：

六神有主，一家无忧。

这则广告语在对偶的形式之下，又包含了仿拟和双关。“一家”对“六神”，“无忧”对“有主”，对仗十分工稳；而“六神有主”又是对“六神无主”的仿拟，“六神”一词还指称品牌。

再如，日立“小宁静”洗衣机广告语：

看得到的优点，听不到的好处。

这是对偶中较宽松的形式，即允许上下句中出现相同的字（即宽对）。

广告文案中运用对偶有如下的作用：

1. 形式简洁，寓意深刻；

2. 朗朗上口，便于阅读和复述。

缺点是：

1. 风格较高雅，难以为文化水平低的受众所接受。所以，在使用对偶时应注意用语的通俗性，少用或不用典故。

2. 格式严谨，不利于灵活自由地介绍产品。

## 四、排比

排比是指把结构相同（或相近）、语气一贯、意思相关的句子或句子成分排列起来的修辞方法。在广告文案中，如果需要说明的内容比较多，同时又要增加文案的冲击力，可考虑使用排比辞格。因为排比能给人以一浪接一浪，一浪高一浪的气势感，读起来语气贯通，文采飞扬。如下面一则房地产广告文案：

盖一栋长在花海里的房子。

最坚持的是品位，最渴求的是环境，最心仪的是绿地。

林口花园广场，一次满足您的全部要求！

文案中间一段用排比句列举了选房所要考虑的重要因素，最后一段以“一次满足您的全部要求”将消费者的情绪推向高潮。

排比句的优点在于能够强调某些重要内容或者能强化某种感觉。如另一则房地产广告的开头：

你希望孩子在校园前长大，还是在电子游戏间打闹……

你希望孩子在公园里奔跑，还是在电视机前发呆……

你希望孩子在统一出入管理的中庭花园内安全地玩耍，还是在街边人群中嬉戏……

这篇文案没有强迫消费者怎样做，而是用排比句列出了孩子两种截然不同的成长环境，让消费者自己抉择。排比句在此正是强化了好坏两种环境的心理反差。再如下面的皮鞋广告：

满足所有挑剔的人
细心的人
善变的人
冷酷的人
能伸能缩的人
爱关的人
要帅的人
聪明的人

最新日本 AHE 健康皮鞋，特别按照女性的脚型设计，并设有两款健康鞋垫减缓双脚压力，令你时刻步履轻松。

这里用排比句强调了皮鞋所适用的不同对象，突出了鞋子的广泛适用性。

排比句的缺点是产品的卖点不够集中，这一缺点可采用如下办法补救，即用排比句作为一种铺垫，而把句子的重心放在那一两句非排比句上。例如台湾黑松企业的黑松天霖水的电视广告文案：

挑逗的水（画面为香水）
游戏的水（画面为游泳池中的水）
补充的水（画面为输液的药水）
冒险的水（画面为托起小船的海水）
享乐的水（画面为酒）
成长的水（画面为奶瓶中的牛奶）
发现一瓶好水——黑松天霖水

这则广告前面六个排比句的作用在于蓄势，而最后一句非排比句为高潮的爆发，整个广告的重心也落在这里，从而加深了受众对黑松天霖水的印象。

## 五、引用和仿拟

将既成的语言表达形式直接用来表述或佐证自己的观点，称为引用；对既成的语言表达形式进行模仿、改造，称为仿拟。广告文案可引用或仿拟一些流传久远或风行一时的格言、诗词、流行歌曲等，为广告目标服务。引用和仿拟可以迅速缩短与受众的距离，使人倍感亲切，同时也有利于广告语的快速流传。引用、仿拟常用的方法有：

1. 对古典诗词的引用或仿拟。如：

悠悠寸草心，报得三春晖——

三九胃泰的承诺。

这是对古诗的引用，以此表达企业报效社会的赤子之情。

再如，红花牌味精广告语：

满园春色关不住，一枝红花出墙来。

这是将古诗中“一枝红杏出墙来”的“红杏”改为“红花”，意在让消费者记住品牌名称：这是仿拟。

2. 对格言或俗语的引用或仿拟。如：

真正的美是不随波逐流，是忠于自己。（铁达时手表广告）

这是引用了林语堂先生的名言，来塑造产品的品牌形象。又如：

谁跑到最后，谁笑得最好。（国外某轮胎广告）

显然是仿拟格言“谁笑在最后，谁笑得最好”。

再如：

路遥知马力，日久见丰田。（丰田汽车广告）

这显然是“路遥知马力，日久见人心”的仿拟，其目的在于拉近与中国消费者的距离，同时也便于品牌的迅速传播。

3. 对流行歌曲的引用或仿拟。如：

减肥，不再是一场游戏一场梦。（菲萝丝美容广告）

请到雪梦来，潇洒走一回。（皮装广告）

上述加点的部分引用了流行歌曲的歌名。又如：

特别的信任给特别的你。（长途电话控制器广告）

这是仿拟歌名“特别的爱给特别的你”。由于流行歌曲从一个侧面代表了当今社会的流行文化，在青少年乃至中年人中有着广泛的影响力，所以引用或仿拟流行歌曲往往会收到事半功倍的效果。

此外，还有对影视作品片名和主题歌的引用或仿拟的。

在广告文案中运用引用或仿拟时，必须注意以下问题：

1. 引用和仿拟的巧妙性，即引用和仿拟的语言要能与产品的功能、特性或品牌妙合无隙，不能生硬、造作。如：

宁可食无肉，不可居无竹（叶青）。

（竹叶青酒广告）

“竹”代表不了“竹叶青酒”，所以这样的引用让人感到别扭。

2. 引用和仿拟的目的性，即紧紧围绕广告的目的，不能为引用而引用，为仿拟而仿拟。如：

水光潋滟晴方好，山色空蒙雨亦奇，

欲把西湖比西子，淡妆浓抹总相宜。

（西湖计算机）

用苏轼的这首诗来做旅游广告目的性会更强些，但用来做计算机广告则显得离题太远。

## 六、夸张

夸张就是用超过客观事物表象的语言来形容事物的修辞方法。夸张作为一种具有积极意义的修辞手法，它在反映客观事物时，是从故失其真开始的，而最终要达到在更高的层次上表现真实的目的。可用下列公式表示：

失表面真→求内在真（本质真）

广告文案中运用夸张有如下两种方式：

1. 对商品的某些特点进行夸大、缩小或变形。如梁新记牙刷漫画广告：

一毛不拔

（画面为一个小孩站在牙刷上拔牙刷的毛）

这则广告是运用夸张的手法表现产品（牙刷）的特点（毛非常牢固）。如果较起真来，一根毛都拔不下来是不可能的，但人们一看便知这是夸张手法，不必去较真。

又如奥格威给罗尔斯—罗伊斯汽车所写的广告文案，其标题为：

在时速60英里时，新型罗尔斯—罗伊斯的噪音来自车上的电子钟。

也就是说引擎的声音非常小，比电子钟的声音还小，这显然是一种缩小夸张。

2. 对人的主观心理感受进行夸大的强化。如白丽美容香皂广告语：

今年 20，明年 18。

将香皂使用者越活越年轻的心理感觉用夸张的语言表达出来。

又如里茨牌饼干广告：

你只需说“里茨”，连聋子也能听见。

这是对“里茨”在人们心目中的知名度进行的夸张。

广告文案在运用夸张手法时，要注意处理好以下几方面的问题：

1. 运用夸张必须让受众明确是在用夸张，如“白发三千丈”，读者一看就知道是夸张，但如果说“白头三丈长”，读者就难以确定是写实还是夸张。又如“有病治病，无病防病，包治百病”之类的句子，也让人难以确定是写实还是夸张。

2. 夸张要与商品的本质相契合。鲁迅曾说过：“‘燕山雪花大如席’是夸张，但燕山究竟有雪花，就含着一点诚实在里面，使我们立刻知道燕山有这么冷，如果说‘广州雪花大如席’，那可就变成笑话了。”在广告文案中运用夸张，一定要以商品的本质作为依据，否则，就是虚假广告。

## 七、对比和反衬

对比是把互相对立的两事物或同一事物对立的两个方面进行比较的修辞手法；反衬是利用和主体事物相反或相对的事物，从反面衬托主体事物。对比和反衬的区别在于：对比无主次之分，而反衬有主次之分。例如：

皮张之厚无以复加，利润之薄无以复减。

这里运用了对比的手法，一厚一薄对比鲜明，一加一减相映成趣，十分明确地表达了产品的特性和价格的低廉。

又如：

阳光下的绿阴。（美加净防晒霜）

这里“阳光”与“绿阴”是互相对立的事物，以阳光来反衬绿阴，使人倍感“绿阴”的凉爽。

对比和反衬的作用是使所描述的产品及其功能更加鲜明突出。如台湾一则介绍《奥格威话广告》的广告：

**320 元买广告大师的一生**

只要 320 元，全球最伟大的广告人毕身［应为“生”］的经验和智慧全是你的。

这里通过价钱之少（320 元）与收获之多（毕生的经验与智慧）作对比，使读者明确地认识到买这本书既经济合算又获益匪浅。

## 思考·案例·练习

1. 试述广告文案的叙事角度。
2. 如何选择广告文案的叙事人称？
3. 广告文案写作中应如何运用比喻？
4. 广告文案写作中双关的运用有几种方法？
5. 广告文案中运用排比有何利弊？
6. 广告文案中引用和仿拟有几种方式？
7. 技能训练

（1）请在近期报纸上找一篇有语法错误的广告文案，并加以分析。

（2）请为某省高级职员招聘会撰写一副广告对联，要求：① 体现招聘会的高档次和高水准；② 既有传统文化内涵，又有现代择业观念。

（3）下文是世界著名的麦克格劳—希尔出版公司为其出版的杂志所做的拉广告的广告，请分析文案中叙事角度和叙事人称的运用：

### 我不知道

我不知道你是谁，我不知道你的公司，我不知道你公司的产品，我不知道你公司的顾客，我不知道你公司的信誉。

现在——你要向我销售什么？

（4）请以某动物的视角写一则征婚广告，要求：想象奇特，语言幽默。

# 第 6 章　软文广告文案

**本章知识要点：**

1. 了解软文广告与软广告、新闻、新闻性广告等的区别和联系
2. 明确软文广告文案的种类与特点
3. 掌握软文广告文案的写作技巧

## 第一节　软文广告

软文广告是在读图时代出现的，在一定意义上可以说是与广告的图像化趋势走向相反的一种新的广告样态。因此，在探讨软文广告文案的种类与特点之前，我们有必要先分析软文广告出现的背景，并且界定什么是软文广告。

### 一、软文广告出现的社会背景

软文广告是用作广告的软性文章的简称。在软文广告产生之初，它是免费的。当时，一些媒体为了推动广告版面的销售，采取向购买了一定量广告版面的客户赠送广告的举措。这种作为赠品的广告，不同于一般意义上的平面广告，而是具有新闻的性质，是今天"软文广告"的前身。随着这种广告形式的发展和完善以及人们对它的逐步认可，如今的软文广告身价日高，有些报纸已经开始以版面大小来核算软文广告的费用。可以说，软文广告是唯一经历了从免费到有偿转变的广告形式。

在西方传播界，倒是有所谓 Advertorial 的传播方式，可以与"软文广告"类比。从字面看，Advertorial（付费文章）= Advertisement（广告）+ Editorial（社论/专文），比较贴近"软文广告"的概念实质。国外媒体通常会在刊登 Advertorial 的版面上注明

“Advertisement”，而国内多数媒体则没有这个习惯——但大致上还是可以把软文广告和Advertorial对应起来的。可见，软文广告这种媒体传播合作方式并非中国首创。

在我国，软文广告最早运用于保健品行业，三株、红桃K等都在当时以极低的代价取得了攻城略地的效果。之后的脑白金更是将其发挥到了淋漓尽致。史玉柱策划“脑白金”广告时，就以软文广告启动市场，试图在企业没有亮相、消费者还未产生戒心时，就将“脑白金体”这一概念植入消费者的脑海，为日后“脑白金”的推广打下良好的概念基础。诸如《人类可以长生不老吗?》、《两颗生物原子弹》、《本世纪两大震撼》、《一天不大便等于抽三包烟》、《女人四十，是花还是豆腐渣?》等一系列的软文广告被一些营销人士比喻成“原子弹”，认为它对脑白金的营销所产生的功效，比脑白金对消费者产生的功效大得多。

或许是从软文广告中尝到了甜头，继“脑白金”之后的产品“黄金搭档”再次使用了软文广告策略。还有许多知名品牌是软文广告的忠实拥护者，如化妆品行业的“索芙特”、家电行业的“长虹”、通讯行业的“诺基亚”等。目前，软文广告已在保健品、IT、房地产、家电等行业全面开花。我们可以从以下几个方面分析软文广告几乎在各个行业流行的原因：

1. 信息过剩与注意力的争夺是软文广告出现的大背景

今天我们已经迎来了信息传播过剩的时代，信息的海量堆积和渠道的无所不在使得信息对于人们而言不再稀缺，而变得日益易得。相反，倒是人们的注意力选择却成了市场追逐的稀缺资源。在这一大背景下，仅仅一般化地传播信息，已经很难在众多同质重复、等质等效的信息竞争中脱颖而出，显示出其被必选的价值来。

1997年，美国人托马斯·达文波特（Thomas H. Davenport）和约翰·贝克（John Beck）出版了《注意力经济》（The Attention Economy）一书，从此以后，“注意力经济”引起了人们的广泛关注。它是指当信息的供给超过需要（个人所能消化），注意力就会下降。因此，面对铺天盖地的资讯（来自网络、电视、广告、报纸、杂志等等），一个人的“注意力”就立刻变成了稀有而珍贵的资源。

软文广告就在这一大背景下杀出重围，以其“新闻式”的标题以及翔实的资讯内容获得广告主的青睐和受众读者的喜爱，也因此成为广告主争夺受众眼球的利器。软文广告的真正价值在于，它可以使用各类文体大篇幅地表达，即“说得多，才能说清，才能卖得多”。我们读一篇声情并茂的文章或一篇论证充分的文章，会与看几句简单文字的感觉一样吗？答案肯定是“不一样”。

2. 软文广告与受众的沟通和互动效果得到广告主的首肯

20世纪70年代末至90年代初，是西方人所说的“消费者请注意”的年代。这段时期，整个市场以生产为导向，广告只要说出产品特性和特色，表明“我有多好”就能达到预期目标。然而，到了 90 年代中后期，广告只是说“我有多好”已经不能引起消费者的兴趣了。由于生产满足消费的能力大大增强，以消费者为导向的市场环境出现了。和以往相比，与消费者进行沟通（引起消费者注意）的难度大大提高，要将销售信息传达给受众就不得不在传播技巧上多下工夫。软文广告由于承载的内容比较多、成本比较低，而受到了很多企业的重视。很多企业都用这种方式与消费者进行长期的沟通，系统地向其讲解产品的知识和使用方式等与之密切相关的问题，对使消费者很好地了解产品的功效起了很大的作用。

软文广告改变了广告的技巧。它凭借集信息和娱乐为一体的文章改变了以往消费者被动接受广告信息的局面，极力吸引消费者主动了解产品、认识品牌。在“消费者请注意”的营销时代，软文广告在一定程度上推进了品牌与消费者的互动，这就是它受广告主青睐而日渐红火的重要原因。

3. 中国消费者对于广告的传统观念促使软文广告的出现

在我国，人们普遍对广告有一种抵触情绪。这种情绪从根本上源自我国的农业文化。在我国古代，农业经济主导社会的发展，造就了大众自给自足的心态和稳重含蓄的集体审美取向。同时，面对商业的兴盛，既是出于鄙视，也是出于恐惧，人们将从商视为旁门左道，对商家的自卖自夸更是不屑一顾。虽然，时代的发展带来了观念的解放，但是历史文化所沉淀的审美意识却没有磨灭，人们依旧不喜欢外向直露的商家广告。可是，广告不能不做，能改变的只能是广告的做法。于是，广告人开始尝试改变传统广告过于直白的个性，希望有一种广告能“润物细无声”。这时，软文广告便应运而生。

4. 传媒和技术的发展给软文广告的出现提供了技术支持

同时，随着近年来各种杂志的纷纷面世（据不完全统计，我国现有期刊 8 000 多种。这其中包括很多专业杂志和行业杂志），杂志以其品种的多样以及丰富的版面同样给软文广告的发展提供了温床。

一般而言，一些信息量大的软文广告可以借助报纸的版面优势详细说明。众多的报纸品种（综合大报、机关报、群体报、行业报、企业报、晚报、文摘报、生活报和军报等九大类）、众多的版面（如体育、财经、娱乐、要闻等）可以给广告主提供多样选择。广告主可以根据其本身的广告目的与范围结合本产品的特点有针对性地选择报纸和版面。如房地产广告可以选择本地区报纸的房地产版或其他相关版面。实际上，许多软文广告在相应的专刊上刊登，并在实际应用中取得了较好的效果。

## 二、软文广告的定义

在分析了软文广告出现的社会经济背景后，我们再来给软文广告下定义。为了明确软文广告的定义，我们有必要对几个比较容易混淆的市场术语进行对比分析。我们首先来看看软文广告与软广告、新闻以及新闻性广告的区别。

### （一）软文广告与软广告的区别

“软广告”是对“有偿新闻”和“广告新闻”等不规范新闻的形象称呼，因为这些新闻表面上是新闻，实质上却是广告，所以被称为“软广告”。有人曾对“有偿新闻”和“广告新闻”作出解释：“有偿新闻”指的是渴望从新闻报道中获益的新闻当事者或关联者，向新闻媒体机构交付一定费用，以换取其指定的新闻报道在媒体上发布，从而获取其所期望的收益。这种新闻报道，以新闻的形式出现，而实际上是一种广告宣传。“广告新闻”指的是广告客户将广告诉求的内容予以转换，纳入新闻消息或通讯、特写一类的新闻形式之中，在有意让受众误认其为新闻或无法准确判定其为新闻抑或广告的情况下，在媒体上发布，以求获得以广告形式发布所不能获得的诉求效果。

明确“软广告”的含义后，我们不难从四个方面得出“软文广告”与“软广告”的区别。

首先，从经营行为看，“软广告”是新闻操作的不规范行为，如“有偿新闻”就是媒体非广告部门介入广告经营的行为，这类行为具有隐蔽性和欺骗性；而“软文广告”是属于广告经营的范畴的，同其他类型的广告一样，都是广告主付出一定代价，在报纸等平面媒体上发布的广告，具有公开性、公正性。

其次，从形式上看，由于“软广告”的外壳是新闻报道，因而都有“某记者报道”的新闻标识；而“软文广告”则有明确的广告标识（当然，仍有一些软文广告的广告标识不规范），如“广告”、“形象展示”等。

再次，从动机上看，“软广告”将广告变形为新闻，以此获取消费者的信任，是一种误导；而“软文广告”强调的是广告的可读性，以此吸引消费者的注意，是一种引导。

最后，从作用上看，“软广告”将引起以下劣性连环反应：“（1）新闻产品质量的劣化造成新闻产品本身价值的减损；（2）新闻产品价值的减损进而造成了其自身价格的减损；（3）新闻产品价格的减损又造成媒介影响力和接受率的降低；（4）媒介影响力的下降和接受率的降低又造成广告版面、时段价值与价值的减损”。而“软文广告”作为一种独特的尝试，即体现广告的灵活性，也能为广告的创作积累经验。

### （二）软文广告与新闻的区别

1994年10月27日第八届全国人民代表大会常务委员会第十次会议通过的《中华人民共和国广告法》明确定义了“广告”。本法所称广告，是指商品经营者或者服务提供者承担费用，通过一定媒介和形式直接或者间接地介绍自己所推销的商品或者所提供的服务的商业广告。

新闻在《现代汉语词典》中的定义为“报社、通讯社、广播电台、电视台等报道的消息。”目前，权威理论普遍认为：新闻强调“新”、“真实客观”、“迅速传播”、“具有新闻价值”，是“时间的易碎品”；广告包含“明确的广告主”、“付费”、“非个体性传播”、“劝说的方式”、“以推销商品或服务为目的”等要素。

由此可见，新闻和广告的区别是明显的。新闻的立足点是社会公共利益的需求，广告的立足点是广告主自身利益的需求；新闻必须客观公正、平等告知，广告则是自我宣传、劝说诱导；新闻的取舍处理取决于新闻事实本身固有的新闻价值，广告只要广告主付费即可发布；新闻以满足人们的多层次、多方面的信息需要为目的，广告以实现广告主推销自己产品或服务的需要为目的；新闻是公益行为，广告是市场行为；新闻用语严谨、立论公允，要交代新闻来源、有五要素等，广告形式活泼多样，难免有夸大之语，通常篇幅较短、字体多变、图片较多；等等。

总之，新闻与广告只是在传播渠道上交会，它们完全属于两种不同性质的信息，按照两种不同的规则传播。可见，一则信息是新闻就不是广告，是广告就不是新闻，不可二者皆是。作为广告的一种形式，软文广告是广告，不是新闻。

### （三）软文广告与新闻性广告的区别

传播实践中，新闻性广告大量存在。至今，“新闻性广告”也没有明确的定义。在《中国新闻实用大词典》中，只有这样的论述：“国内外的一些报刊以新闻形式，将商业广告性内容发表在广告版上，按广告收费；或注明为广告，按广告收费的大块文（即买版面），应视为广告。”这里的“广告”其实是指“新闻性广告”。“新闻性广告”是广告商为达到促销目的，按照新闻形式撰写文案，在广告版面、时段或类似广告版面、时段上刊播的商业广告，是新闻介入广告创作后出现的异常形态。如 2004 年 12 月 20 日《中国经营报》41 版下半部，有一篇用大标题刊出的题为《广东正道：从客户到伙伴的成功蜕变》的文章，以“访广州正道科技有限公司总经理曹能业”为副标题。乍一看，有通讯的样式，细看内容，却是该公司的广告。

“新闻性广告”是以类似典型报道的形式介绍有关企业及其负责人的业绩、经验、事迹，颇多溢美之词，标题往往使用“××侧记”、“××纪实”、“来自××的报告”、“××访谈”，甚至还有“答记者问”、“采访札记”等形式。

“新闻性广告”使受众误以为其是新闻，具有较强的欺骗性和诱导性，违反《中华人民共和国广告法》第四条“广告不得含有虚假的内容，不得欺骗和误导消费者”，也违反《关于禁止用新闻形式进行企业形象广告宣传的通知》。新闻性广告往往夸大其词，而又采用新闻形式进行采写，严重违背了广告的“思想性原则”和“真实性原则”，是新闻的异常形态。

基于以上分析，我们可以给软文广告总结出这样一些特质：

1. 软文广告通常是由企业的市场策划人员或广告公司的文案人员来负责撰写。

2. 软文广告一般是以新闻报道式的口吻或文字的形式在媒体发布的宣传其产品、活动或企业形象等的文字类广告。

3. 软文广告一般以新闻稿的形式刊登，主要以文字为主。

4. 软文广告是广告形式隐性化的具体表现。

由此我们可以这样说，软文广告是指由广告主按照版面或字数付费，以新闻报道式的口吻和主要以文字的形式在媒体（主要是平面媒体，比如报纸、杂志等）发布的传播其产品、品牌、活动或企业形象等的广告特征不明显的广告。

这里需要说明的是，以新闻报道式的口吻或文字的形式在媒体上发布不是纯粹的“新闻”，而是以新闻报道式的口吻来软化广告信息，达到吸引受众的目的。

广告的起源，起初是因为新闻报纸的产生，一群人为某些产品生产商撰写具有一定销售目的的介绍性文字，而后渐渐演变为今天的广告。而软文广告就是这样一种回归，通过新闻形式阐述产品、品牌、产品生产商的观点、信息等从而达到“广告”的目的。软文广告的本质是广告。它具备广告的基本要素，是一种独特的广告形式。

## 第二节　软文广告文案

### 一、软文广告的分类

软文广告有偿化，推动了软文广告创作质量的提高。软文广告不再只局限于单一的新闻风格，而是走向多样化。按照软文广告的撰写风格进行分类，可分为告知型、事件型、体验型和人文型。

#### （一）告知型

告知型的软文广告不同于告知型的直接广告。前者往往以消费者共同关注的问题或现象为切入点，导出所要宣传的产品并向消费者告知利益点。后者则从正面宣传产品和服务，直奔主题。

如《楚天都市报》2005 年 1 月 7 日 2 版就有一个这种类型的软文广告。这个软文广告从消费者关心的食用植物油安全问题入手，告知消费者金龙鱼食用植物油完全符合国家标准。详文如下：

## 全国35个省市级相关部门检测金龙鱼完全符合国家标准

近日，卫生部通报了去年对部分省市食用植物油进行抽检的情况，个别地区销售的大豆色拉油出现在不合格产品的名单上。为了维护消费者权益，同时也避免引起公众在食品安全方面不必要的担忧，近期，全国35个省市自治区质检及卫生监督等相关检测部门对当地销售的金龙鱼相应产品进行了检测，检测结果表明金龙鱼被检产品完全符合国家标准！

截至目前，以下省市的相关检测部门提供了本次检测的检验报告：

吉林省、河南省、四川省、湖北省、辽宁省等。

北京、上海、南宁、贵阳、杭州、成都、重庆、沈阳、南昌、兰州、海口、天津、济南、南京、西安、太原、深圳、武汉、长沙、郑州、长春、昆明、福州、洛阳、金华、宁波、温州、石家庄等。

其他城市检测工作也正在进行，检测结果将陆续向社会公布。

（二）事件型

这类软文广告肩负着公关的使命，借助新近发生的事件为品牌形象服务。它好比记者招待会上的发言人，既能得体地借助喜庆事件宣传和巩固品牌形象，又能及时应对突发的不利事件避免或减少损失。2002年媒体上出现了爱浪造假风波的有关报道。不久，《中国经营报》便刊登了题为《爱浪力造高品质音响制造平台》的广告。可以看出，爱浪正力图挽回造假风波中的形象损失。《中国经营报》还在2005年1月10日的B6版刊登了题为《尚扬媒介（中国）赢得箭牌口香糖中国媒介业务》的广告。这则广告借尚扬媒介（中国）赢得国际客户的业务展示了自己公司的实力，为典型事件型软文广告。详文如下：

## 尚扬媒介（中国）赢得箭牌口香糖中国媒介业务

箭牌口香糖中国公司日前改聘尚扬媒介（MEC）从2005年起负责其在中国所有品牌的媒介策略和购买业务，业务总额高达数千万美元。

尚扬媒介这次能够赢得箭牌代理权，独有的渠道规划和执行工具（CP&I）——“导航者（Navigator）”起到了重要的作用。

对尚扬媒介新上任的首席执行官张敬骞（Bertilla Teo）而言，这同样是个美好的开局。在此之前，张敬骞为尚扬媒介新加坡公司董事总经理。张敬骞的办公室设在上海，她同时负责北京和广东公司的业务，负责尚扬媒介在中国业务的拓展工作。

之前负责尚扬媒介香港业务的吴远棠（Dominic Ng）已调往广州出任董事总经理职务，负责管理箭牌业务。

尚扬媒介北亚区首席执行官 David Morgan 说："我们非常高兴能够获得箭牌在中国业务的媒介代理权。这确实是整个团队努力的成果，它充分证明了尚扬媒介依托 GroupM Trading 无与匹敌的媒介购买优势所拥有的实力（GroupM 负责 WPP 旗下所有中国媒介公司的购买业务）。尚扬媒介极富洞察力的战略思想是基于其特有的 CP&I 理念，这使尚扬媒介可以根据其最新获得的、特有的市场研究和学习成果，按客户的需求定制创意，并确定业务方向。"

作为尚扬媒介（中国）公司的首席执行官，张敬鸾以饱满的热情领导着她的团队。张敬鸾此前在新加坡公司的经营非常成功，享有很高的声誉。尚扬媒介将其从新加坡调到中国，清楚地表明公司认识到了投资中国的重要性。

除箭牌外，尚扬媒介（中国）目前服务的其他著名品牌还包括索尼爱立信、宜家、戴姆勒—克莱斯勒、高乐高、人头马、新加坡航空以及中外运敦豪等，并在 2004 年以宜家的北京居民楼电梯改造项目赢得了中国唯一的戛纳广告节媒介金狮奖的提名和中国唯一的亚洲品牌营销绩效大奖的金奖。

（三）体验型

有些软文广告和前两类软文广告相比，让人感觉更具有亲和力，原因就在于这些广告或讲述消费者在使用产品时的体验，或通过推荐一些与产品有关的小贴士使消费者感受到来自品牌的关怀。这类软文广告就称为体验型软文广告。体验型的软文广告往往能给冷冰冰的品牌增加暖暖的人情味，减弱读者对广告的抵触情绪。尤其对科技含量高的产品而言，其消费者消费的不只是产品功能，还有产品所象征的品位和身份。体验型软文广告正好能为产品打造高贵的气质。如《湖北日报》2004 年 12 月 31 日 C4 版刊登的诺基亚 6170 型手机的软文广告就属于此种类型。

## 诺基亚 6170，质感源于纯粹

我相信自己是个冷峻而理性的人，否则我也不能在事业上达到今天的成就。我还相信，手机如人。所以，我选择的手机诺基亚 6170，和我流露着同样的气质。

它有着光洁的淡灰色纯不锈钢外壳，真实的质感传递着冷静而自信的从容。它是诺基亚第一款商务折叠手机，方正明朗的设计简洁而雅致。打开翻盖，蓝色的键盘灯倏忽亮起，映衬着淡灰色的键盘和黑色的边条，睿智沉稳的气质自然彰显。整个键盘呈简洁的长方形造型，线条干练流畅，细节无可挑剔。

它有内外两个彩屏，内置4倍数码变焦、可以拍摄图片和视频短片的摄像头。4096色外屏可显示来电号码、日期和时间，还可设置为“自拍预览”的镜头，人性化设计细致入微：65，536色内屏的分辨率则高达128×160像素，用它来“放映”图片、视频短片，或者流媒体，都不啻是一次小小的视觉盛宴。

但是，就像看男人不能光看外表，重要的是内涵，手机也一样。我最看重的，还是它出色的商务功能。

外出不在办公室时，它让我可以在第一时间查看紧急电子邮件，并第一时间做出处理；出差国外时，它的三频功能让我无论在哪里，都可以最快的速度与同事、客户取得联系；回到办公室，通过SyncML或者诺基亚PC套件，我可以将储存在它身上的、最新的通讯录或会议安排同步到个人电脑，从而最大限度地节约时间——在如今这个竞争日益激烈的社会里，还能有比时间更宝贵的东西吗？

我知道，在工作中，即使是堪称完美的解决方案也不一定能解决一切问题。同样，一款手机也未必适合所有人群。我的诺基亚6170不是炫酷至“in”一族的宠物，但它却是和我，还有与我一样的人士最匹配的伙伴。因为，我们有着共同的特点，那就是纯粹、内敛和从容。

（四）人文型

顾名思义，人文型的软文广告是从世俗风情和文化层面上来展示产品或服务的形象。一方面，某些特定产品（如酒）、某些消费（如旅游），本身就蕴涵着特定的风情和文化，适宜采用人文型的软文广告。另一方面，人文型的软文广告也迎合了大众的消费文化。现代公众是以“感性—理性”为轴心来设计自己的消费模式的。文化恰恰是理智思考与情感依赖并存的载体，因而着眼于产品的文化层面的软文广告能和消费者进行更深入的沟通。位于重庆南川市境内的金佛山自然保护区的一则软文广告《回归寒武纪原始生态共生林》就属于此类。

## 回归寒武纪原始生态共生林——金佛山新景之一

嗅着远古的气息，踏着远古的泥土，任时空倒流将你带回五亿年前。

放轻脚步，舒缓呼吸，历史在你眼前定格：手臂粗的古藤缠绕着百年古树，生长在五亿年前的海底成石上，几尺厚的苔藓覆盖在鲜有人迹的小径上，任凭风吹雨打，岁月轮回。

金佛山的原始生态林就是这样奇妙：古藤、古树、奇石、苔藓可以和谐共生几百万年，有的古树上长出七八十种其他种类的树，也有古藤和树根穿过坚硬的石头，甚有巨树连根拔起，横倒一边依然枝繁叶茂。生命在这里演绎得淋漓尽致。

在金佛山原始生态共生林中，还发现了一个奇特的自然现象：这里树龄达百年以上的古老大树比比皆是，但新生植株非常稀少，迄今为止这还是一个谜。

穿越林荫小道时，会意外地发现不少生物化石，古老的生命就这样赫赫印证在石壁上。抬头可以偶见透过枝叶缝隙的光影，你会目眩这究竟是几亿年前的阳光。

回远古走一遭，去原始悠一圈，金佛山原始生态共生林向你敞开怀抱。

小提示：可预先准备一些用树叶和藤条制作的衣服，穿上它们步入金佛山生态共生林，你会发现自己更融入其中。

资料来源：中华广告网（http：//www. a. corn. ca）。

需要指出的是，这几种类型的软文广告之间并无本质上的差别，只是在形式上有所不同。有的软文广告可能包含两种以上的风格。

按照软文广告本身的内容来区分，可以把软文广告分为产品类软文广告和企业形象类软文广告。这个区分主要是按照广告的广告对象（广告内容）来区分。需要说明的是，有时候产品类软文广告和形象类软文广告的界限并不是十分明显。有时候在一篇软文广告中，既有产品的介绍，也包含企业形象的宣传。

产品类软文广告主要针对产品本身的信息进行传播。这类软文广告一般在食品、保健品、家电等行业运用得较多。因为，大量的信息必须通过详细的文字说明才能完整地表达清楚。如家电行业的“背投”、“等离子”、“数字高清”等概念性的说法就被相关生产厂家和企业在媒体上加以详细说明和介绍。中国移动为了让消费者接受“动感地带”业务，在各大媒体进行大规模的广告宣传，其中有硬性广告，但我们见到的更多的是软文广告，通过软文广告我们更多地了解并接受彩信、手机 QQ、手机摄像等业务；媒体整天宣传健康空调、等离子电视、HDV、环保住宅等概念，正是这些新闻味很浓的软文广告直接或间接地影响了消费者的消费观念和消费意识，从而完成从非消费者到潜在消费者，再到事实消费者的转化。我们特以脑白金的软文广告《宇航员服用的“脑白金”》为例，来说明此类软文广告。

## 宇航员服用的“脑白金”

航天飞机每 90 分钟绕地球一周，每天要经历 16 次白天和 16 次黑夜。失重导致宇航员身体系统紊乱，不能正常睡眠。但睡眠对人体极其重要：不吃饭，人可以活 20 天；不喝水，人可以活 7 天；不睡觉，人只能活 5 天。这绝对不是危言耸听。看看周围，您就可以发现睡眠有障碍的人往往面色灰黄、智力及记忆力下降、精神萎靡、抵抗力差等。有关文献显示：睡眠有障碍者每天衰老速度比正常人的快 2.5—3 倍。睡得不沉、易惊醒等浅睡眠对人的危害与失眠造成的危害几乎相当。

宇航员如何睡觉呢？有关的一篇报道破解了此谜。

去年4月25日《参考消息》第七版的《为科学而睡觉》一文介绍说：哥伦比亚号航天飞机上的宇航员，采用大剂量脑白金帮助入睡，而且不会产生其他安眠药产生的副作用。

宇航员们喝的脑白金，其实是大脑总司令——脑白金体分泌的物质。脑白金体位于大脑正中心，是人体的主宰者，掌管衰老，为人体的生命时钟。脑白金体通过分泌的脑白金物质控制着人体各系统，随着年龄的增长，其分泌量日渐下降。如果每天饮用脑白金，脑白金体的指挥能力会大大增强，如同拨慢了人生时钟，从而解决人体系统出现的故障，包括睡眠障碍。

喝了脑白金2—3天后，睡不好觉的人即可享受婴儿般的睡眠，的确神奇！脑白金产品无上瘾性。但许多人有疑问，美国有5 000多万失眠者补充脑白金已达3年，为什么仍坚持补充？根据调查报告，这些失眠者的睡眠早已改善，但在补充过程中，多数人出现了精力旺盛、食欲上升、疾病改善、大便畅通、更年期推迟、衰老减缓等意外惊喜，促使他们坚持不懈地饮用。

世界著名科学家化特博士在其科学专著中认为，就助眠而言，脑白金是人类迄今发现的效果最好、最安全的健康食品。当然，效果和安全建立在服用正宗脑白金的基础上，选择脑白金不要贪图便宜，错误服用假冒脑白金会伤害身体。

形象类软文广告主要针对企业（组织）的形象进行宣传。这类广告一般会传达企业形象及观点，如企业理念、社会责任感、企业实力等展示均属于此类。比如，科龙集团的“容声冰箱连续七年全国产销量第一”，春兰的“世界级品牌——春兰空调”等。下面我们以联邦快递的一篇软文广告为例来认识一下这类软文广告。

## SFA：联邦快递以人为本的核心

很多人认为联邦快递成功是因为它有很多的飞机、有庞大的网络等，这些东西有钱都可以买到，不是公司主要的核心竞争力。为什么联邦快递比竞争对手强，联邦快递以人为本的公司文化才是最主要的原因。

——联邦快递中国区总裁陈嘉良

## SFA的凝聚力

SFA需要员工与他们的主管共同参与。它遵循的法则其实就是它字面所代表的含义：“S”代表Survey，意即调查；“F”代表Feedback，意即反馈；“A”代表Action，意即实行的步骤。通过SFA的各个步骤，员工与主管之间能够更好地彼此了解和沟通，及时发现存在的问题，从而找到好办法解决已经出现的问题。分析SFA的运作理念和流程，处处体现了联邦快递“以人为本”的企业文化经营理念。

### 员工人人平等的理念

公司创始人 Fed Smith（施伟德）创建的扁平式管理结构，不仅可以向员工授权赋能，而且扩大了员工的职责范围。与很多公司不同的是，联邦快递的员工敢于向管理层提出质疑。他们可以求助于公司的 Guaranteed Fair Treatment Procedure（确保公平待遇程序），以解决员工认为自己受到不公平待遇的问题。

### 培　训

注重员工自身的发展，这也是联邦快递公司以人为本的企业文化之一。公司每一个员工每年都有2 500美元作为学习津贴，可以去学习对工作有利的专业。许多员工就是通过这个津贴完成 MBA 学习的。

### 运用奖励制度

联邦快递创始人施伟德先生开创的这种“以人为本”的经营风格，紧紧围绕“员工—服务—利润”展开人性化管理，“公司会充分考虑到员工的利益和需求来展开工作，员工就会提供客户满意的服务；只有客户满意，才会给公司带来更多的利润来进一步地激励员工”。

资料来源：《经济观察报》，2005年1月10日，31版。

## 二、软文广告的特点

软文广告自诞生之后，一直在持续不断地发展着，其自身也呈现出下列特点：

（一）诉求对象群体接受度高

在今天这样一个传播媒介高度发达的社会，现代企业、产品品牌、服务营销信息铺天盖地，电视、广播、杂志、报纸、网络，以及日常生活环境中，广告越来越多。特别是在所谓“厚报的时代”，报纸、杂志等印刷媒介都在整版整版地出售广告版面，以至于出现一些杂志中广告比正文多的情景。在这种环境下，受众已经对那些一味标榜自己产品品质和企业业绩的硬广告熟视无睹，难以形成注意。作为一种新的广告形式，软文广告以其深度报道而又能够查证的优势，逐步受到大众的关注。例如，脑白金营销活动中，软文广告运作功不可没。脑白金的第一轮软性文章，如新闻炒作篇有《两颗生物原子弹》、《98’全球最关注的人》等五篇；睡眠篇有《你会睡觉吗?》、《不睡觉，人只能活五天》、《美国睡得香，中国咋办?》、《宇航员服用的“脑白金”》；妇女篇有

《女子四十，是花还是豆腐渣?》、《女性大苦恼》；肠胃篇有《一天不大便＝吸三包烟》；资料篇有《年龄与脑白金体》等。在不同的报纸上刊发的软文广告文案反复强调了什么是脑白金体及脑白金对人体的重要作用。当人们在电视广告的狂轰滥炸之下，被这“脑白金”三个字弄得莫名其妙而又新鲜不已的时候，出现在报纸上的大量的软文广告文案，引起了消费者的注意，巧妙地弥补了电视广告的不足。

（二）对目标人群的渗透力较强

软文广告没有硬广告的那种“杀伤力”，但它对目标公众有着较强的渗透力。一方面软文广告所具有的科普性、知识性、新闻性使读者愿意接受这些信息，并从中知晓一定的知识，让读者不知不觉地记住了该产品和品牌，读者就不会产生一种抵抗心理；另一方面软文广告是渐进式、润物细无声的，也就更容易被消费者接受。事实也证明，好的软文广告可以发挥事半功倍、四两拨千斤的作用。

（三）信息量大，适合详尽式的介绍与诱导

“软文”的真正价值在于，它可以使用各类文体大篇幅地表达，即“说得多，才能说清，才能卖得多”。目前许多保健品因要对消费者讲明功效原理以及一些使用方法等信息，而电视广告费用高、即时性强、时间短，无法表达得尽善尽美，只适合做形象宣传，起品牌提示作用。但软文广告以报纸、杂志、小册子等作为载体，就可以言无不尽，正好弥补了电视广告的不足，费用少，又可长久保存，让消费者反复阅读，清楚了解产品的功效、原理，因而受到了企业的大力推崇。

（四）成本较低

软文广告有相当一部分是按照字数收费的。这与电视以秒为单位计费以及平面媒体的以面积为单位计费相比就便宜很多。虽然有些报纸已经开始以版面大小来核算软文广告的费用，但总体而言，软文广告的千人成本还是很低。

归纳来看，与硬广告相比，软文广告文案具有一定的优势，如表6－1所示。

表6－1 硬广告与软文广告优劣比较表

| 类型 | 优点 | 缺点 |
|---|---|---|
| 硬广告（以电视广告为例） | 传播速度快，时效性强；<br>涉及对象最为广泛；<br>经常反复可以加深公众印象；<br>有声有色，具有动态性。 | 渗透力弱；<br>商业味道浓，可信程度低，时效性差；<br>广告投入成本高，强迫性的说教，传递内容简单，时间短，如冰山一角。 |

续表

| 类型 | 优点 | 缺点 |
| --- | --- | --- |
| 软文广告（以报纸、杂志为例） | 相对渗透力强；<br>商业味道淡，可信程度高，时效性强；<br>广告投入成本低，渐进式的叙述；<br>消费者可以增长知识，扩大视野。 | 传播速度慢；<br>涉及对象范围相对狭窄、有限；<br>加深公众印象方面相对较弱；<br>静态性。 |

从作用、受众信任度、有效性及成本四个方面，与电视广告相比较，软文广告也有自己明显的优势，如表6－2所示。

表6－2　电视广告与软文广告详细比较表

| 指标 | 电视广告 | 软文广告 |
| --- | --- | --- |
| 作用 | 品牌形象提示，“冰山一角，昙花一现”，传播快、渗透性弱，诉求不充分。 | 品牌内涵深层次阐释与演绎，内容丰富，诉求充分，传播慢、渗透性强。 |
| 受众信任度 | 商业性强，可信度低，不易形成口碑。 | 新闻性强，可信度高，易形成口碑。 |
| 有效性 | 接触面广，接触时间短，稍纵即逝，不可传阅，时效性强。 | 接触面较广，接触时间较长，可多人多次浏览传阅，时效性差。 |
| 成本 | 电视广告总体成本高，千人成本相对较高。 | 软文广告总体成本低，千人成本相对较低。 |

# 第三节　软文广告文案写作

《论语》告诉我们，“工欲善其事，必先利其器”。本节主要说明软文广告文案写作的基本思路与技巧。运用得好，这些思路与技巧会令软文广告文案撰写者达到事半功倍的效果。

## 一、软文广告写作的5W原则

作为广告的另一种表现形式，撰写软文广告同样要满足五个原则，我们称之为软文广告撰写的5W（Why，Whom，what，When，Where）原则。这五项要素相辅相成，缺一不可。5W原则紧紧围绕广告运动核心创意概念而展开，换言之，它是由解析创意核心概念而来。

1. 为什么说（Why）：就是说要清楚为什么要写这篇文案？软文广告必须符合产品的整体营销战略。是单独使用，还是和其他文案组成一个系列？在整个广告运动中这篇文案担负着什么样的任务？是前期概念宣传，还是直接推动销售，或是传达促销信息提高销量？

2. 对谁说（Whom）：软文广告的目的就是要把你所要表达的信息传达给目标受众，因此对谁说就是锁定要传达的对象。通常发布软文广告，或者是为了新产品招商，或者是为了在终端进行产品推广、树立品牌形象，抑或二者兼顾，因此要锁定的对象不外乎两大类群体：一是经销商，二是目标消费者，然后根据这两类群体的不同利益点进行创作。对于终端目标消费者而言，需要我们前期作好详细、科学的市场调研。要对消费者进行透彻地研究，了解消费者的消费理念、消费习惯、媒体接受习惯、信息传播渠道等。

3. 说什么（What）：就是把你要表达的概念、核心思想或信息准确地说出来。主要是正文的内容。它必须符合产品的定位、企业的营销定位。例如，一篇以招商为主题的软文广告，诉求内容应围绕经销商最关注的市场容量、品牌竞争力、产品卖点、营销手段等方面的特色层次分明地表达出来。这是软文广告撰写最重要的一个方面。

4. 何时说（when）：即选择什么时候投放软文广告。虽然投放软文广告是一项长期不断的宣传策略，但事实上在投放时段的选择上还是有一定的技巧性。例如，新产品上市之前的软文广告，可对目标消费者和经销商起到预告的作用，能制造一定的悬念和神秘感，并为新产品正式上市起到良好的铺垫作用。新产品上市一个时期后的软文广告，不仅能强化消费者的记忆并促进其产生购买欲望，而且有利于经销商的终端推广，增强其销售信心。

5. 何地说（Where）：就是选择在什么样的媒体上投放，这是软文广告文案写作体系中不可或缺的一部分。每一种媒体都有自己的定位，有自己的特定阅读群体及特定的覆盖区域，这些因素在软文广告运作中都需要加以注意。如财经类、营销类媒体的读者群基本上为大大小小的商业人士或者正在寻找项目、准备进入商界的准商业人士。因此，如果目的是为了招商或者扩大品牌影响力，那么在媒体选择上应当以财经类和行业类媒体为首选，如《销售与市场》、《商界》、《中国经营报》等。此外，一些网络媒体如“中国营销传播网”等更具有传统媒体无可比拟的优势，信息传播快而且广。

这五个原则是从策略层面上来说的，其中的“说什么”是我们要讨论的重点。

## 二、软文广告撰写的基本程序

在明确了软文广告写作的基本原则后，我们需要了解和掌握的是软文广告写作前的预备工作。同其他广告文案的撰写一样，甚至比其他广告文案撰写的要求更高——广告软文撰写者必须要有非常扎实的文字功底、非凡的驾驭文字的能力、综合的文化修养和丰富的想象力以及敏锐的市场触觉和概念提炼能力。这些要求和素质的具备需要软文广告撰写者厚积薄发、日积月累，从理论中学习，在实践中锻炼，在写作中提升。

在具体的广告软文撰写中，撰写者必须吃透所服务的品牌、企业文化、企业的核心竞争力和产品卖点诉求、市场背景等。只有掌握了与行业相关联的知识和信息，才能从这一堆知识和信息中去粗取精，才能在主题明确的文案中旁征博引、触类旁通、文思泉涌、一挥而就。

撰写广告软文之前必须按以下四步理清自己的思路：

1. 把握创意核心概念。这里的关键是根据整体广告战略的要求，准确把握创意核心概念，并且解析创意核心，找到核心概念对诉求对象的要求及其表现素材、格调等要素。

2. 了解消费者对软文广告的接受过程，明确推广概念主题。只有主题明确，才能有的放矢，达到预期的广告效应。

3. 须有新颖、富有创意的标题与销售推广文案。一个新颖、有创意的标题与销售推广文案具有同等的分量。一个能吸引人的标题需要花时间去好好琢磨。如果一下子找不到有穿透力的标题，在主题明确的情况下，也可以边写正文边考虑标题，或正文全部写完后再冠上满意的标题。总而言之，必须多花时间考虑标题。

4. 选择与文案相匹配的表现形式。要考虑用最好的形式去表现软文广告主题，最好有平面视觉传达效果的支持。

## 三、软文广告文案标题创作要求

好的文案首先取决于标题的好与坏。标题是否新颖、有无创新、具不具备穿透力，对能否引起读者的兴趣、达到心灵的共鸣非常重要。好的软文标题应该符合以下几个方面的要求：

### （一）震撼力

软文标题中使用能在瞬间使读者产生心灵震撼的词或短语，从而增强整体标题的震撼力和冲击力。由于软文广告在很大程度上是单纯依靠文字的力量来吸引读者和打动目标消费对象，所以对于文字的锤炼甚至比新闻标题的要求更高、更要剑走偏锋，需要将文字或词语自身的震撼力应用得更加淋漓尽致。例如，绝了、神了、妙、当心、警惕、特别告示、迫在眉睫等具有冲击力和震撼力的词语的应用，让人感觉好像在宣布一件分外重要的大事件一样，不能不引起人们的关注和阅读。

如何撰写富有吸引力的广告文案标题？标题中最有分量的两个词是“免费”和“新”，其他会产生良好效果的字眼是：如何、突然、当今、宣布、引进、就在此地、最新到货、重大发展、改进、惊人、轰动一时、了不起、划时代、令人叹为观止、奇迹、魔力、奉献、快捷、简易、需求、挑战、奉劝、实情、比较、脸颊、从速、最后机会等。其实这些词很多人也都知道，但真正要用起来的时候却不那么得心应手，有时候甚至需要绞尽脑汁、冥思苦想，关键还是要靠平时生活当中多留心、多观察、多积累。

（二）诱惑力

人皆有好奇之心，如果我们在创作标题的时候，采用一种反问的语气，直接提出问题，制造悬念，就很容易引起消费者的注意。

在前面谈到广告标题的一般写作方法时，我们就谈到了“悬念式”和“疑问式”广告标题的写作。在软文广告标题中，为了增加对消费者的诱惑力，悬念式和疑问式的广告标题经常被运用。像“脑白金”的《人类可以长生不老?》之所以能在其初期市场启动中发挥重要的作用，标题的诱惑力不言而喻——长生不老是千百年来人类面临着“有生之涯”的恐惧和痛苦所追求的梦想，即便在科学昌明的现代，这个话题仍然具有强大的诱惑力和吸引力。该广告将长生不老与脑白金的功效结合起来，给人以强大的诱惑。

（三）神秘感

对于司空见惯、一目了然的东西，人们不一定有兴趣，而对一些披上神秘色彩的事物往往容易产生兴趣，特别是对一些被忽视或被遗忘的，甚至是一些闻所未闻的消息容易产生冲动。“生活在别处”是一个永恒的生活悖论和梦想追求，现代人热衷于旅游或者想象，我们对于异乡、异地和异人的传说、故事、习俗和神话能够保持那么大的兴趣关键就在于这些异乡、异地和异人对于我们而言有一种神秘感，所谓“距离产生美”的某种内在原因正是由于距离所产生的神秘感和人自身对于神秘感的不懈追求和高度敏感。与上面的诱惑力相对应的是，神秘感是产生诱惑力的一个重要的原因，是引起消费者注意的一个有效手段和方法。

脑白金之所以成功，风靡全国，其软文广告如《两颗生物原子弹》、《格林登太空》等这类普通人所未知又想知道的神秘趣闻功不可没；再如，金日心源素的《里根现象：美国人怎么了?》、《日本人认为：中国人厉害》、《黄日华给谁送礼》，无论是“里根现象”、“日本人”，还是“黄日华”，软文标题故意营造一种神秘感和悬念，激发消费者的好奇心。但需要指出的是，营造神秘感只是一种手段，相关事实、案例必须真实、可信，不能为了营造神秘感而故意捏造、伪造，欺骗受众，夸大其词的广告最终会受到消费者的唾弃和法律的严厉制裁。

## 四、软文广告文案撰写的方法

软文广告类似于新闻中的深度报道，围绕创意核心和主诉信息进行深度表达。软文广告文案的撰写方法多种多样，越有创意的撰写方法，越可能收到不同凡响的效果。常用的软文广告文案撰写方法有如下几种：

### （一）情感渲染法

所谓情感渲染法，其实就是广告诉求中的感性诉求方法，它是现在软文广告文案撰写中使用得最多的方法，而且屡试不爽。特别是药品、保健品和补品类可以作为情感象征和标识用来送礼的产品的软文广告，更是经常使用这一写法。

情感渲染法，大多以亲情、爱情、爱心、孝心为主线，先“动之以情”，以感性诉求方式为主体，再“晓之以理”，最终达到广告传播与诉求的良好效果。软文语言要言出由衷、流露真诚，要使所广告的产品或者服务成为各种情感之间的象征、载体和桥梁，用优美的语言和故事来传达和赞美人性中的真、善、美及社会美德，然后再实事求是地推介相关产品的卖点，这样产品才可能为广大消费者所接受与认可，从而最终达到品牌形象建立和促进销售的目的。这种方法的要旨是找到产品卖点与情感主线的必然联系。

比如养生堂龟鳖丸的软文广告，就通过征文大赛等各种形式，让消费者参与进来，通过文章回忆自己在成长的过程中与父亲的点点滴滴（虽然平凡但能感动人心的往事与真情），从而水到渠成地表现养生堂龟鳖丸的“献给父亲的礼品”，体现人间孝道的独特定位。在读者阅读其他父子或父女之间的真情故事的同时，作为表现孝道的龟鳖丸的主题信息就悄悄地融入到消费者的心中。

### （二）标新立异法

软文不仅要执行创意核心，更要创造新的执行点子，标新立异地表现创意核心。没有创新的广告，无法得到消费者的注意，更不用说起到说服和打动消费者的目的。软文广告文案主要应用的传播符号要素是文字，没有图像的直观配合，为了达到传播和说服的目的，其必须根据具体的软文广告策略做到锋利、凝练、流畅，追求一种“语不惊人死不休”、标新立异的语言传播效果。这在一个广告过剩的时代显得尤为重要和关键。

这种方法注重软文文字的提炼和冲击力。首先在软文标题上，多在谐音或者双关的关键字词上大做文章，先声夺人，既能给人留下非常深刻的印象，又能体现产品的功能及主要卖点，并且以心照不宣的形式，明确传达满足消费者需求的信息。如祛除青春痘的某产品的软文标题《战“痘”的青春》，就是一个有力的案例。其次，可以选择特定的时机，例如具有一定文化含义的节日或假日发布，刻意在软文的体裁、形式、措辞上标新立异，力求给人与众不同、耳目一新的感觉。比如，某保健品巧妙地在妇女节这个独特的节日发布软文广告，就是采用信件的形式来表现儿女对于母亲的感恩和孝心、回报和尊敬，完全跳出了一般的软文广告的格式，很能打动消费者的心灵。

但需要指出的是，现在很多软文广告的标题和内容为了达到“语不惊人死不休”的效果，无限夸大产品的功能和效果，有的甚至不惜恐吓消费者。殊不知，过分的恐惧和夸大只会引起消费者的反感。语出惊人固然重要，但广告内容的真实和产品的质量是最值得珍视的。

（三）权威部门或名人证言法

为了提高软文诉求的可信度和说服力，可以广泛引用和借助相关主管部门的权威发布来撰写广告软文，从而激发、引导消费者的购买欲望；或者在软文广告中，将之与品牌名人代言相结合，通过名人的口来讲述代言的故事和广告产品的功效，往往会取得事半功倍的效果。

权威部门或名人证言法实际上是权威证明或名人证言在软文广告中的应用和体现，目的都是为了增加广告的可信度和说服力。

例如，北极绒保暖内衣在 2002 年 10 月 18 日《楚天都市报》7 版（国内新闻版）刊登的软文广告《赵本山：我为什么给北极绒做广告？》的文案是这样写的：

**做广告，怕挨骂**

“北极绒今年又有新奥妙，听完你再换频道……又软又薄，款式时髦，保暖透气，出汗不潮……”这是赵本山给北极绒拍的新广告。

在北极绒的新闻发布会上，有人问他：“您名气很大，广告却做得不多，为什么对北极绒情有独钟，给它当了 5 年代言人？”

老赵说：“找我拍广告的产品不少，我推掉了很多，为什么？明星怕绯闻，广告怕骗人。我怕产品不好，帮资本家吹牛，挨老百姓骂。不值得啊，又不缺这几个钱花。”

**给北极绒做广告，我心里有底**

为什么对北极绒情有独钟？老赵说得很真诚：“我穿的就是北极绒，身上这一件，穿了两年没变形。那年拍《刘老根》，在山沟里选景，冷得邪乎，整个一大冰窖，剧组里的人冻得够呛，跳起脚来骂天，没办法，我自己掏钱，给每人买两套北极绒，非常管用。今年北极绒又推出毛柔暖衣，最薄的只有 200 克重、1.5 毫米厚，特别暖和。它质量过硬，给它做广告，我心里有底。”

## 北极绒广告不瞎编

很多产品做广告，靠的是瞎编，不怕吹牛吹破天。北极绒不一样，做广告说实话，不吹牛。

“北极绒今年又有新奥妙”，这话是有根据的：2002 年，北极绒采用 PRP 混纺工艺，把天然榉木纤维、澳洲羊毛和莱卡纤维按黄金比例纺织，织成超薄抗寒面料。这种面料弹性强、手感柔软，而且透气排湿，真正“保暖透气，出汗不潮”。

北极绒的真诚也是赵本山愿意给它做广告的原因。用赵本山自己的话说：“只要广告讲真话，不瞎编，我在镜头前的表演就有底气、就来劲。”

## 北极绒卖得火，我也光荣

2000 年，北极绒被评为十大畅销品牌；2002 年，北极绒 5 年总销售量将突破 1 000 万套，相当于有 1 000 万中国人穿北极绒过冬。今年 9 月，北极绒刚在东北上市，就引起热销。沈阳某商场，搞了一个简单的营销活动，几百套北极绒，被市民抢购一空。

赵本山说：“这些年，北极绒越卖越火，说明北极绒质量确实过硬，老百姓信得过。当然，也说明大伙买我的账，我也觉得光荣。明年，只要北极绒找我，我还要给它做。”

这是一个典型的名人证言的软文广告文案。不过，使用名人证言或者权威证言的写法，一定要有根有据、实事求是。例如，金龙鱼食用油在 1:1:1 调和油的软文广告《你的炒菜油是否健康?》中借用中国粮油学会油脂分会副会长李志伟的语气，从专家的角度对目前的食用油进行了点评，得出的结论是长期食用单一的菜子油、橄榄油、红花子油、大豆色拉油和花生油，都会引起营养不均衡，而金龙鱼调和油能达到 1:1:1 营养均衡的比例。在这则软文广告中，金龙鱼利用李志伟这位权威专家来证实其所谓 1:1:1 的均衡营养的卖点，很有说服力。但是，事后证实李志伟并没有接受采访。这就有忽悠消费者的嫌疑了。

（四）图文并茂法

谈到软文广告，我们总是习惯性地想到纯文字的广告。的确，文字是构成软文广告的重要因素，这也是软文广告之所以被称为软文广告的根本原因所在。但在现时的广告运作中并没有任何人强行规定文字和图片要素在软文广告中“不得兼容”。有不少软文就是因为篇幅冗长、字数多得惊人而消磨了读者的兴致和耐性。

在图像广告中，文字可以起到画龙点睛的作用；在软文广告中，图像可以起到将信息形象化、生动化和直观化的作用，让读者更易理解。所以，让文字与图像结合，就像给红花配上绿叶，可以增加广告的感染力和说服力。我们看到现在的很多大品牌比如诺基亚、中国移动等在进行软文广告的传播时，一般都配上简洁直观的图像或图片，这些图片不追求视觉的艺术性和感染力，大多是直接将产品或品牌形象的图片放在上面，本质上是为了配合文字来增加传播的效果和提高读者阅读的兴趣。

图文并茂法的一个变体，就是表文配合。在一则文案中，可以用图表对文字进行补充、深化。

### （五）讲故事法

软文广告的独特优势在于大量传播产品、品牌、服务信息，进行主诉信息的深度传播。借助纯文字的软文广告，广告主可以让消费者对产品的方方面面有比较详细的了解和认知。然而，这只是一种理想状态。事实上，读者（包括广告产品和品牌的目标消费群体）很少会按照广告主的愿望去认真阅读枯燥的广告，因为读者阅读报纸不仅是为了获取新信息，也是为了娱乐。

在今天这样一个传播娱乐化、新闻娱乐化和媒介娱乐化的时代，教条、刻板和枯燥的传播形式和手段只会让读者和消费者避而远之。因此，为了提高软文广告的注意率、整合受众的注意力，我们需要将信息和娱乐在软文广告中进行巧妙联姻，让读者在享受娱乐和故事的同时接受产品的相关信息，从而达到“润物细无声”的效果。

正如新闻背后的故事是新闻一样，广告背后的故事也是广告，并且这种故事具有娱乐性，读者愿意去读。由于文字符号在展示故事情节、激发读者的想象力方面具有得天独厚的优势，如果充分运用此优势，展开一定的故事情节，即使软文里没有一处“王婆卖瓜”式的语句，也能取得良好的广告效果。如脑白金的软文广告《宇航员服用的“脑白金”》，就巧妙地应用了故事性和娱乐化的手段来提高受众的关注度。

另外，借助流行时尚元素也可以让广告娱乐起来。摩托罗拉在推出新款彩屏手机时，其软文广告将产品和时下流行的作家几米联系起来，让广告变得更加讨人喜欢。除此之外，还有许多的娱乐方式，等待我们去尝试。

### （六）直陈利益法

指直接陈述消费者渴望得到的或者强烈关注的产品功能或品牌利益点。使用这种方法的前提是以受众为中心，在客观、全面地把握诉求对象的需求的基础上，表达销售主张，提出对消费者有感染力和冲击力的广告承诺。这样的软文广告才能产生切实的传播和市场效果。

例如，“记易宝”在《北京日报》上做的一则《三十岁也可以从头来》的软文广告，就是一个比较典型的例子。软文广告里男主人公所在公司拓展了海外业务，学习英语给年已三十的他带来很大压力。朋友给他介绍了“记易宝”数码教育电脑后，学习变得轻松了。在一次外国客户来电时，其他同事无法应付，他却勇敢地用英语和客户谈成了生意。或许这个故事并不新颖，但却道出了不少中年人的工作体会，令读者感到十分亲切。这则软文广告如果一味站在“记易宝”的角度进行自我炫耀和夸张，怎么能得到消费者的共鸣和认可？

在营销传播活动中，很多广告不受欢迎，其根本原因就在于这些广告只有广告主的“个人独白”或者“自娱自乐”，而缺少对于消费者的关爱和承诺，缺少与消费者沟通的基础。消费者关注广告不光是为了娱乐、为了消遣，其本质目的是为了解决自己的问题——无论是生理的、情感的，还是思想的、精神的。也有很多软文广告殚精竭虑地展示产品的好处、炫耀产品的功效、提高产品的价值，但留给消费者的印象却是：“又在叫卖了！”软文广告给了广告主更多传播自己的产品或企业的信息和优点的空间，但这并不意味着它就成了广告主自我陶醉或自我表现的“呐喊”或者“发泄”。如果不从诉求对象的需要出发，不关心消费者的欲望，软文广告文案就难以达到沟通和说服的目的。从本质上说，软文广告文案是否得到关注和产生效果，取决于读者和消费者，而不是软文广告和广告主本身。这是在直接陈述利益点时必须牢记的。

## 思考·案例·练习

1. 通过具体案例，阐述软文广告及有偿新闻的区别。
2. 根据软文广告的特点，简述它在营销传播中的作用。
3. 软文广告如何与硬广告配合？
4. 简述软文广告的主题和标题的区别与联系。
5. 通过具体案例，论述真实性原则在软文广告写作中的重要性。
6. 技能训练

（1）阅读以下这篇软文广告，从软文广告写作技巧的主题选取、标题拟定、内文信息组织以及语言风格等方面，写一篇评析文章。（要求：500 字以上，题目自拟）

### 男人不是高压锅

① 十个男人九个累

男人是家庭的顶梁柱，上有老下有小，生存和发展的压力容不得男人有个喘息的机会，而女人有压力了可以哭，可以找人倾诉，而男人一哭就被别人视为窝囊废。一找人说话就被人以为是“软弱”。于是，“男子汉”有话不爱说，有苦不爱说，有泪不轻弹，一切苦衷都往肚里咽，同时把自己的健康也咽进了肚子。男人要比女人累得多，开出租车的累活儿 95% 是男人干的，做建筑、修马路的 98% 的活儿是男人干的，做记者、教师的虽然也不乏女人，但是男人怎么可能把累活儿交给女人，于是累的又是自己。

一项针对上海 2 000 位中年男人健康状况的调查结果显示：60% 的人有失眠、多梦、不易入睡或白天打瞌睡的现象；经常腰酸背痛者为 62%；一干活儿就累的人占了

58%；脾气暴躁或焦虑者为 48%。而这些症状的起因，绝大多数跟工作疲劳有关系。

② 男人需要女人疼

轻度的疲劳和压力或许没什么大碍，但是重度的疲劳和压力足以致命，人们常说的“过劳死”实际是长期过度的劳累，引发人体心衰、肾衰等病症造成的猝死。过劳死现象在发达国家排名猝死原因第一位。

国外医学家有句经典名言：过度疲劳的人是在追逐死亡，这句话跟中国的古话“积劳成疾”意思一样，道理都是劝告人们不要小看疲劳，疲劳就好像是埋伏在身边的地雷，一不小心它就会爆炸。而马马虎虎、爱逞强、不服输的男人就成了疲劳的直接受害者，他们累了，回家跟妻子说我还行；他们烦了，回家隐瞒着妻子。很多妻子总是以为自己的老公很棒，殊不知，大多数男人走在“过度疲劳”的边缘。做妻子的应该是个好的倾听者和调养师，为男人减压、舒缓疲劳。

③ 疼老公要有技巧

爱老公也要有技巧，手艺好的可以每天煲靓汤，或者老公下班后帮他做 10 分钟人体按摩，当然，适当让老公进补一些滋养品是非常有必要的。比如买些人参、灵芝、茯苓、冬虫夏草之类的中草药回家煎熬。这些药材是几千年的国粹精华，适当补充对男人有百益而无一害。但是，这些东西买回来了，煎服方法和食用分量都很难把握，我们建议你给老公服用一些简便的、有效的“金门参灵宝”。不仅可以有效抵抗疲劳，对肝脏的调理也是非常有好处的。

“金门参灵宝”可不是简单的现代保健品，它是万历帝朱翊钧和他的 12 位太医历时 7 年研制成功的。原料部分采取名贵的西洋参、虫草、灵芝、茯苓四味药材。研制成功后，万历帝和皇室的成员服用，精神出现从未有过的振奋，万历帝亲笔为“金门参灵宝”题下“金匮御方”的称号，万历帝做了 48 年皇帝，是历史上少见的长命帝王。“金门参灵宝”一直以来都是宫廷里皇室成员服用的，很多皇帝日理万机就是靠它撑着。

疼他就买“金门参灵宝”，在老公公文包里放一盒，打个电话叮嘱他不要忘记服用，能做到这个份上，做丈夫的真是有福。

④“金门参灵宝”凭什么流传 400 年

宫廷的补方中，有很多逐渐被淘汰掉的——岁月淘沙始见金，流传并引用下来的绝对不是偶然，那么，究竟是什么原因使得“金门参灵宝”代代相传，又是什么物质使“金门参灵宝”产生这么大的功效呢？传统医学和现代医学揭开了“金门参灵宝”的秘密。原来是这四种“仙草”的独特成分在起作用。

“金门参灵宝”第一个成分就是西洋参，中医认为西洋参有益肺阴、清虚火、生津止渴之效。西医认为它含有人体必需的 16 种微量元素和 17 种以上氨基酸和多糖、多肽及多种维生素等，具有抗疲劳、抗衰老等多种功能。

“金门参灵宝”第二个成分是灵芝。《本草纲目》中记载：灵芝益心气，活血，入心充血，助心充脉，安神，益肺气，补肝气。现代医学证明：灵芝具有抗疲劳、美容养颜、延缓衰老等功效。

“金门参灵宝”第三个成分是茯苓提取物。《本草纲目》中记载：茯苓“治头风虚眩，暖腰膝，主五劳七伤”。茯苓药性缓和，补而不峻，利而不猛。既能扶正，又可祛邪。据现代医学检测，茯苓含有效成分 90% 以上的茯苓多糖，此外还含有丰富的茯苓酸、卵磷脂等。

“金门参灵宝”第四个成分是冬虫夏草提取物。自古以来，我国民间就将冬虫夏草作为食品，用来滋肺补肾、止血化痰、治肺痨久咳。现代医学认为，冬虫夏草含有丰富的核苷酸、多糖、虫草素和不饱和脂肪酸等生物活性物质。对人体有抗肾衰、镇静、解毒、调节免疫等功效。

近乎苛刻的材料选究，高度提纯的药材精华配比，加上现代化的提纯工艺，使得“金门参灵宝”成为市场上少见的地道保健品。它在人体的抗疲劳和缓解化学性肝损伤方面有独特的功效。

⑤ 哪些男人需要吃“金门参灵宝”

并不是每个人都需要吃“金门参灵宝”，24 岁以下的年轻人大多不需要吃，吃多了不仅上火，鼻子还会出血。那么什么样的男人需要吃“金门参灵宝”呢？做妻子的首先要看看丈夫是不是从事以下四类工作。

第一类：老板和办公室白领。经常加班、熬夜，尤其是主管级别以上的白领阶层，整天跟电脑打交道，更容易疲劳，应该引起足够的重视。

第二类：司机。一忙就十几个小时，开车当天从早上 6 点忙到晚上 12 点，甚至有人一开就 24 小时，就是钢铁也受不了。

第三类：脑力劳动者。尤其是记者和教师，整天需要用脑，用脑过度导致的脑疲劳非常可怕，建议记者和老师们合理休息和保养，注意劳逸结合。

第四类：从事高强度劳动的体力工作者。比如说建筑工人、饭店的厨师等，由于工作环境和工作性质导致工作强度可能比常人大许多。

如果丈夫从事以上四种工作的一种，或者丈夫出现失眠、脱发、腰痛、性功能减退、记忆力减退、易怒、烦躁、注意力不集中、头痛、耳鸣、头晕这些现象中的一种以上，就要考虑给丈夫买“金门参灵宝”了。

男人不是高压锅，可以经得起巨大的压力。男人更需要保养和照顾，过度劳累的男人，不但影响工作效率，也危及自身健康。做妻子的应该明白“身体是革命的本钱”这个道理，适当给丈夫吃些“金门参灵宝”是非常有益处的。

（2）根据上题中的软文广告提供的信息，拟一个系列软文的写作计划，并选择其中一个题目，写一篇 800 字以内的软文广告。

# 第 7 章　长文案和系列广告文案

**本章知识要点：**

1. 掌握长文案的作用、类型、写作技巧
2. 了解系列广告文案的特点
3. 明确系列广告的类型及构思方法

## 第一节　长　文　案

### 一、长文案与短文案的界定

广告文案按篇幅的长短，有长文案和短文案之分。什么是长文案，长文案有多长？什么是短文案，短到多短才是短文案？对于这些问题，广告界似乎没有做出统一的、为大多数人接受的定义，对长文案与短文案的划分大多属于感性的，没有一个严格的划分标准。

有鉴于长文案与短文案很难对之进行严格的界定，我们只能给予粗略的划分，常见于印刷媒体的，字数在百字左右或以上的为长文案，而字数在三、四十字以内的为短文案。

就普遍现象来说，长文案显得有些过时。随着媒体环境的改变，消费者面对的信息更多、选择更大，阅读行为也发生了改变，“读”书“看”报变为了“翻”书“翻”报，要让读者耐心对广告进行仔细阅读是越来越难了。当今广告文案，长文案日渐式微，短文案大行其道，大有扬“短”避“长”之势。其实，对文案的形式向来都是兼容并蓄的，没有长短和体裁的优劣之分，消费者阅读广告不是看你广告文案的长短，而是看你写得是否有趣，长文案有长文案的优势，短文案有短文案的长处，关键是要写好的文案。

## 二、长文案的作用和适用情况

你对某样东西感兴趣，你就会去读。只要观察一下十多岁的青少年阅读杂志上自己感兴趣的专题，你就明白了。比如运动、计算机或时尚。他们会连最小最小的广告都读，一读再读。重要的是你有没有使文字勾起人们的兴趣。关键不在于文案的长短，而在于要找到不同篇幅文案的长处和适用情况。

### （一）长文案可进行深入沟通和深度说服

消费品可以分为快速消费品和耐用消费品；快速消费品依靠消费者高频次和重复的使用与消耗，通过规模的市场量来获得利润和价值的实现，包括食品、个人卫生品、烟草及酒类和饮料等日常用品，药品中的非处方药（OTC）也可归为此类。耐用消费品通常使用周期较长，一次性投资较大，包括（但不限于）家用电器、家具、汽车等。当消费者在进行耐用消费品购买时，就要进行复杂的购买行为的决策，在复杂的购买行为中，购买者经历了确认需要、信息收集、评价方案、购买决策和购后行为等阶段的决策过程，在每一个阶段，消费者都需要大量的信息以减少行为的不确定性，这时候长广告文案可以对消费者进行深入的沟通和说服，因为长文案可以多角度、多侧面地对某一诉求点进行阐释。

### （二）在什么情况下需要使用长文案

长文案相对于短文案而言，传递的信息更丰富，读者阅读的时间更长，以下三种情况可考虑使用长文案：

一是消费者需要进行复杂的购买决策。此时，消费者不仅会被动地注意广告信息，而且会主动寻求信息，长文案可大量提供有关产品的事实，满足消费者的信息需求。

二是产品本身有大量的信息需要传达。例如在某项技术上的突破，能给消费者带来其他产品无法提供的利益等，这就要求产品本身足够独特。

三是能抢先传达事实。对相同的产品而言，如果能够独占先机，抢先传达消费者所不知道的事实，即使消费者不仔细看长文案，长文案仍能暗示消费者产品有一些重要的事情在传达。

因此，当有许多重要的事实要传达时，就不要考虑篇幅的问题，只要做到简洁精炼，就可以使用长文案进行深入的沟通与说服。

## 三、长文案类型

### （一）故事型

故事型的广告一般都以为只适用于电视，其实不然，好的平面广告设计依然能说故事。故事型的长文案一般通过讲故事的方式来将产品融入其中，赋予商品以一定的戏剧性，同时自然地将产品诉求点带出，这样更能吸引读者一步步往下阅读，对信息留下深刻的印象。

故事型广告文案不能拘泥于情节的完整性，故事只是广告信息的载体，信息才是主角，是沟通的重点，千万不能喧宾夺主，为故事而故事，如果读者看了故事而忘了广告信息就得不偿失了。同时，长文案的故事情节不能太复杂、太悬疑。需要在有限的时间内，将产品信息自然融入，不能太过牵强。

#### 新天国际名苑平面广告文案

标题：程总/出生在1958年/曾经参加过自卫反击战

正文：

他人还没有出现/我已经闻到一股硝烟的气息/在和平年代这种感受很新鲜/他的声音很洪亮/感觉震耳朵/他站在我面前/像一座铁塔/身板挺得标直/威严的表情里/有一些慈祥/他在自卫反击战的时候/一个人守住了一个山头/部下都怕他/他一丝不苟的作风整个军团的人都知道/他很少夸奖人/要夸奖/一定是真的好/他给我的印象就是这样

他指着新天国际名苑电梯大堂说/在这么宽的地方嫁女儿才气派/他叉着腰站在样板房走开间的落地窗前/从他身上可以感受到气吞山河的气概/他说房子方方正正可以操练孙子正步走/南北通透适合他直肠子的性格/近50平米的客厅可以接待一个排的部下……

新天国际名苑的广告通过一个参加过自卫反击战的老军人参观新天国际名苑的故事，将产品的特色自由自在地带入。

### （二）抒情型

抒情型的广告采用散文、诗歌等形式，来抒发一种感受或人生态度，这种广告文案一般不直接诉求产品特性，主要目的是为了树立品牌形象、个性，来达到与消费者的共鸣。这种形式凝炼精美，能够表现出真情挚感，给人耳目一新的感受。

“生活愉快吗？”一位立委朋友来电问。我说：“草山的树和人，都那么挺直腰杆地生活着……”

树，生活在台北是最委曲的，人也是。树的叶子上，满布着汽车排放的油灰，根部纠结的是大小工程的砂石污泥，而人呢？总畏缩地生活在玻璃窗后，在夏天的冷气房里，以秋天的毛衣御寒。

环境的污染使人的身体无法健康，也使得人心很难健康。要在台北挺直腰杆生活，与要求公园里一棵树的纯然翠漾，同样困难。

所以，台北公园路灯管理处有苗的苗圃，选择在草山，一棵大安公园里强韧的巨树，必先要在草山度过山风雨露滋润的童年，才有够强的生命力。

人，应该也是，四季分明的气候，新鲜洁净的空气，调节各种温度的变化，给予心灵、身体自然开放的舒展机会，交错的古道步径。带领着双脚勇于去探险，让四肢活络，使腰杆挺直。

这是台湾文案高手詹伟雄之作，恬静平和、洗尽铅华的心情片断，抒情性的文字树立了草山人与自然相和谐的形象，有一种返璞归真的平淡和从容。

（三）知识型

知识型的广告文案会用科普小短文的方式讲述某种类别的知识，自然地将产品的诉求点与之产生联系，一般在文案开始抛开产品，通过极具知识性和趣味性的客观叙述吸引读者的注意，在文案的末尾会带出产品。人们只要对某种内容感兴趣，就会读下去。这种知识型的广告文案使消费者信得过、记得住，但是在文案中不能出现不合乎科学常识的错误而贻笑大方，这就要求写作的人员阅读大量有关的科普书籍，掌握正确的科普知识，传递正确的科普知识。

### IBM 电子商务平面广告文案

**标题：**您看到了吗？电子商务随需应变，让您的商务随需应变。

八条反应灵敏的龙和实时响应的企业

**正文：**

东汉张衡发明的地动仪您一定听说过吧？在它表面镶嵌着八条龙，当地震波到达时，地动仪内部的一根立柱就会倒向发生地震的方向，该方向的龙嘴随之张开，吐出一颗小铜球，掉到下方的蛤蟆口中，给人发出地震的警报。

事实上，地动仪的这种实时响应能力，正是大多数公司想要实现的梦想：跨越部门和区域的界限，自动及时地沟通，从而掌握任何一个新商机。实时感应并即时回应——这正是随需应变商务的实质。

举个例子来说，有一家工厂，订单量一旦增长，立刻就能洞察客户需求和市场动向。并迅速调整业务流程，引发工厂的各个部门、供应商、经营商之间的连锁反应，实时响应市场和客户需求的变化。

这并不是一个梦想，而是正发生的事实。那么您该如何建立随需应变的企业呢？要改变业务流程、改变企业文化以提升响应能力，还是进行技术革新呢？

事实上，这三点缺一不可，只着力于某一方面，而忽视了其他两点，无论您的投入有多大，都难以获得投资回报。当然，这也并不意味着变革可以一蹴而就，而是需要循序渐进地完成。

您的企业需要这样一部“地动仪”，让您的反应更加灵活敏捷。

随需应变的商务始于随需应变的思维。

只有真正具有洞察力并拥有资源的人，才具备随需应变的思考能力，作为您的合作伙伴、倾听者、问题解决者和方案的执行者，IBM全球服务部凭借与国内客户丰富的合作经验。以及对市场的深入洞察力，根据您的现状和需求。全力推进思维模式、业务模式和企业文化的转型，它虽然不会在一夜之间完成，但一定会为您的企业带来真正的转变。随需应变的商务，需要随需应变的人帮您实现。

欢迎拨打800-810-1818转5356，或010-84981188转5356，或：访问www. ibm. corn. en/services更详细地了解IBM提供的行业解决方案和成功案例。看一看IBM咨询顾问如何帮助您成为随需应变的企业。

电子商务对许多企业的决策者来讲可能是只闻其名，对于“什么是电子商务”、“电子商务能为企业做什么”这样的问题可能不甚了解，IBM平面广告将电子商务的反应能力与地动仪的功能联系起来，用深入浅出的方式告诉企业的决策者，电子商务能够解决企业迫切需要解决的问题，可以说很具有说服力和吸引力。

（四）产品剖析型

产品剖析型的广告文案用理性诉求的方式对产品的方方面面予以介绍，力求用众多的事实来说服消费者采取购买行为，这类广告文案特别适合价值很高的耐用消费品。“这辆新型‘劳斯莱斯’在时速60英里时，最大闹声是来自电钟”的广告文案，通过一名行车技术主编报告的方式对劳斯莱斯的各方面的性能给予说明，用雄辩的事实告诉消费者“买劳斯莱斯车真划算”。

**标题：**大空间，全局服从个人

车内空间，不能用数字来计算，需要用身体来测量

无论驾驶者还是乘客，从头到脚，我们让你感到的，只有大方，而无局促

**小标题1：**你可以用不到，我们不能想不到

VELA的车高为1.51米，比一般车型高出10公分。但我们不用“不会撞头”的承

诺来吸引你的注意——因为一辆好车，不能让任何人产生“屈就”的感觉。

也许你永远都留意不到头顶上这10公分，但它会让你真切地体验到驾驶视野的开阔和驾乘心情的舒畅。

**小标题2：**计算入微，是为了感受到更大

我们深入体察你在车中的一举一动，把宝贵的空间，毫无保留地用在决定舒适度的关键环节。而不是“大而无当”。高车身使我们能够抬升VELA的前排座椅，为你的双腿争取到充足的舒展空间；上下车也要更从容，无论是孕妇，还是身穿紧身裙的动感女士，再没有“钻进钻出”的尴尬。

车内每个乘客的感受。我们都考虑到。2 370毫米的长轴距，使前后排座椅间距达到844毫米，足够后排的大个子舒展身体，后排座椅略高于前排，让小孩子也能欣赏到一路的风景，而不是你的后脑勺。

**小标题3：**空间够大只是做到了本分，我们还强调高明

当水杯、纸巾、CD盒等零碎都乖乖地“各就各位”，你会感叹VELA内部布局的巧妙。2个中控台储物架，3个座椅中央置杯架，方向盘下储物空间，前排乘员席上、下储物箱，前车门内侧储物箱和前座后置书报袋——在你注意不到的地方，居然藏着高达17.8升的储物空间，几乎可与中级轿车媲美。

464升的超大行李箱，由于采用了U型大开启箱门设计，能够轻松取放更多东西。

**小标题4：**用车内空间来决定车外空间

大空间会不会成为累赘？我们有办法让空间为VELA的动力性能加分，让它跑得更长，更自在。

由于完美协调了车身各部分的造型和比例，加高的车身反而降低了风阻。0.29的风阻系数已经达到高级跑车的水准；而轻量化、小型化元件设计的悬挂系统，除了能为车厢和行李箱留出更多空间，还为VELA减重。轻装前进，当然感觉痛快，油耗也因此而降低。

**小标题5：**现在，轮到你给VELA一个展示身手的空间

动力性能是VELA的强项，驰名世界的丰田5A发动机，让它既能用10.48秒完成0到100公里加速，又能毫不气喘地以180公里的时速持续飞奔。

局促狭小的地方不会让它为难，因为4.7米的最小转弯半径给了它灵活的身手，而精细，扎实的底盘，让它在高速路上也从不脚软。

世界领先的GOA高可靠性安全车身和多达35项高级安全配置，给了它一身过硬的防御本领。

它还懂得用一系列媲美中高级轿车的人性化配置，把你照顾得无微不至。

这就是我们的AB设计理念（All Balanced）——全局考虑，巧妙设计，综合运用

当今汽车工业的尖端科技，在一部车上实现各项优势单项性能的全面平衡。

自豪吗？

我们为这样一部轿车精打细算，正是为了对你的要求决不吝惜。

5A手档

广告语：VELA——全面修炼，完美平衡

天津一汽VELA威乐是一款紧凑型家庭轿车，通过技术上的设计，如短底盘长轴距、前轮前移和采用麦弗逊式独立悬架以尽可能减少，带来大空间，储物空间的多样化，丰富了设计人性化的涵义、这些都是威乐汽车全面修炼，完美平衡的体现。这篇长文案用非专业人员都能读懂的语言，深入浅出地对威乐车的大空间及人性化的设计理念进行了有条不紊的介绍，像这种以事实所做的广告比过度虚振声势的广告更能助长销售。

## 四、长文案写作技巧

### （一）逻辑清晰、结构合理

长文案篇幅长、字数多，长文案的写作，因其信息量多而容易流于滥，在写作时，若不注意信息的条理化和系统化，随意堆砌，难免会使消费者厌倦、不得要领。长文案绝对不能过于松散，要抓住重点，在写作前应该对信息进行分类，先说什么，后说什么，再说什么，一定要成竹在胸。这样写出来的文案，才能够给人赏心悦目，信手拈来之感。

如果一个长文案不能马上吸引读者，他们会以为其余的文案也一样的无聊，接着就翻页，因此一个长文案一定要写作一个吸引人的标题和开头。中国传统的文章结构讲究“虎头”、“猪肚”、“豹尾”，即“起要响亮，中要浩荡，收要雄壮”，这同样适用于广告文案的写作，写一个引人入胜、突出醒目的“虎头”，再用大量的事实、流畅的语言构造一个充实的“猪肚”，接着在最后督促消费者采取购买行为，用“豹尾”起点睛作用。

### （二）使长文案便于阅读

为了使长文案更便于阅读，思路显得更清晰，可以适当地加上小标题，使文案变成几大块。

为了提高读者阅读长文案的兴趣，可以在大标题与正文之间插入副标题。长文案的重要段落要用黑体或斜体排成，以增加多样性，避免版面单调。不时加进插图。用箭头、弹形记号、星号和边注等符号帮助读者往下读。

文案写作人员切莫以为长文案就得长，人们不愿意在广告阅读上花太多的时间，所以长文案的写作在表达其丰富信息的同时，务求简短、明了。有一个不错的练习方法：在起稿时先不要考虑长度，写好了之后则毫不留情地删减。

## "波多黎各" 工业招商广告

**标题：现在"波多黎各"对新工业提供百分之百的免税**

拜尔斯利·鲁姆尔

**次标题：总督缪拿兹（Munoz）说：**

"我们不要'逃迁的'的工业，但我们确在寻找'新的'与'扩展中的'工业。联邦税法不适用于'波多黎各'，而本邦也提供豁免全部地方税。这就是为什么317家新工厂已经设立在'波多黎各'的原因，这些保障都是美国宪法所赋予的。"

为了提高"波多黎各"生活水准而做的一项戏剧性的邀请，本邦政府现在正提供美国制造厂和如此压倒性的鼓励，因而已有300家以上的新工厂建立在这个距佛罗里达海岸961英里的充满阳光的海岛上了。

最大的鼓励驱策是对绝大多数设在"波多黎各"新厂的制造商都给以百分之百的免税。

例如：

假如你的公司今年在税后净赚53 500美元，你如在"波多黎各"则净利就会是10万美元，多赚87%，只因为联邦的所得税法不适用于"波多黎各"，而一切地方捐税也一概全部免除。

一项对一家俄亥俄州公司最近的分析显示，由于税金的免除与经常费的节省，把新厂设在"波多黎各"将把它全年的净利从187 000美元增至442 000美元。

在"波多黎各"的公司中，你的股息如得到5万美元，而你如在美国只净得25 000美元，因为联邦个人所得税法也不适用于此地。

**小标题：关于劳工怎样？**

"波多黎各"大量供应为数65万的男女劳工，都具有相当高程度的生产能力与效率——这一部分要感谢本邦政府的职业训练学校。这些学校也为经理人及监督人提供特别的课程。

在技术能力方面的进步也许要用如今有28家工厂生产精密的电子设备这件事实来计量。

在美国的公司中已在"波多黎各"设厂生产的有"西凡尼亚电气公司"（Sylvania Electric）、"卡宝蓝顿公司"（Car-borundum ComPany）、"圣·来吉斯纸业公司（StRegis

PaPer)、“雷明顿·蓝德”(Remington Rand)、“尤尼魏斯·连斯”(Univis Lens)、“美国皮鞋公司”(Shoe Cor-POration of Amerha)、“魏斯顿电气公司”(Weston Electric)。

**小标题:“接近乐园”**

注意听一下“圣·来吉斯纸业公司”的副总经理克理士坦生(Christensen)所说的:“这里的气候可能是人类所能见到的最与乐园接近的地方了。我发现一般讲来,波多黎各人极为友善、有礼貌并且合作。”

“在‘波多黎各’的这个工厂是我们在品质与产量两方面最有效率的工厂之一。我们的劳工在一切情况之下都有极好的效果。”

克理士坦生可能还加上说,全年12个月气温总是停留在温和的七十几华氏度,你住在屋外就行了。

游泳、划船与钓鱼,真是世外桃源。而你的太太也会为听到家事有充足的帮佣而欢欣。

**小标题:“波多黎各”的最好时刻**

假如你决定把你下一个工厂设在“波多黎各”,你将不只得到由于免税而得到的经济上的利益以及政府的协助,你也将发现是作为提升作业的极好刺激,以及参与西半球成长最快的社区的光荣,这也许是“波多黎各”最好的时刻。而决定成为其一部分的美国制造商在财务上及精神上将不会得不到报偿。

本邦将会不遗余力地协助你启动。它将为你建立工厂,它将帮助你获得财源,甚至会代你选择安排人事——然后训练他们来操作你的机械。

**小标题:运输情况**

“波多黎各”与美国大陆之间有六家轮船公司及四家航空公司有定时航运服务。从纽约到“圣胡安”(San Juan 波多黎各之首府)乘飞机只要五小时半。

有利的运输情况能使一家住西部的制造商在“波多黎各”建立一个较大而更有效率的工厂,以代替在美洲大陆建立两个较小的工厂——并能很经济的为加州及纽约两个市场服务。

重量轻的货品,像雷达组件等,今天离开在“波多黎各”的生产线,用航运明天就会在洛杉矶、芝加哥或其他各美国大陆城市交货。并且当然,对美国大陆任何种类的交易都不课税。

**小标题:你是否合格?**

总督缀拿兹说:

我们所拉的是新的资本家,我们的口号不是

“把某种旧的移到‘波多黎各’来”,而是

“在‘波多黎各’开始某种新的”或者

“扩展到‘波多黎各’来”。

本邦正对一切适合的工业产生极大的兴趣而加以吸引，特别欢迎电子工业、男女服装、编织业、鞋业及皮革业、塑胶业、光学商品、人造珠宝业、小家电用具及医药用品等。

想得知全部事实以及确知你及你的公司是否合乎完全免税条件，请电告我们离你最近的办事处。

纽约……MUS. 2960……第五街579号

芝加哥……AN3. 4887……西门罗街79号

洛杉矶……WE. 1225……魏勒瑟5525号

或寄下联以换得免费手册

---

波多黎各各邦政府

经济发展部

纽约第五街579号西5部

请赐寄“商人的事实”一册，本人对下列圈定工业所得之优惠极有兴趣。

电子工业　服装　珠宝

医生　塑胶　光学

其他__________________

姓名__________________

公司__________________

地址__________________

这一长广告文案是富有效果的广告，给“波多黎各”带来了许多新工业。这一长文案用浅显、流畅的语言，严谨的结构，雄辩的事实说服了目标受众。

## 第二节　系列广告文案

广告一词最早源于拉丁文 Adverture。意为“大嚷大叫以吸引人注意”，广告要产生作用的先决条件就是引起注意，能否产生新异刺激是广告吸引受众注意的一个重要因素。一个广告要产生新异刺激，首先得有与众不同的创意，另一个重要方法就是重复。面对日益喜新厌旧的广告受众，重复多了尽管会引起注意、形成记忆，但是会引起受众的反感甚至厌恶。解决的办法之一是创作系列广告，系列广告能对某一广告主题进行反复、多角度地诉求，既提高了受众对广告主题的注意率，又具有一定的新异性，满足受众求异、求新的心理。

## 一、系列广告的含义

系列广告目前广泛地存在于各类媒体上，尤以平面媒体居多，它们从不同的角度、以不同的方式服务于同一个广告主题，使广告作品能围绕一个核心创意得以延续下去。创意指的就是将抽象的信息给予具象的表现，核心创意是在时间和空间上都可以延续的创意主张，在核心创意的基础上可以发想出一系列很有原创性、单纯的广告表现。例如，“绝对伏特加”以瓶型和名称发想广告创意，它的“绝对城市”系列广告通过将“绝对”的瓶子或者其轮廓与城市完美结合，通过“绝对”的眼光，把它对一个城市的看法和态度表现出来。充满了智慧和调侃的味道，在这一核心创意的基础上可以延伸出一系列的广告。例如，美国城市系列中的绝对曼哈顿（Absolut Mangattan），将纽约空照图中的中央公园做成酒瓶形状；绝对圣弗朗西斯科（Absolut San Francisco）以烟雾将酒瓶遮住，只露出瓶颈，显示出旧金山多雾；而风大的芝加哥，风大得将绝对“芝加哥”（Absolut Chicago）酒瓶上的字都吹掉了；Absolut L. A. 将游泳池制作成酒瓶状，表现 L A. 生活奢华的格调；. 而在绝对北京篇里，把酒瓶放存在了京剧脸谱上。

系列广告就是指在核心创意的基础上延伸出的主题与风格相同，而在画面、文案上又有所变化的一系列广告作品，其数量一般在三则以上。系列广告通过对核心创意的延续可以形成一股合力和气势，使广告的诉求重点更加突出，最终达成广告目标。并不是同一品牌在某一广告运动中所刊播的所有广告作品都可以称之为一个系列，系列广告必须具备一定的条件才能成立。

## 二、系列广告的特征

### （一）以核心创意为中心

核心创意是指在时间和空间上都可以延续的创意主张，它能够通过一定的方式将抽象的广告诉求给予具象而艺术的表现。例如，英国 Wallis 牌时装“服装杀手（Dress to Kill）”系列广告，通过四个动感十足、震撼力强的画面表现 Wallis 牌时装的致命吸引力。

广告一：因专注穿 Wallis 牌时装的女人，某男人驾驶的轿车一头撞向海边的栏杆……

广告二：因扭头注视穿 Wallis 牌时装的女人，某理发师的剃须刀正歪向理发者的脖子……

广告三：因侧目注视穿 Wallis 牌时装的女人，某人开着的锄草机正驶向躺在草坪上看书的男人……

广告四：列车正进入桥洞时，因探头注视穿 Wallis 牌时装的女人，列车员的头正要撞到桥洞的边上……

这一系列广告围绕时装的魅力，通过表现某人因专注于观看穿 Wallis 时装的女人而使自己或他人陷于危险境地，着重表现的是“致命”前的一刹那，因此显得极具悬念。根据这一核心创意我们可以继续延伸下去，如可以表现在高空作业的工人因专注于观看穿 Wallis 时装的女人而不慎碰落一大块石头，而石头下面有一过往行人；也可以表现一铁饼运动员因扭头观看穿 Wallis 时装的女人，将铁饼投错了方向，即将砸向无辜者……

系列广告的几则广告文案可以不一样，画面表现可以存在差异，表现的内容也可以不同，但是必须有一个共同点：以核心创意为中心，围绕核心创意来表现诉求点。

（二）内容的关联性

系列广告是在某一时期内，在统一的广告策略的指导下推出的几个不同的广告，它们联合在一起达成同一个广告目的，它们可以对同一个诉求点进行不同的表现，也可以从不同的侧面对同一个主题进行说明。但是在诉求的内容上必须有某种关联性，如果各自为政、风马牛不相及，就无法称之为一个系列，当然也就达不到强化主题、加深受众印象的目的了。

## “锦城花园”平面广告文案

广告一：

标题：精品是一场百分之百专业的演出

正文：精品，不论音响、名贵钢琴或名宅，予人印象最深之处就在于其自始至终的专业水准。锦城花园从选址开始，到方案论证，规划设计，建筑施工，再到园林规划，会所布置，以至选材用料的细致考究，无不体现出 100% 的专业精神和严谨态度。专业演出，当然赢来喝彩声，掌声不断。锦城花园最后一次展销活动 12 月 25 日开始，同日举行“精彩千禧，精品锦城”活动，敬请光临。

广告二：

标题：精品是一种不会过时的气质

正文：精品无论名车、名表或者名宅，一如有品位、有身份的人。自有一份不凡气质。这种气质。不会随时间而悄然流逝。锦城花园，自两年前翩然进入广州人视野，一直以其作为精品住宅的典范令眼光独到的人心仪、追逐。渐成为 20 世纪最后三年年的扛鼎之作。这一次，锦城花园最后一次展销活动即将开始，请有关人士垂注。

广告三：

标题：精品是一份对细节的坚持

正文：精品。无论时装、家私或住宅，源于对每一处细节的不妥协。要缔造精品住宅，除了精湛的技艺，还需要建设者们有一种理想主义的热情、品质有一份近乎偏执的坚持。锦城花园，之所以两年多以来。一直稳居广州精品住宅之首席，再一次证明它的细节之精，已得到人们普遍认可。

这三则广告用比喻的手法，从不同的角度阐述了锦城花园缔造精品的不凡气度和追求以及为此付出的不懈努力。在第一则广告文中强调锦城花园从设计到施工的专业水准和严谨态度，第二则广告则强调锦城花园的“不凡气质”，是广州房地产产业的“扛鼎之作”，第三则广告文案告诉消费者锦城花园之所以称作精品就是因为用“精湛的技艺”对“细节”的认真。三则广告将住宅与“音响”、“名贵钢琴”、“名车”、“名表”、“时装”、“家私”比附，突出的都是“精品”二字，隐含着一种考究、高贵、大气、从容的气度。

（三）风格的统一性

系列广告的每个单则广告在表现风格上都具有统一性，无论是画面的构图和色彩对比，还是语言的表述风格、行文方式，都具有一致性，这样可以形成一种磅礴的气势，并体现整体的完整性。

## “蔚蓝海岸”平面广告文案

广告一：

标题：叫她多喝水，她说到泳池喝。

正文：我说，泳池的水怎喝得？/一脸的讶异递向她。/她说，多少年没挨过水了，/都不知自己还会不会呢。/现在是自己的家，/喝几口有什么？/看着她急傲傲地下去。/我想，/这就是女人吧，/给了她爱，给了她保护，/她竟一下扎了进去。/连浴巾都不拿。/女人真好玩。/你也带上自己的女人来蔚蓝海岸看看？/有些真情需要实地考察。

广告二：

标题：她爸爸才回来，穿着我的拖鞋。

正文：怪怪的，我游泳那么好，/女儿偏不跟我学。/居然跟我说不安全。/她爸出差三个月。/装修都是我盯着忙完。/大半个暑假赶女儿下来玩，/她竞说作业没做完不肯。/现在看着就来气。/说什么跟爸爸练习水中憋气，/一下午就这么泡，/都不知要不要吃饭。/不常说妈妈的“小棉袄”吗?/我啥时才能穿。

广告三:

标题:遇到双层电梯,我先上去再下来。

正文:我住13楼。/常常等到的是双层电梯。/坐上去再走下来,/是热天里偷步的一个小办法。/楼梯间我看得多了。不是因为这层取巧。我还很难发现连这里都有装修。通通透透的观景大窗。光光亮亮的防滑地砖。像船舷似的楼梯扶手。其实一切也没什么。买楼时也没听谁说起过这些。不经意中看到些许常规中的意外,就忍不住有心情说说。

广告四:

标题:喏,腿老翘不直的,不就是你宝贝儿子?

正文:你儿子跟你一样,做什么都不规矩!现在看到了吧,这种学校才能改变他的习惯!你没上好学那是你的事,你儿子学不会你那一套,就非得有点真本事!你现在当然感觉好啦,什么事都不用你管,你看你看,你儿子看见我们了!快走!

广告五:

标题:我不认识她,我只知道,她和我住同一栋楼。

正文:深圳气候怪,说下雨就下雨。出电梯口时,我发现外面下着雨,很大。我站在那儿要走不走地犹豫着。她进来了,顺手把雨伞和一个温暖的笑递给我……那个下午的半天里。我都为自己住这个地方兴奋。挑上一个好家,遇上一些好人,这种感觉蛮不错。伞好轻。好透明。她长什么样子?好像一身白裙?她住哪一层呢?伞怎么还?

中国是一个非常注重自然、和谐的国家,建筑与自然要和谐、建筑与人要和谐、人与自然要和谐,最重要的是人与人之间的和谐……这五则系列广告用极具深圳地方特色的“白话”叙述方式,以第一人称自叙的口吻告诉了我们一些生活的片段,从而塑造了一个和谐的、充满人与人之间关爱的环境,生活气息浓厚,充满情趣。尽管叙述的角度各异,主角“我”也不停地在变换。但在整体的语言风格上是完全一致的,非常口语化,叙事的方式具有粤语的特征,显得真实、自然。

### (四)文案结构的一致性

系列广告的整个文案结构,标题、正文、广告语、随文结构方式表现出同一性。包括有无标题、正文、广告语、随文,正文各个部分的逻辑关系、每个部分的长度等都表现出一致性,有时甚至每个单则广告作品的文案完全相同,不同的是画面表现形式的变化。

邦迪创可贴的系列广告,其诉求对象为青少年,因为青少年精力充沛、活泼好动,容易受到皮肤的创伤,这一系列广告巧妙地将“成长的创伤”与身体的创伤结合起来,通过一些青少年成长过程中经常遇到的打击导致的心灵创伤来引起青少年的共鸣，从而博取好感。三则广告文案结构是一致的，只有标题，没有正文，而且标题还是完全一致的。

有一些广告文案标题不同，但是正文内容完全一样，这样的广告表现主要通过标题与画面的配合来产生变化。

三则 TCL 精鼎电脑广告，正文内容完全一致，主要通过一些理性的数据来支持标题的诉求点，其标题分别为：

标题一：超纤机身，超强功能。率先采用新一代架构设计，谁可超越？

标题二：超纤机身，超静运行。秒针 26 分贝、容积 6.4 升的精鼎 S100 只有 23 分贝。

标题三：稳定性能，超纤机身。6.4 升容积小机箱，谁能比拟？

第一则广告标题表述的是电脑的“超强功能”，画面用瑞士军刀来比喻；第二则广告表述的是电脑的“超静运行”，画面用钟来比喻；第三则广告表述的是电脑的“超纤机身”，将电脑机箱与文件夹对比。通过画面与标题的配合，形象化地表达了 TCL 精鼎 S100“可能是有史以来至纤、至静、至强的商用台式电脑”。

### （五）表现的变化性

以核心创意为中心、内容的关联性、风格的统一性、文案结构的一致性，这些都是指系列广告的统一性，没有这些统一性，各则广告就是分散的、各自为政的单则广告，无法形成一个完整的系列。但是单则广告在保持同一的基础上一定要有变化，并非完全机械地重复，可以适当在图案表现、标题或正文的关键词句上加以变化，传递更多、更广泛的信息。

系列广告表现的变化性可以说是系列广告的优势和特征，写作系列广告文案要考虑在统一格局中，针对广告的信息内容和产品特征，对关键信息和诉求点进行有效的变化，以达到广告效果的最大化。

## “万科花园新城”平面广告文案

广告一：

这是一个万科花园新城的广告/假如你还不知道它在哪里/假如你还需要在广告的右下角看到位置示意图/那么，翻过这一页吧，朋友/第二期 105—200m$^2$3 100 元/起价　T：24223355　24223365

广告二：

这是一个万科花园新城的广告/假如到目前为止。你还没听说过它的名字，虽然是你的朋友数量有限/假如到目前为止，还没有一个朋友向你提起过它，那你显然不在恰当的社交圈里活动/那么，翻过这一页吧，朋友/第二期 105—200m$^2$ 3 100 元/起价 T：24223355 24223365

广告三：

这是一个万科花园新城的广告/假如在第一眼我们还不能深刻地打动你/假如在你到达我们这里的 5 秒钟之内，你还不能产生拥有它的欲望/那么，翻过这一页吧。朋友/第二期 105—200m$^2$3 100 元/起价 T：24223355 24223365

广告四：

这是一个万科花园新城的广告/假如第一眼你还不能认出这是哪里/假如你还需要看到更多的图片和文字说明/那么，翻过这一页吧/第二期 105—200m$^2$3 100 元/起价 T：24223355 24223365

广告五：

这是一个万科花园新城的广告/假如看到这张取自现场实景的照片，你还想象不到它里面住着什么样的人/假如透过这扇门，你还不能想象里面的客厅以及卫生间有多大/那么，翻过这一页吧，朋友/第二期 105—200m$^2$ 3 100 元/起价 T：24223355 24223365

广告六：

这是一个万科花园新城的广告/如果你以为这是一个高手制作的效果图，显然你很久没有去过哪儿了/如果你以为这是一幅国外某住宅的照片，显然你还不知道它在哪儿了/那么，翻过这一页吧，朋友/第二期 105—200m$^2$3 100 元/起价 T：24223355 24223365

这一广告系列是沈阳万科花园新城的地产广告，画面非常简洁、大气、现代，标题、随文完全一致，正文部分句式是同一的，都用了“假如”、“那么”这样的假设句型，用反面诉求来激发人们的好奇心和好胜心，每个单则广告在诉求内容上都有变化，用横向扩展的方式，多角度地展现了万科花园新城已有的知名度和美誉度，彰显出万科花园新城的气魄。

## 三、系列广告的优势

### （一）避免重复带来的枯燥

消费者对广告的接触属于被动接触，在低涉入状态下消费者不会主动去关注广告的内容，要使消费者对广告产生注意，必须增加广告呈现的频率，以提高产品知名度。但是地毯式轰炸的广告传播是以牺牲产品美誉度、品牌形象为代价的，过度的重复使消费者无处可逃，无奈之下称这种铺天盖地的广告为“广告暴力”，这类遍地开花的广告在提高认知率的同时，也给消费者带来了反感。

另一方面，人类的感觉器官都有适应性，不断重复的广告失去了新奇性，使人产生一种条件性的非觉察现象。系列广告虽说诉求同一个主题，但在统一中有变化，既能带来新异性的刺激，又不至于引人反感。

（二）整合的力量

系列广告在统一中有变化，变化中又蕴含着统一的主题和风格，各则广告之间通过整合产生单项效果的合力，效果会大于单则广告效果相加。在有些系列广告中，广告文案所有的结构部分都不变，只有广告中的画面内容或画面排序、构图进行一些有机变化；有些系列广告文案内容虽发生了变化，但是在文案结构、行文方式、风格上保持了同一性。通过系列的连续刊播对受众进行连续的传播和沟通活动，形成一种持续的影响力和宏大的广告气势，可以多次反复对受众进行说服。

## 耐克平面广告

广告一：女人为了男人穿鞋，男人教女人走路

为了用婀娜多姿讨好他，你穿上了高跟鞋，你含蓄地用欢迎鉴赏的态度在他目光可及之处来回游走。慢慢慢慢慢慢地走，走成了习惯，走成了行为，走成了思想……走不出他的目光围栏，因为在你穿上高跟鞋的时候，就收起了双脚，走路成了一件陌生的事。所以，走不出路来的女人，只好安分守己地等着。

广告二：男人教女人走路，你决定自己穿什么

找出你的双脚，穿上它们。跑跑看，跳一跳……用你喜欢的方式走路，你会发现所有的空间都是你的领域，没有任何事物能阻止你独占蓝天。意外吗？你的双脚竟能改变你的世界。没错，因为走路是你的事！怎么走由你决定，当然，也由你决定自己穿什么。

广告三：男人决定女人的曲线

你有没有发现，当男人对你的身体说话时，你也不经意地开始用身体回答。甚至你要求自己以最奇怪的礼貌回答——用男人喜欢的数字。所以，你开始忙着装潢你的身体，直到你可以用标准过度的曲线，优雅地招摇着，而男人也很合作地用视线封你为王。为了独享臣民的眼光，你执着于那三个数字。于是，你有了一个合成的身体。瞧！女人就是这样失去了自己的身体，因为女人让男人决定女人的身体。

广告四：三围只是买衣服时的尺寸罢了

“标准三围”是男人窥视女人的借口，36、24、36则是男人虚荣程度的量化，男人就是这样用女人的身材布下陷阱，然后光明正大地骚扰你。别赞成男人好色！把男人的

观点从女人的曲线上驱逐干净。因为，对女人而言，三围只是买衣服时的尺寸罢了。

要把女人几千年来所受的思想束缚用几句简短的广告词形象地表达出来，使女人彻底摆脱“女为悦己者容”的观念不是一件容易的事，要完成这一使命非系列广告莫属。以上是“耐克”又一引导流行的广告，它用灵气四射的语言，充满魅惑的语言，泼辣的行文，号召女性抛开男人的眼光，自己做主。通过四则广告从各个角度传递了“标准三围是个坏名词”的观念，认为女人应该跳出男人的眼光的桎梏，自己“决定自己穿什么”，说得鞭辟入里、入木三分，四个一组的系列广告很有震撼力，体现了一个时尚前沿品牌的气度。

（三）从各侧面对主题进行说明

广告必须单纯，围绕一个诉求点展开，坚持一个广告中就集中说一点，简单、单纯的承诺。说的点过多，容易让消费者遗忘甚至搞不清楚。如果想面面俱到，必定会面面不到，反而达不到效果。多则表现不同内容的广告文案，既可以针对一个诉求点进行详细、细致的说明，又可以较为全面地、多角度地表现广告信息，满足受众对广告信息深度了解的需求。

## 《北京晚报》平面广告文案

**广告一：**

标题：生活，不晚报！

正文：

我知道，生活偏爱我

它没有给我漂亮宽敞的大房子

没有给我令任何人羡慕的高级轿车

没有给我超群的才华

难得的机遇和一大群神通广大的亲戚朋友

却给我一个她和一个小小的家

生活是平凡的乐趣，生活是续写的热情

生活是季节的更迭，生活是顺逆的交替

生活是重复与被重复，生活是改变与被改变

生活是面对与被面对，生活是爱与被爱

生活是新鲜的空气，生活是呼吸的权力

生活是骚动的欲望，生活是不能晚报的每一天

生活是彼此的默契，生活是相互的惦念

广告语：晚报不晚报

广告二：

标题：时尚，不晚报！

正文：

当它开始被我的目光审视

它就不再是一条平凡的领带

我同意，我的眼光可以改造一切

无论是她的一个手包

还是一条无人问津的领带

时尚是独自的占有，时尚是他人的匮乏

时尚是过时的未来，时尚是超前的现在

时尚是羡慕与被羡慕，时尚是学习与被学习

时尚是领导与被领导，时尚是超越与被超越

时尚是新鲜的空气，时尚是呼吸的权力

时尚是明天的生命，时尚是不能晚报的每一天

时尚是领导的艺术，时尚是独占的特权

广告语：晚报不晚报

广告三：

标题：新闻，不晚报！

正文：

一件事情发生了

身上的每一根神经都开始兴奋

从在电脑上编排完的最后一个字

到把片子送到印刷厂

就注定我们总是比事件晚一步

新闻是瞬间的历史

新闻是火热的文字

新闻是焦点的主人

新闻是生命的诞生

新闻是诉说与被诉说

新闻是阅读与被阅读

新闻是打动与被打动

新闻是公开与被公开

新闻是新鲜的空气
新闻是呼吸的权力
新闻是今天的过去
新闻是不能晚报的每一天
新闻是高明的诉说
新闻是公开的秘密
广告语：晚报不晚报

面对日报的竞争，发行时间晚了半天的晚报明显处于劣势，《北京晚报》化劣势为优势，大量报道当天上午的最新新闻，大大增强了新闻的时效性，“晚报不晚报”这句广告语的提炼可谓独具特色。通过“晚报不晚报”这一核心诉求点的联结，《北京晚报》刊登了这一系列为不同版块创作的广告，通过句式的排比形成一种流畅、雅致、简约、明快的气势，表明了《北京晚报》对生活、时尚、新闻的态度，延展了人的联想空间，让人过目难忘，充满了一种人文关怀的力量，正好与《北京晚报》的办报方针相吻合。

## 四、系列广告的主要类型

系列广告可以依据不同方式分为不同的类型，例如可以根据表现形式的变化分为悬念式、描述式、论辩式、自述式、生活情景式等，根据表现结构的变化可以分为标题不变正文变类型、标题正文均变类型、标题变正文不变类型以及标题正文均不变类型。另外，根据广告文案所表现的信息内容之间的关系，可分为以下三种类型：

### （一）信息一致型

信息一致型的系列广告文案，是对同一诉求内容进行反复的、不同角度的表现的广告文案。有时广告将同一信息，通过不同的表现形式进行拓展；有时广告文案内容不变，只在画面表现上有所变化。对同一信息的多角度表现方式，形成一个风格独特的广告系列。

如美菱冰箱的一个系列广告，三则广告标题都为“美菱冰箱锁住水分，留住营养与水分，保鲜时间延长50%，食物时间保持长短是冰箱品质是否优异的重要标志”。正文在内容上也没有任何变化：“美菱保鲜，独创‘生态保鲜概念’，具有冰温保鲜、湿冷保鲜、抗菌保鲜、透湿保鲜、除臭保鲜、速冻保鲜六大专利技术。不仅能有效消除有害病菌，保护食物营养成分，去除异味，更为食物提供仿生态保存环境，将食物保鲜时间延长50%，实现食物的长久新鲜，让你享受21世纪新鲜营养、健康文明的生活。”画面上通过水果被扣起来、被锁锁住和拉链封住的不同变化来表现“保鲜”，保持了信息的单纯和集中。

有时广告在表现内容、风格上一致，但在标题、正文的内容上略有变化，传递较为广泛的信息，从多角度对诉求点进行说明。

## 海王银得菲电视广告文案

1. 生日气氛浓厚的场景，一群年轻人围着大蛋糕点生日蜡烛。背景音效：生日歌（祝你生日快乐……）

2. （主观镜头）生日蜡烛被点亮，一个女孩对镜头外的寿星说："许个愿吧……"

3. （主观镜头）突然一个喷嚏"啊嚏！"，把蜡烛全吹灭了。

4. 黑场。字幕：关键时刻怎能感冒?！旁白：关键时刻怎能感冒？

5. 产品伴随着一声刹车声，急驰飞入画面。吱——（刹车声）。旁白：治感冒，快！海王银得菲！

6. 海王品牌标版：在碧波荡漾的海面上托出海王的标志。字幕：海王　健康成就未来海涛声。旁白：海王　健康成就未来

系列广告的其余几篇分别是："剃头篇"（第二天有重大演出，发型师打了一个喷嚏，全毁了）、"中奖篇"（买了一年彩票终于中奖了，突然一个喷嚏，彩票消失在狂风中）、"宝宝篇"（使尽浑身解数，终于哄得宝宝入睡，突然一个惊天动地的喷嚏，惊醒了宝宝，哭声顿起）……这一系列的电视广告通过不同的场景，表现感冒的症状——"打喷嚏"毁了人生的关键时刻，对"关键时刻怎能感冒"这一诉求点进行了反复的诉求，因此，快点治愈感冒是当务之急。

### （二）信息并列型

信息并列型的系列广告文案，是将广告主题分解几个诉求点，每一则单个广告表现其中一个诉求点，让受众从各个侧面了解到足够的广告信息。有时可以将同一品牌的不同系列产品并列表现，有时可将某一产品的各个特性在单个广告中表现。有时可在系列中的第一则广告文案里，采用总括性的信息表现。而在后几则广告文案中分别列出不同的侧面来表现，第一则文案和后几则文案有一个总与分的关系。

属于信息并列的系列广告文案，可以多角度地、全面地传递广告信息，让受众从各个侧面了解到广告主欲告知的方方面面的广告信息，对受众进行全面、深入的说服。

## 动感地带平面广告文案

**广告一：**

标题：亮出特权身份　就在动感地带

正文：只要一张动感地带 SIM 卡，特权身份就是我的。除了基本的通话功能，还拥有四大特权任我享用：话费节约权——多种动感资费套餐供应，让我放下话费包袱，轻松饱尝沟通乐趣；手机常新权——新我工具常有新款手机打包给我，旧的没去，新的已经来了；业务任选权——业务极大丰富，听的说的、看的玩的，都是我变着花样想要的；联盟优惠权——N 多厂商与我联络，吃穿玩用都有特殊待遇，别人的地盘，正在变成我的地盘。我爱这特权，爱这里的东东特别全。“动感地带”（M－ZONE）——我的地盘，听我的！

**广告二：**

标题：别人的地盘　正在变成我的地盘

正文：不是吹牛，动感地带真的给了我特权——从麦当劳开始，N 多厂商与我联盟，吃穿玩用每一个喜欢的牌子都可能给我特殊优惠，别人的地盘，我也要当家做主。还等什么，现在就加入动感地带，享受越来越多的联盟特权优惠吧！“动感地带”（M－ZONE）——我的地盘，听我的！

**广告三：**

标题：换机狂热分子

正文：对手机，我有权利喜新厌旧。喜欢索尼爱立信 T312，也喜欢西门子 S57；喜欢诺基亚 7250i，还喜欢厦新 A8698 和三星 S208……只要是动感地带为我专门定制的新款手机，与各种新鲜业务打包，我就能得到“1＋1 小于 2”的优惠。轻松换机的同时，享受彩信、GPRS 上网、N 多游戏下载和各种特色咨询等，话费也省下不少。旧的没去，新的已经来了。“动感地带”（M－ZONE）——我的地盘，听我的！

这则系列广告文案主要传达的信息是动感地带的多样化服务，其中第一则广告为总括，对各个服务进行了简略的说明，其余几则分别传达几个方面的信息，这些信息互相并列，分别诠释主信息的不同侧面，使主信息更为明确、可信。广告以年轻人的口吻对动感地带的服务进行阐释，用口语化的表达方式、充满时代特色的词汇，表现了一种个性的张扬和释放，体现出动感地带“时尚、动感、好玩、探索”的品牌个性。

### （三）信息递进型

信息并列型和信息同一型的系列广告一般可以独立地传达广告信息，而且顺序可以调换，而信息递进型的系列广告不能随意调换顺序。随着广告的刊播，诉求的信息在一步步地深化和发展。信息递进型的系列广告文案，是将所要传达的广告主题一步步深化，使受众由浅入深地了解广告信息。有时候信息递进型的广告文案通过造成悬念来激发受众寻根究底的兴趣，使企业和受众之间能达到一种长时间的沟通。

## 和信“轻松打·爱的选择”系列广告

**广告一：**

字幕：爱的选择1。

台北车水马龙的街道，小齐在路口放了一个红色三角形的标志。

琳达的生日聚会，字幕出现：琳达的生日会，琳达焦急地等待着。

在街头，小齐的车正被拖车拖起，字幕出现：小齐的车坏了。小齐拿着电话说：“哎，琳达……”

生日会上，琳达接电话，生气地说：“你再不来就不用来了。”

小齐无奈，此时生日礼物在车上被拖车拖走了。

生日聚会，琳达在朋友的簇拥下吹灭了生日蜡烛，分吃生日蛋糕．琳达难掩失落，此时小齐冲入，琳达愤愤不平地将蛋糕摔在桌上。

台北街头，小齐坐着发呆，小齐走入一间餐厅，拿出手机看是否有女友电话，接着失望地放回裤兜。

在保龄球馆，小齐打球不顺利，眉头紧锁，正准备推球，安琪出现，字幕：安琪出现。安琪微笑着对小齐说：“哎，轻松打嘛！试试看这个吧！”安琪递给小齐一个护手绷带，小齐感激地接过，在安琪的陪伴下，打球异常顺利，小齐和安琪击掌庆祝，小齐将护手绷带解下，递给安琪。说：“对了，这个还给你。”安琪说：“送给你吧。”小齐说：“谢谢。”

小齐与安琪在保龄球馆前分手。

字幕：投票专线：(02) 2755－2666。

旁白响起：小齐应该选琳达还是安琪，由你来决定，还有机会中大奖哦。

小齐旁白：轻松打，爱的选择。

字幕：和信．东荣全区服务。轻松打，爱的选择。

**广告二：**

字幕：爱的选择2。

字幕：琳达家门口，小齐按了门铃却无人回应，小齐情绪低落，在门上留下一张“Sorry”的字条后，黯然离开琳达家。

傍晚时分，街头的车辆、人潮川流不息。字幕：琳达下班。琳达从公司出来。

小齐低着头走在路上，拿起行动电话发了条简讯给琳达，希望琳达能有回应。

刚下班的琳达，收到小齐的简讯“4459速速回家”，琳达再看看贴在大哥大背面，她与小齐甜蜜合照的相片贴纸，不禁露出一丝笑容，快步朝回家的路上走去。

小齐失神地走在路上，安琪走过，小齐看到安琪，字幕：安琪出现。小齐看着安琪经过“轻松打”广告布旗。灵机一动，到店内买了套“轻松打”。

马路上，小齐追赶安琪，在斑马线上大叫“安琪”，安琪回头，小齐笑着把“轻松打”递给了安琪，说：“送给你。”安琪微笑着问：“为什么？”小齐微笑：“你不是教我要轻松打吗？”安琪禁不住扑哧一笑。

琳达回到家门前，看到小齐留在门上的道歉字条，露出了甜甜笑容。

街头，安琪对小齐说：“明天我有比赛，你答应会来，我才收下。”小齐高兴地答应，说：“好，我一定到。”安琪愉快地接过小齐递过来的产品包装。

字幕：投票专线：(02) 2755－2666。

此时，小齐的电话铃声响起，小齐“哦”了一声，从裤兜里拿电话，不好意思地对安琪笑笑，荧幕上显示“Linda”来电。

旁白响起：小齐应该选琳达还是安琪由你来决定，还有机会中大奖哦。

小齐旁白：轻松打，爱的选择。

字幕：和信．东荣全区服务。轻松打，爱的选择。

**广告三：**

字幕：爱的选择3。

琳达由电梯出来，在马路上电话响起，琳达低头从包里拿出电话。

马路上，小齐手拿电话，说“你转过头来看一看啊”，琳达回头。在街上大型显示屏上出现：“琳达，I love you，小齐”的图案，琳达欣喜地四处找小齐。

小齐跑出来与琳达相拥，两人甜蜜地头与头相碰，此时电话响起，小齐不经意拿出电话，荧幕上显示“Angel”来电，小齐尴尬，琳达说：

“你可以轻松打啊。”小齐笑笑拿起电话：“喂？”

小齐旁白：轻松打，爱的选择。

字幕：和信．东荣全区服务。轻松打，爱的选择。

和信的“轻松打·爱的选择”系列广告是由智威汤逊广告公司创意制作的，这则移动电话预付卡广告成功结合连续剧剧情式的期待，通过悬念式的广告引发了观众与企业的互动，播出后有80万人次参与投票，最终安琪以多数票最终成为小齐的选择。在活动最后，电视上播出了观众选择的安琪版的结局。

**广告四：**

字幕：爱的选择4。安琪的保龄球赛。

保龄球赛场，观众席上座无虚席，安琪用目光四处搜寻。安琪手拿球，放球，球打出，球瓶相继倒下，剩下两个球瓶分立左右两边，安琪正准备拿下一球，电话响起，安琪拿起电话问：“你在哪里呀？”小齐手拿电话，笑着说：“我正在看你呀！”安琪望向观众席，观众席上突然竖起“轻松打”的大纸牌，安琪轻松地笑了。安琪信心十足地放球，两个球瓶依次倒下，小齐高兴地叫“耶”，全场爆出如雷的掌声与欢呼。小齐向安琪道贺，两人紧紧相拥。

小齐旁白：轻松打，爱的选择。

字幕：和信．东荣全区服务。轻松打，爱的选择。

这一系列广告最大的成功之处在于利用了系列广告的优势，通过信息的逐步递进和深入造成悬念，充分地调动了观众的互动参与，在台湾播出后造成了轰动，成为人们街谈巷议的话题。

## 五、系列广告文案的写作技巧

系列广告不同于单则广告文案，它不仅要像单则广告文案那样追求自身的完整性和逻辑性，而且更为注重系列的统一性和互相配合。在进入系列广告文案的写作之前，首先要确定核心创意和整体风格。系列广告文案在风格表现、语言特征、画面构图等方面都应该是统一的。其次，就要考虑系列广告文案之间的关系以及各自诉求的内容。

系列广告文案的构思方式主要有两种：一种是横向扩展，一种是纵向延伸。通过横向的扩张和纵向的挖掘为每则广告定下诉求的内容，然后在核心创意的统率下，创作出风格统一的作品。

### （一）横向扩展

根据系列广告文案的主题和核心创意进行放射性的横向拓展，可以挖掘产品在某方面的各种特色，也可以将找到的某一产品特色用各种方式来表现。通过横向扩展方式构思的文案一般属于信息并列型和信息一致型的文案，这种文案可以反复地对广告主题进行诉求，增强广告的气势和说服力。

横向扩展一般来说有两种方式，一种是围绕某一核心诉求点，通过在产品中寻找各种支持点来进行表现，如下文的S&W罐头平面广告文案：

**广告一：**

标题：我们添加的惟一的东西就是盐

我们公司的鲑鱼没有必要添加油料以增其汁味。因为它们都是特别肥大的鲑鱼。这些健康的鲑鱼，每年溯游到菩提山之北的长长河川。如果我们在蓝碧河选不出理想的鲑鱼怎么办呢？我们会耐心地等到明年。为什么？因为如果不是完美的，不会被S&W装入罐头。

**广告二：**

标题：从50颗大粒的桃子里，S&W精选出5颗光是最好的还不行。S&W 挑选桃子的条件是：全熟，又圆又肥大。多汁而甘甜是理所当然的。

以此标准挑选出来的桃子，自然不多，而能贴上 S&W 标签的，更是经过精选后的少数。我们坚守此要求：S&W 不会把不完美的东西装入罐头。

**广告三：**

标题：一颗 S&W 豆子的际遇

这是叫做“完美”的特别品种

在西部广阔丰沃的土壤中育成

在它非常鲜嫩时就要采摘

它外皮的柔软度要经过测试

它的成熟度要用我们的圆熟度计来证明

它如砂糖般的甜美要由我们的老手亲尝

当它在这些方面都无懈可击，这粒豆子才能获得 S&W 的标签。

(这是无上的责任)

但是，如果它是不完美的，就不会被 S&W 装入罐头。

**广告四：**

标题：这些番茄仅供饮用

我们把炖菜用的番茄和饮用番茄区分开来。不少优秀的罐头业者，从收获的番茄里，选出较好的做菜用番茄，剩下的才拿去制番茄汁。这是很实际的做法。我们的做法就不太讲究实际。我们把加州番茄当作制汁用番茄来种植，一直等番茄长到柔软甜美，汁液饱满。这是旷日持久、耗费金钱的做法。但这也是 S&W 的方针。我们认为，这是把完美的制汁用番茄制成完美的番茄汁的惟一做法。它若非完美，就不会被 S&W 装入罐头。

**广告五：**

标题：我们把大鱼放生

小金枪鱼，简直就像小羊、小豆子、嫩玉米粒一样柔嫩。因此，S&W 绝不用大金枪鱼制作罐头。您把 S&W 的罐头打开。一定会发现里面是多汁的小金枪鱼。那如果捕到的都是大鱼呢？很简单，S&W 就不把它装罐。为什么？因为，如果是不完美的，就不会被 S&W 装入罐头。

以上的五则广告都是围绕“若非完美，就不会被 S&W 装入罐头”为核心展开的，在“选料精良”这一诉求点的基础上进行发散性的横向扩展，找到了严格挑选原料的五个方面，包括挑选“鲑鱼”、“桃子”、“豆子”、“番茄”、“金枪鱼”，从罐头业者的角度诉说对原材料选择的严格甚至苛刻的标准。五则广告形成一股合力，企业认真、负责的态度，产品优良的品质显露无遗，显得真实、可信。

另一种横向扩展的方法是围绕某一诉求点，在核心创意的指导下发掘不同的表现形式，这种方式主要用于构思信息一致型的广告文案。如广州佳美广告公司为金羚洗衣机设计了一个“脏系列”广告，广告标题叫做“有金羚洗衣机，衣服再脏也不怕”，这一系列广告的核心创意就是通过将衬衫变形为各种极其肮脏的东西来反衬洗衣机的清洗能力。根据这一思路，广告创意人员进行了横向扩展和发散，找到了垃圾畚箕、脏兮兮的扫帚以及满是污浊的踏脚垫这三种形式，具有原创性、震撼力和执行力，视觉冲击极强。

（二）纵向延伸

纵向深入与横向扩展一样也是围绕一个核心诉求点来展开的，但它又与横向扩展的构思方式不一样，它有一定的序列性，它所传递的诉求点有一个层层深入的过程。它可以按时间的序列展开，沿着时间的流程一步步往前推进；也可以将信息由浅入深地进行挖掘，在程度上有一个逐渐深入的过程。

## “麦斯威尔”罐装咖啡平面广告文案

广告一：

这是麦斯威尔小时候，现在即使已长大成人，还是藏不住曾经生为豆子的香，即使是藏在罐子里/说真的，麦斯威尔出了罐装咖啡。

广告二：

咖啡豆长大成人了，即使长得不再像咖啡豆，还是逃不了曾经生为豆子的香，即使不想喝……也难/说真的，麦斯威尔出了罐装咖啡！

这是麦斯威尔罐装咖啡的系列上市广告文案，围绕着“原汁原味”的特色，通过纵向延伸的方式，沿时间的序列表现了麦斯威尔咖啡由咖啡豆变成罐装咖啡的历程。

有的系列广告文案，将横向拓展和纵向延伸的构思方式相结合，从广度和深度两方面对广告信息进行立体表现。如“美林香槟小镇”、“七宗醉”的广告文案以七个半版一个整版的形式，从骄傲、嫉妒、愤怒、好色、贪吃、懒惰、贪婪这七个方面进行了诉求，这属于横向拓展，每一宗醉与圣经中的故事逐一对应，将“罪”变成了“醉”，逐步深入，淫荡与饕餮变成了好色与贪吃，罪恶变成了陶醉，仇恨变成了欣赏。

广告一：

标题：1 宗醉，骄傲 zui

一想到回家，去小镇的车子就骄傲起来

正文：

“把对时间和路的抱怨——留给风吧！”——车子说

"一到三元桥就掉头不见了，永远不听话的家伙！"——红绿灯说

"北京时间5点，回家的心情追不上回家的速度！"——我说

美林香槟小镇——杨林大道出口处即到，门前京顺、机场高速路，轻松汇入城市自然交通主动脉。一路没有红绿灯。从CBD到小镇——两大成熟高速绿化带一线直通，林涛树海归家路。

广告二：

标题：2宗醉。嫉妒zui

说起温榆河，Townhouse的心不由得嫉妒了！

正文：

"10年，终于交到一个不一样的朋友！"——别墅说

"30个10年，我等了300年！"——温榆河说

"如果，如果一切可以重来！"——Townhouse的爸爸说

美林香槟小镇——几百年未曾干涸的温榆河、随处可见的原生成木林，形成了小镇原生的自然环境。从1993—2003年——10年不断的成长，30余栋别墅的持续崛起，形成了第一代成熟国际别墅区。

小镇周边欧式商业街、国际贵族学校、Shopping Mall、高尔夫球场、马术俱乐部……一应俱全——成熟了10年的国际高尚生活氛围。

未来的国际会展中心也将迁至这里。

……

广告七：

标题：7宗醉，贪婪zui

house也精装?! 搬家的心情立刻变得贪婪！

正文：

"真正懂得的眼睛从不会忽略我！"——原木门说

"再大牌！这儿的装修风格也吃得消！"——家说

"第一次见面——未来的家给我留了个好印象！"——眼睛对我自己说

美林香槟小镇——国际品牌全精装。简约中性装修主张——1种家的共性。生长286种风格。

广告八：

标题：创镇/7宗zui

有香槟，就有成功和欢乐

正文：

1. 7日香槟之旅　永恒创镇灵感

2. 天竺核心“温榆河畔”

10年成熟国际别墅区——365日葡萄原乡生活

1. 宗zui：10年国际别墅区，zui成熟。

2. 宗zui：门前京顺机场路，zui高速。

3. 宗zui：仅限286户，zui“小”镇！

4. 宗zui：楼间距最大59米，zui空旷！

5. 宗zui：18.3%建筑密度，zui留白。

6. 宗zui：51%豪奢绿化率，zui原乡。

7. 宗zui：共性装修主张，zui精装！

“香槟”（CHAMPAGNE），其实是一个地区名称，位于法国东北部，距巴黎145公里，车程约两小时。我们通常所说的香槟区分两个部分，南部为香槟区，北部为亚丁区。按照法国法律规定，只有出产于这里的灰葡萄酒才可以叫做“香槟酒”，否则只能叫做“气泡酒”。

系列广告文案虽然能避免重复带来的枯燥，多角度、多方位地对受众进行说服，形成一股合力，但同时也意味着广告制作费的增加，对创意和表现的要求更高，工作量更大。因此，不要为系列而系列，如果单则广告文案无法吸引人的注意，也别期待几个广告文案能将受众的眼球吸引住。

## 思考·案例·练习

1. 长文案与短文案如何界定？

2. 举例说明长文案的类型有哪些。

3. 什么是系列广告？系列广告有哪些特点？

4. 举例说明系列广告的主要类型，各有什么写作特点？

5. 如何写作系列广告文案？

6. 在报纸上找到某篇平面广告，对之进行横向扩展和纵向延伸，将之发展成系列广告。

7. 技能训练

### EPSON原厂耗材

**广告主**

EPSON

**产品名称**

原厂耗材

**广告主题**

EPSON 原厂耗材推广

**产品介绍**

原厂耗材之保障。

(1) 品质保障：原厂无尘纯水的制程，墨水纯净不阻塞印字头；绝佳相片打印品质，色彩亮丽，层次分明不晕染。

(2) 技术保障：墨匣导流技术，喷墨顺畅不漏墨；CSIC 智能型芯片技术，实时掌握墨水存量，使用更方便。

(3) 服务保障：原厂免费保固及真品辨识服务；环保回收服务。

(4) 便利的通路：遍布全省的原厂耗材专卖店及全家便利店。

非原厂耗材之风险：

(1) 制程可能不严谨，使墨水混入杂质，造成印字头堵塞。

(2) 消耗大量墨水，重复清洁印字头，减少打印张数。

(3) 减短打印机寿命，同时无法免费享受原厂保固服务。

(4) 打印品质降低，无法与 EPSON 专利喷墨头控墨程序相得益彰。

**广告目标**

告知使用非原厂耗材的风险，建立使用原厂耗材的认知。

**广告目标对象**

(1) 20～45 岁。

(2) 重视打印机品质及功能。

(3) 喜好以照片纪录生活，并与朋友分享。

**使用方式/场合/时机**

(1) 家庭/个人相片打印。

(2) 文件/作业打印。

(3) 旅游/生活/聚会记录相片打印。

(4) 卡片、月历、T 恤、个性化商品制作。

**主要竞争者**

(1) 坊间耗材相容品。

(2) 仿冒品。

**产品定位**

EPSON 原厂耗材，绝色打印。

**品牌形象**

Epson 先生是对色彩极为讲究且富创造力与想象力的色彩专家，他不断运用各种科技的可能性，给消费者多彩多姿的影像生活。

**必要列入事项**

产品 LOGO

**资料索取**

网址：www. epson. corn. tw/imaging/index. htm

**训练要求：**

为 EPSON 耗材推广上市创作一则不少于3篇的系列广告文案，媒体和形式不限。

# 第8章 报刊广告文案

**本章知识要点：**

1. 掌握报纸广告文案特点及写作要求
2. 掌握杂志广告文案写作特点
3. 掌握报刊广告文案的类型

报刊以至整个印刷媒介的特点是通过书面语言传播。书面语言具有语法结构复杂、语句较长、词汇丰富、字词含义确定、同音字词不易产生歧义等特点。利用书面语言传递广告信息可以体现书面语言的各种特点。同时，书面语言又必须适宜媒介和广告特点做出最恰当的表达，才能使广告文案收到最佳的传播效果。本章即对报刊广告文案的写作进行介绍。

## 第一节 报纸广告文案

以报纸为载体，在报纸上发布的广告的文案就是报纸广告文案，它以文字为主要诉求符号将广告内容诉诸公众视觉。与广播和电视广告相比，报纸广告制作简单、费用低廉、发布方便，是目前最广泛最普遍的广告形式，是大小企业的首选。因此，写好报纸广告文案是广告人员必须具备的基本能力。

### 一、报纸广告文案的特点

报纸广告十分重视标题的创作。标题是报纸广告最重要的部分，它是决定读者是不是读正文的关键所在。具有高度浓缩性的标题，可以引起消费者的注意，并激发其购买产品的浓厚兴趣。总结报纸广告文案的写作，可以看出其中包括以下几方面的特点。

1. 发展成熟

报纸是现代广告中历史最为悠久的大众传播媒介，最早的有意识的广告文案写作也是从报纸广告开始的，所以现代报纸广告文案的发展最为充分也最为成熟。

2. 重要性强

报纸是供受众阅读的媒介，报纸广告文案也是以阅读为主的广告形式，因此广告文案的作用就显得尤其重要。

3. 快速及时

大多数报纸都是日报，广告文案交给报社后第二天就能见报，就能立即将广告信息传播给目标公众。这对于促销广告尤其能够起到立竿见影的作用，能在短期内产生广告效应。分类广告更是以短、平、快见长，是中小企业喜欢的广告形式。

4. 信任度高

报纸广告依靠报纸所具有的新闻性、权威性，无形中提高了读者对报纸广告的信任度。这一点对于大版形象广告是很有作用的，可以收到较好的效果。

5. 信息量大

报纸广告的版面大，有条件将企业或产品的信息更多地传达给公众。在制作关于企业形象宣传、新产品上市等内容的广告时，可以更详细地介绍企业或产品，避免了广播电视广告容量小的不足。

6. 覆盖面广

报纸的发行量大，有的可达上百万份，阅读人数则至少有几百万，因此信息的覆盖面很大。而且，报纸广告可以被长期保存，可以被相互传阅，还可以被认真仔细地阅读，因此可以使广告信息得到更好的渗透，发挥好的效果。

7. 费用低廉

相对于广播、电视等无线电波广告的高昂收费标准，报纸广告收费相对低廉。虽然电视广告功效好，但收费太高，对于中小型企业来说，往往可望而不可即。而报纸上的小型广告，在预算不多的情况下也能够多次刊登，发挥重复刺激效应。

8. 写作难度大

报纸广告文案的写作难度比较大，因为报纸广告文案直接以文字面对受众，而且这些文字又承担着吸引受众、说服受众的任务。报纸广告能否有效，主要看广告文案的写作水平。

9. 结构完整

报纸广告文案写作和其他以文字为主的文案写作一样，有比较完整的结构，应包括标题、正文、附文、广告口号等。由于报纸广告文案具有版面灵活、即时传播等特点，除了结构最为完整以外，所有广告文案的表现方法和表现形式在报纸广告文案中都可以使用。

10. 文图互补

报纸广告文案往往与图片配合使用，以达到相互补充的效果。由于报纸印刷技术的进步，制作图形或照片越来越简单，现在很多报纸广告都配有图片或照片。图文并茂，既展示了产品的形象，又增强了视觉效果，美化了报纸版面。这也是报纸广告发展的趋势。

11. 文案可长可短

报纸广告文案有长有短。分类广告由于版面很小，所以文案都很短，一般在十几个字或几十个字之间。形象广告因为要较全面地反映企业或产品的优势，树立品牌形象，所以可制作较长的文案，有的甚至有几千字到上万字之多。随着新闻竞争加剧，报纸的版面越来越多。广告主也日益成熟，除了追求及时的短期广告效果，他们还将注意力放到企业形象广告上，不惜重金购买报纸的整版或半版版面，发布长文案，以求得在社会上树立良好的企业形象，从而获得长期广告效应。

例如美国著名的 FICB 广告公司为休斯飞机公司撰写的一篇长文案。

## 科学·视野

休斯飞机公司采用先进的蒸汽注入法帮助解决了工业碳氢化合物对土壤和地下水造成污染的问题。采用这种方法，不必挖掘土壤就可以处理掉碳氢化合物。……这种补救方法是休斯公司采用现有技术解决环境污染的众多实例之一。

现在，一旦遇到自然灾害，即使最偏僻的边远地区，也能直接进入公众电话网，这是因为有了休斯公司制造的便携式卫星地面站……休斯公司设计的网路有 99.5% 的可靠性和可用度，是替代常规通信系统的理想手段……

无污染车辆即将投入批量生产。通用汽车公司生产的电动游览车，就是采用休斯公司制造的高可靠性、低成本的功率变换器和充电系统来供电的。这种变换器将直流电转换为交流电来启动汽车、改变汽车的速度。休斯公司的工作涉及许多与环境有关的领域，从开发无污染的汽车到研究无污染的生产工艺，为通用公司生产的游览车提供配件只是众多实例中的一个而已。

研究音质的人们现在可以采用休斯公司 3D 音响增强系统。这是一种独立的高保真元件，到现在为止，这种获得专利的声音回响系统仅用在部分 SONY 和 GE/RCA 的电视机中……新的激光器可以帮助美国陆军检测和识别战场上的化学剂。休斯公司生产的激光器应用于固定地点、车辆和飞机上……除了军事上的应用，激光技术还可运用到环境保护中，如监测工业上的化学辐射和市区污染等。

这是一篇比较长的报纸广告文案，目的是较全面地介绍休斯公司生产的产品的科学性和先进性，从而塑造公司形象，给读者留下很好的印象。

## 二、报纸广告文案的写作要求

### （一）报纸广告文案的标题

现在可阅读的媒体很多，一个人一天要接触大量的文字读物，加上工作压力的加剧和生活节奏的加快，人们已经没有很悠闲的心境来欣赏一篇广告，即使看新闻也是先浏览标题，碰到自己感兴趣的标题才可能继续看正文，对待广告就更是如此。因此，报纸广告要引起读者注意，就必须有好的标题，用标题来吸引读者。制作报纸广告的标题要从以下几个方面考虑。

1. 突出新闻价值

读者对新闻是比较感兴趣的，广告中使用具有新闻价值的标题，能够唤起读者的注意力。如：

海尔热水器再领21世纪热水器发展新潮流——海尔健康热水器通过国家级技术鉴定

这个标题完全可以作为新闻消息的标题使用，很有新闻价值。如以下广告标题。

有一种格调，将冲击你的瞳孔。

有一种力量，直达你的血脉。

有一种精确，将护卫你的身心。

你的品位，你的车。

满载全球193个国家的荣耀，12月10日瞩目登场，恭请期待。（某汽车品牌）

再如自然饮益肝口服液的广告标题：

排毒＋调养＝益肝新突破

传统的保肝药只有排毒作用，而自然饮益肝口服液除了排毒外，还可以调养，这是一种新的突破，有一定新闻价值。再如：

发现一瓶好水（黑松天霖水）

这个标题本身就是一则新闻。谁发现一瓶好水？发现一瓶什么好水？这是读者要关注的问题。

新闻式标题可在两种情况下使用。一是信息本身就是一则新闻；二是为强调广告信息的价值，人为地赋予它新闻性。

因为是在报纸上发布，所以可以尽量使用新闻标题，这样可以从形式上给人以新闻的感觉，增强可信性。

2. 彰显承诺的利益

把产品给消费者带来的利益点放在标题中，或是以一个与消费者利益相关联的问题作为标题，使消费者感觉到这个广告与自己有关，其中正是自己需要的产品或服务，甚至使消费者有“踏破铁鞋无觅处”的感觉，迫不及待地要阅读正文。例如：

给你百分之百的自信（某除臭剂）

为了你的双手在明天更娇嫩，别忘了在今晚抹一点达尔（某护肤霜）

你可在一个屋顶下办完所有金融业务（某银行）

使您的腰身变小，但不会使您的钱包变小（某内衣）

一星期享受七天（某香烟）

用 500 元购 1 000 元黄金的机会（百货商店）

以上这些广告标题都突出了给予消费者的利益，使消费者在阅读标题时就能知道自己能获得怎样的利益。“花很少的钱便能美食一顿”，对于囊中羞涩的人来说，显然是一种诱惑。有狐臭的人是很不自信的，甚至不敢进人公共场所，那么除臭剂能“给你百分之百的自信”，让你大大方方地出入各种社交场所。身体肥胖的女性在减肥方面的投资是很大的，往往成为她们的经济负担，因而“使您的腰身变小，但不会使您的钱包变小”的内衣广告标题显然很有诉求力。

3. 强调产品卖点

在标题中强调产品的卖点，用卖点打动消费者。注意这个卖点一定是有销售力和说服力的，它一定是有力量的卖点，具体可以是产品性能的优越、价格的低廉、使用的安全方便、服务的周到细心等。如：

买上海桑塔纳轿车，一年内不限里程免费保修（桑塔纳轿车）

把轿车售后服务承诺作为卖点，让消费者吃了一个定心丸。再如：

一个月的误差不会超过一秒（手表）

更容易洗，更容易干，能吸收更多水分，也能用得更长久（尿布）

去吧，去吧，让头屑一点不剩（海普夏尔去头屑洗发水）

你想用它来割破自己的脸吗？那是绝对不可能的（伊斯特曼剃须刀）

鸽子牌香皂令你的肌肤如奶油般细腻（鸽子香皂）

以上这些广告标题都强调了产品的卖点，这些卖点也是产品的核心竞争力，对消费者是很有吸引力的。

4. 引起读者兴趣

兴趣是最大的动力。只有对产品或服务感兴趣，才可能有购买欲望，才可能产生购买动机。“为美国人抹眼泪已经有 50 年了”，这个标题使人产生兴趣。谁为美国人抹眼泪已经有50年了？读者自然会往下读，才知道原来是克里纳斯纸品公司生产的餐巾纸。类似这样的标题是很能引起读者兴趣的。又如：

由美丽的姑娘制成的美丽内衣（法兰西百合内衣）

保持住胸部的曲线，你就保住了一切（西斯塔内衣）

你会使别的垂钓者瞠目结舌（詹姆士·海顿父子渔具）

用照片叙述你一生的故事（美国摄影家协会）

如果你能挑出毛病，我们将送你一卷胶卷（阿克法胶片）

在尘世和天堂之间没有我们干不了的事（美国宇航局）

每日两次，约会前再一次（某牙膏）

5. 激发读者好奇心

1998年法国世界杯足球赛前夕，TCL彩电在《羊城晚报》上刊出了一则广告，标题为：

'98世界杯第33支参赛队

球迷都知道1998年世界坏足球赛共有32支参赛队伍，怎么又突然冒出一个第33支参赛队，自然会感到新奇，而看了正文就会知道原因了。又如：

把你家的狗拴牢，不然它会自己跑到卡莱克公司的（宠物食品）

这个广告标题让人感到好奇，为什么狗会自己跑到公司呢？从正文可得知，因为该公司生产的狗粮很好，所以如果不拴好的话，狗就会自己跑去的。

### （二）报纸广告文案正文的形式

广告正文写作的原则和要求，在报纸广告的正文写作中完全适用。但报纸的跳读性很强，浏览性也很强，所以必须增强广告正文的可读性和趣味性，这样才能使忙碌的读者有兴趣将广告读完。可读性是对文字的要求，趣味性则是对内容的要求，趣味性要求将文案写得生动形象、灵活多样。为了增强可读性和趣味性，报纸广告正文可以采取以下形式展开写作。

1. 故事体报纸广告

在大量报纸广告中，直白地宣传产品的广告比比皆是。这样的广告文案既没有可读性，也没有趣味性。这也是读者反感广告的原因之一。如果在讲故事的过程中介绍产品信息，让读者在阅读的愉悦中了解产品，岂不是高明之举。如箭牌衬衫的广告文案。

**我的朋友乔·霍姆斯，他现在是一匹马了**

乔常常说，他死后愿意变成一匹马。

有一天，乔果然死了。

五月初我看到一匹拉牛奶车的马，看起来像乔。

我悄悄地凑上去对他耳语："你是乔吗?"

它说："是的，可是现在我很快乐!"

我说："为什么呢?"

它说："我现在穿的衬衫有一件舒服的衣领，这是我有生以来的第一次。以往我衬衫的领子经常收缩，简直在谋杀我。事实上有一件就把我窒息死了。那就是我死亡的原因!"

"天哪，乔，"我惊讶失声，"你为什么不把你衬衫的事早点告诉我?我就会告诉你关于'箭牌'衬衫的事。它们永远合身而不收缩，甚至织得最紧的深灰色棉布衬衫也不收缩。"

乔无力地说："唉!深灰色棉布是最容易收缩的了!"

我回答说："可能是，但我知道'戈登标'箭牌衬衫是不缩的。我正穿着一件。它经过机械防缩处理，收缩率连1%都不到!此外，还有箭牌所独有的'迷淘戛'特适领!"

"'戈登标'每件只卖两美元!"我的谈话达到了高潮。

乔说："真棒，我的老板正需要一件那种样子的衬衫。我来告诉他'戈登标'的事，也许他会多给我一夸脱燕麦。天哪，我真爱吃燕麦呀!"

口号：箭牌——机械防缩处理。

如果没有箭牌的标签，

那它就不是箭牌衬衫。

箭牌衬衫。

机械防缩处理——如有收缩不合，免费奉送一件作赔。

作者用丰富的想象构思了一个人与马对话的故事。乔·霍姆斯由于衬衫领子收缩而被窒息死亡，死后变成了马，当它知道箭牌衬衫经过机械处理而不会收缩，高兴得要去告诉老板，以求获得更多的燕麦饲料。作者在奇特故事中不露痕迹地融进了防缩衬衫的种种性能，使故事很有可读性，像一个童话，让读者在入神的阅读中感受故事的趣味。

故事体广告正文多采用第三人称，客观地把故事告诉读者。有时也用第一人称，自述所见、所闻、所经历，显得亲切自然。

2. 传说体报纸广告

传说体广告是利用民间故事的形式来撰写广告文案。传说在民间有广泛的群众基础，上千年的口口相传，使老百姓对民间传说有特别的感情。如果将产品信息融入民间传说之中，将能更好地传播广告内容，更有效地影响公众。如浙江省萧山第四酿酒厂为乐泉古酒所做的广告。

相传两百多年以前，浙江省萧山县赭山镇有一位姓陆的秀才，在自家园里挖了一口深井，竟有六股泉水同时涌入井口。井水源源不断，水质清澈透明，味道清甜。在满满一碗水中投入六枚铜板，水却不会外溢。用这水沏茶，茶杯上也不留茶迹。当时有个恶霸企图霸占这口井，陆秀才不畏强暴，同恶霸展开了斗争。他临死前，为保住了这口井而感到欣慰，嘱咐子孙将这口井取名叫“乐泉”。

现在萧山第四酿酒厂在乐泉边上又打了一口深井，用乐泉水制成的乐泉古酒味道醇厚、甜美可口，是酒席宴上理想的饮料。欢迎各大公司、酒家、饭店到厂品尝选购。

文案使乐泉古酒成为一种富于传奇色彩的商品。用民间传说来写作广告文案，无疑增加了商品的神秘感，使商品更具有吸引力。

3. 比较体报纸广告

因为报纸有版面的优势，广告正文可以写得长一些，所以比较体也很适合报纸广告写作。

## 书与酒，价格相同，价值不同

一套书的价格只相当于一瓶酒，但价值及效用却大为不同。尤其，用一瓶酒的代价，买一套最新的书以了解管理知识和有效的管理技巧，使你的企业能够提高效率、增加利润、快速成长，无论如何都是值得的。因为，酒香固然令人陶醉，但不过是短暂、刹那的美妙；书香却是咀嚼的品味，历久弥新、源远流长。

一本好书，能为你带来智慧与启示，让你解惑去忧、触类旁通、左右逢源。所以，与其花钱买醉，不如斗室书香。《企业管理百科全书》，正是为每位经营者准备的，它是140位经理、学者智慧的结晶，由20位专家联合编纂。拥有一套《企业管理百科全书》，任何企业管理新知将伸手可得，真正是对付经济不景气与同业竞争最有利的武器。

广告把书与酒进行比较，说明一套书的价格与一瓶酒相当，而价值和效用却大为不同，从而让消费者明白“与其花钱买醉，不如斗室书香”。

还有隐性对比式的广告，就是并不明显地流露比较意图，而是将对比隐藏在字里行间。这样对比显得含蓄，不露锋芒。如沃克斯威琴微型轿车广告。

## 想　想　小

我们的微型轿车并无多少新奇之处，

不要十几个学生一起挤在车里。

加油站的伙计别问汽油流在哪儿，

甚至不会有人注视我们的形状。

事实上我们这种廉价小车的某些用户会觉得以下这些算不上什么高效率：

一加仑汽油行驶27英里；

耗用五品脱而不是五夸脱汽油；

从不需要防冻剂；

一副轮胎行驶40 000英里。

只有当您挤进窄小停车场，或更换小值保险卡，

或支付小额维修账单，或折价以旧换新的时候，

您想起了“小”。

这则广告被西方誉为“60年代最著名的广告”，它就是隐性对比式广告。比如“从不需要防冻剂”，言外之意，别的轿车需要防冻剂；“一加仑汽油行驶27英里”，意味着其他轿车用一加仑汽油行驶不了27英里；一副轮胎行驶40 000英里，暗示别的轿车以一副轮胎肯定行驶不到40 000英里；这种轿车还拥有可以挤进窄小停车场、更换小值保险卡、支付小额维修账单、折价以旧换新等优越性，也是其他轿车所不具备的优势。

4. 反复体报纸广告

在广告正文中重复意思相同的句子，形成反复和强调，给读者更深的印象。如《光明日报》1991年9月19日刊登的一家银行广告。

在金融、商业和其他各方面所要求的银行速度和效益值得您信赖；

在米兰诞生和发展，能与全意大利450家分银行取得联系的丰富银行经验值得您信赖；

50.99亿美元的基本资本值得您信赖；

在北京、柏林、布鲁塞尔、布达佩斯、芝加哥、法兰克福、开罗、香港、伦敦、卢森堡、马德里、莫斯科、纽约、巴黎、汉城、东京以及其他城市的1 800多家相应银行代表的专业化程度值得您信赖；

您有任何问题和意见，都值得您信赖。

这里反复重复的句子是“值得您信赖”，试图展示银行所具有的全部优势，来争取人们的信赖。

又如乐寿牌云南咖啡广告文案。

乐寿牌云南咖啡从第一粒原料豆就保证了品质的优良，所以每一滴都浓醇馥郁。

乐寿牌云南咖啡的每一工序都把好质量关，所以每一滴都浓醇馥郁。

乐寿牌云南咖啡在保质期内都能使您品尝到最新鲜的咖啡，所以每一滴都浓醇馥郁。

上例反复重复的是“每一滴都浓醇馥郁”，强调咖啡的味道好。通过这样的重复，

使读者记住了广告的主要信息和产品卖点，强化了企业的核心竞争力。

5. 新闻体报纸广告

报纸本身就是传播新闻的媒体，刊登新闻消息是报纸的分内之事。如果广告也用新闻形式写作，那么它的可信性就会大大加强。如海尔热水器的新闻体广告。

**海尔热水器再领21世纪热水器发展新潮流**

——海尔健康热水器通过国家级技术鉴定

日前，海尔健康系列热水器顺利通过省科委组织的国家级技术鉴定。鉴定会上，海尔健康热水器9大系列30个品种的新产品以其分体线控、出水断电、超强节能、零水压等先进技术，赢得了与会专家的一致好评。尤其是磁化除垢技术在热水器中的应用开创了健康洗浴的新纪元，赢得了与会专家的高度评价。经过严格的审查、评议，专家们确定海尔健康热水器3大系列8种产品达到国际先进水平，6大系列8种产品达到国际领先水平。

自从1999年9月份海尔健康热水器停止非健康热水器生产、全面进入健康安全型热水器生产以来，海尔健康热水器产销量持续增长，全国各地纷纷出现了脱销现象。究其原因，缘于海尔健康热水器充分满足了消费者健康、安全、方便的要求。“磁化恒温、健康水流、防腐除垢”——磁化恒温器、磁化除垢器在热水器中的应用，让消费者真正体验到了健康洗浴的感觉，而海尔健康热水器针对不同消费层次、不同需求的用户而设计的多种功能，更得到了消费者的认可。海尔分体线控及出水断电热水器运用先进的电脑控制及水电联动技术，让消费者对于热水器使用安全、操作方便这两大需求得到了最大限度的满足。分体线控热水器不仅可以让用户预先设定加热时间、加热温度，而且还可通过线控器进行遥控操作。出水断电热水器彻底杜绝了安全方面的隐患，只要喷头一出水，电源就自动切断，同时指示灯灭，真正做到了安全看得见。海尔超强节能热水器运用先进的节能技术，断电6昼夜仍可洗热水澡。海尔开口式零水压热水器因其专门为水压低或无自来水的农村地区而设计，得到了广大农民的热烈欢迎。

鉴定会上，本次产品鉴定委员会副主任、山东省技术监督局高级工程师林蓝波说：“海尔健康热水器不但代表了中国热水器生产技术的最高水平，与国际水平也保持同步，尤其是出水断电、分体线控、超强节能等技术，不但填补了国内空白，在国际上也是领先技术。”鉴定委员会主任青岛海洋大学教授宋文洋说：“海尔热水器以高科技为先导，不断推陈出新，取得了多项技术成果，代表了国际家用热水器21世纪的发展趋势。希望国内热水器企业能学习海尔热水器这种注重科技创新的精神，共同推进我国热水器技术的迅速发展。”

几年来，海尔热水器本着“用户的难题，是我们的开发课题”这一开发宗旨，确立产品开发上的高差别化战略，使产品开发水平和技术含量遥遥领先。海尔健康系列热水器便是海尔热水器技术创新的一大成果。海尔热水器技术创新的领先带来了市场的领先。

目前，海尔热水器已成为市场上最畅销的产品。据中国城乡多级市场调查，海尔热水器 1～10 月份市场占有率稳居燃气及电热水器行业之首，且竞争优势日益提高。

业务电话：××××××××

如果这则广告没有后面的业务电话，读者真会把它当作新闻报道来读。可见新闻体广告文案的效果是非常好的。

在写作新闻体报纸广告文案时，一定要遵循新闻特点和规律，那就是新闻所报道的内容，必须是真实的，也要具备新闻的五要素，即事件中的时间、地点、人物，什么原因导致事件发生，结果又如何。对其中的人名、地名、时间、情节、细节、数字、引语，要进行核实。

（三）报纸广告文案的附文

报纸广告文案的附文除了要写清楚厂商地址、电话、电报挂号、传真、网址、电子邮箱等联系方式外，还要热情主动地号召、催促、鼓励消费者赶快购买产品或服务。就如同送客时再亲切地说上几句叮嘱的话一样，给读者留下美好印象。诸如“凡需要以上产品的用户，请您认准××商标”，“我们还竭诚为您代办邮购业务，邮购地址：××××，联系人：×××”，“我们期待着您的光临”，“希望我们能真诚合作，实现共同发展，互惠双赢”等。

## 三、报纸广告的版面运用

报纸版面空间大，排版灵活，所以版面形式很丰富，这就为报纸广告在形式上提供了发挥的余地。报纸广告由版面空间、文案、画面组成，报纸广告必须在一定的版面空间里来表现一定的文字和画面。

报纸广告的版面运用分为：跨版、整版、半版、双通栏、单通栏、半通栏、报眼、报花。

由于版面的不同篇幅、不同位置，文案内容和写法也不同。

（一）报花广告

它只是一个非常小的版面，除了可刊登企业名称、商品名称、电话之类的内容之外，不可能再容纳其他更多信息。因此只要将主要内容用简明的方式表现出来就行

(见8-1至8-4文案)。

8-1文案

中国联通

联通时空

中国联通石家庄分公司 咨询电话:1001

8-2文案

雅戈尔杯

追寻“老字号”的足迹

有奖征文、老照片

奖品由人民商场雅戈尔专柜提供

联系电话:7022535 7029312

8-3文案

世界名牌

澳洲曼西尔奴男装系列

诚邀各地市经销商加盟

河北办事处加盟热线:0311—8827882

手机:13931109509

8-4文案

奥德声助听器

迎新春元旦

优惠定做

地址:新特药助听器测配中心

电话:0311—6031234

由此可见,报花广告的文案是很简单的,有的只写品牌和企业名称及咨询电话,有的只写品牌名称和销售地点及电话,有的只写一句广告口号和办事处地址及电话,有的只写一句促销口号和商家名称及电话。在这些报花广告中,商品名称和联系电话是不可少的,促销口号则根据具体情况而定。

### (二)报眼广告

报眼位于报纸第一版右上角位置,十分抢眼也十分重要。如果放置新闻内容,那么是要将重要的消息放在这里发布的。作为广告版面使用时,其权威性、新闻效果、时效性仍然很强。

报眼广告文案在字数上要比报花广告多,但因为版面不大,比其他版面又相对要少，所以报眼广告以文案为主，使其占据核心地位。写作报眼广告要注意以下几点：

（1）要体现具有新闻价值的信息内容。

（2）文案语言风格要体现理性的、科学的、严整的倾向。

（3）广告标题和正文应倾向于新闻形式。

（4）选择醒目的标题，标题以新闻式、承诺式、实证式为佳。

（5）使用短文案，少用感性诉求方式，特别不能用散文体、诗歌体、故事体等形式，以免冲淡报眼位置本身所具有的说服力和可信性。

如一则中国网通的报眼广告，只提供了小灵通新春有奖活动的通知以及获奖身份证号码，信息非常简单，当然它也具有新闻性。

### （三）半通栏广告

半通栏广告即十六分之一版，也就是基本栏的一半。因为版面小，就应该用醒目的标题和图片、特殊的文案和编排来吸引受众。由于文字和内容少，所以半通栏中的标题很重要，它是吸引读者的主要因素，因而一定要写一个好的标题。

### （四）单通栏广告

单通栏广告即八分之一版广告。在目前报纸广告的版面运用中，单通栏广告是最为常见的一种。因为这样的版面运用，其篇幅大小处于人们感觉中的正常状况，有一定的版面说服力。

### （五）双通栏广告

双通栏广告即四分之一版广告。这样的版面给广告文案写作提供了较大创作空间，只要符合报纸广告表现的语言风格、表现形式、表现结构，都可以在这里使用。

### （六）半版广告

一般将半版、整版、跨版等一并称为大版画。利用版面的实力以及运用编排而营造气势，是半版广告的重要立足点。

在这个立足点的前提下，广告文案的写作应特别注意：

1. 可以利用大画面来表现广告内容。虽然是大版面，但不一定要用很多文字。

2. 同时适合感性诉求和理性诉求。感性诉求时，要用大标题、少正文文案、重点性附文方式，营造品牌形象和气势上的吸引力；理性诉求时，一般是对大企业的介绍，或对某产品或服务的全方位的体现。

### （七）整版广告

整版的版面空间以宏大的气势给人以一种内在的震慑力，广告主体的实力和气魄得到了展现。整版版面同时也给予广告表现以最大的创意空间和表现空间。

广告的整版版面有以下三种用法。

第一种用法是在整版的版面上运用介绍性的文字来对产品系列或企业的各个方面做介绍。这种用法，以广告文案为主，配上少量画面作陪衬，甚至可以没有画面。文案运用介绍形式对广告主做详细的、全方位的介绍。这种形式，对于刚刚进入市场的产品是合适的。但如果已经在市场上有一定的品牌形象，产品已进入成长和成熟期，这就不是一种恰当的表现形式。因为，这时候的主要诉求期望是加强品牌记忆，因此应该运用第二种方式。

第二种用法是以大创意、大气魄、大画面、大标题、大文字和少文字来进行感性诉求。在目前的整版广告中，这样的广告表现越来越多，因为对于处在成长期的企业、产品、服务或者重大事件的推广（如企业成立、商店开张、周年志喜），都可以运用这种方式来体现。运用这种方式特别要注意的是，广告文案应起到点睛作用，并且要与广告画面风格相协调。

第三种用法是利用报纸的新闻性和权威性，采用报告文学的形式来提升企业的形象。这种形式是以广告文案为主，并且为了体现企业的大气魄，一般都用整版表现。这种方式应该是我国特殊的广告现象。

### （八）跨版广告

就是将一个广告作品刊登在两个或两个以上的版面上。一般有全页跨版、半页跨版、大四分之一跨版等几种形式。跨版能体现广告主的大气魄、厚底子，是财力雄厚的企业乐于采用的。

## 第二节　杂志广告文案

杂志广告印刷精美、纸张上乘、色彩鲜艳、图文并茂，具有大图案、小文字、形象化特点，而且针对性强、精读率高、传阅率高、保存时间长，具有得天独厚的条件，被称为“印刷媒体之王”，越来越受到广告主的重视。杂志广告文案比报纸广告文案更为独到。

杂志广告有明确的读者对象。杂志种类繁多，从出版时间上看，有周刊、旬刊、半月刊、双月刊、季刊；从内容上看，涵盖政治、军事、娱乐、文化、经济、生活、教育等。专业性杂志针对不同的读者对象，安排相应的内容，就能受到不同读者的喜欢。

## 一、杂志广告文案的写作

### （一）广告风格要与读者阶层一致

目前我国杂志可分为三种类型，即专业性杂志、综合性杂志和休闲性杂志。专业性杂志读者的知识水平和文化素养较高，在这类杂志上做广告，语言要典雅、庄重，具有一定的专业性，切忌庸俗、花哨、低俗。综合性杂志涉及面较广，读者成分复杂，在这类杂志上做广告要考虑让不同层次的读者读懂文案，并善于把握不同读者的共同利益点。休闲性杂志的阅读面较广，或以热门话题吸引人，或以独特风格吸引人，在这类杂志上做广告，语言要平易近人、通俗易懂。例如《三联生活周刊》的一则房地产广告文案。

当周围人都习惯以你为中心，想有片林子一个人静静地享受孤独么？

枫丹白露林边的家，给懂得享受孤独的人。

是的，你喜欢身边人都以你为中心的感觉。不过，你也喜欢独处的乐趣。

当电子邮件、电话、会议、饭局、聚会，让你身不由己的时候，

也许你会渴望有一个地方，可以关掉手机，屏蔽一切与工作、应酬有关的事或人，一个人静静地待会儿。

来吧，朝阳公园东门边有一片枫丹白露林，没有城市烦嚣，只有轻轻的风响，密密的林子，斑驳的树影，幽幽的小径……有时，能享受一个人的世界是莫大的幸福。

东润枫景，发现居住的真意。

有品位有情调的人才能享受孤独，衣食无忧的悠闲阶层才能有情绪享受孤独时的那份属于自己的独处与宁静，让自己的心绪从喧嚣中沉淀下来，在与大自然的交流中细细品味和咀嚼生活感悟和心灵独白。那些朝不保夕、整日为生计奔波的人，是没有这份心境的。而《三联生活周刊》的办刊宗旨正是“以敏锐姿态反馈新时代、新观念、新潮流，以鲜明个性评论新热点、新人类、新生活”，其读者对象主要是受过高等教育、关心时代发展进程、不断从中寻找自己的新型知识分子。他们是在推动社会发展进步中起积极作用的主流人群，有较宽的视野，敏感于社会变革；有与时代发展同步的新观念；有自己的专业领域，喜爱阅读专业杂志。因此，东润花园房产在该杂志上投放广告，正好迎合了这样高层次的读者群，并且广告格调也很高，效果自然很好。

又如三菱汽车在《中国民航》1998年第2期所做的杂志广告文案。

不仅仅是想去哪里，重要的是如何到达。

对于那些想走自己道路的人，以驾驭者的气派驾驶全新三菱 Galant，那才真正是你自己的气派。既豪华新潮，又宽敞实用。优雅大方、考虑周全的工程设计不仅强调效率，而且珍视感觉和享受。高级的并联悬挂装置，激动人心的马力范围，其中包括丝绸般光滑平稳的 2.0 立升 ECl 多点喷油汽油发动机，使得你的操作不费吹灰之力。

请驾驶全新三菱 Galant，去体味运输与满足的不同吧。

乘坐飞机的人一般收入都较高，大多是企业老板和领导阶层，也有一定的文化素养，所以广告刊登在《中国民航》上以吸引这批受众。此外，广告采用了典雅高贵的语言风格，塑造了三菱汽车的高品位、高档次的形象。

（二）广告要有详细具体的内容

由于杂志媒体与报纸相比，具有更高的精读率和传阅率，所以杂志广告在内容上比报纸广告更加详尽具体，但要注意讲求实效，少说废话。如《读者》上的力士美容洁面乳广告文案。

### 展现生动美丽的一面

谁会喜欢木头娃娃那种硬邦邦、毫无生气的感觉呢？

人人都渴望拥有一张生动娇柔的面孔。全新的力士美容洁面乳，蕴涵天然成分，配方纯净温和，为您缔造娇颜，让您真正拥有生动娇柔的面容。

力士美容洁面乳，真正彻底洁净，而无须担心碱性成分刺激面部的娇嫩肌肤，并能有效促进皮肤的新陈代谢，使皮肤润泽而富有弹性。

均衡型：

- 含天然芦荟精华，纯净温和，能有效去除分泌过剩的油脂。
- 保持皮肤爽洁舒适，柔软细润。

保湿型：

- 含天然小麦胚芽油，营养滋润，保证面部皮肤特有的水分不流失。
- 使皮肤幼滑娇嫩，富有弹性。

全新力士美容洁面乳，给你面部前所未有的轻柔呵护！并展现生动美丽的一面，使你更有自信！

文案首先介绍了力士美容洁面乳的功效，然后又详细介绍了产品的两种不同型号——均衡型和保湿型，最后鼓动消费者去“展现生动美丽的一面”。文案详尽具体，给读者一个详细全面的印象。

（三）理性诉求和感性诉求并用

因为杂志广告版面空间大，可以刊登内容比较长的广告，这样就有可能进行理性或感性诉求。可以是单一的理性诉求，也可以是单一的感性诉求，还可以是二者结合的诉求。

例如姗拉娜青春修复露在《读者》上所做的广告，其文案便是采用了理性诉求形式。

### 哇！小痘痘不见了

预防青春痘——姗拉娜青春修复露

姗拉娜青春修复露含优良的抗脂溢杀菌去粉刺活性物，温和不刺激，可调节皮脂的过剩分泌，加快皮肤的修复，避免青春痘的复发与产生，从而达到治本的效果。

姗拉娜青春修复露含强力的保湿因子和高效的渗透剂，具有重建表皮、促进修复、避免脱水的效果，可舒缓皮肤的刺激感。

姗拉娜青春修复露最适合于以下皮肤的护理，对于有产生青春痘、粉刺倾向的皮肤；对于已产生青春痘、粉刺的高度油性皮肤。

去除青春痘，护理油性皮肤——姗拉娜止痘系列产品，给您提供正确的选择：

- 预防过程（略）
- 消除过程（略）
- 护理过程（略）

这一广告采用理性诉求方法，从理论上介绍了产品的功能，让消费者理解广告并接受产品。思想问题解决了，接下来就是购买行动了。

（四）以图为主。图文并茂

杂志广告印刷精美，所以应该充分发挥图片的作用，尽量用图说话。在以图片为主的杂志广告中，文字只起到解释和补充画面的作用，或起到点明主题的作用，让读者能看懂画面的主题。对印刷效果特别惹人注目的广告，文字的撰写更要简洁、清晰、醒目，与画面的格调相一致。具体来说，图文并茂的杂志广告应注意以下几点：

1. 以图为主的杂志广告文案，要简明扼要、提纲挈领、点到为止，文字尽量少，把吸引受众的任务交给视觉冲击力强的画面，如风影的杂志广告，文字很少，将人们的视觉吸引到了主体画面上来。文案：远离头屑，告别干燥，风影滋润保湿配方新上市。

2. 要用最少的文字表现最丰富的内容。

3. 将广告文案在版面中的编排效果体现得更加充分，用大标题字体来吸引受众目光。

4. 广告文案的主要任务是解释画面中的产品内容、特点、附加价值，文案与画面之间要有内在对应。

5. 诉求形式要根据杂志特定受众的价值观和阅读习惯进行选择。如体育杂志、时尚杂志、青年杂志上的广告，要迎合这些读者的兴趣，而不能用很学术化的方式进行诉求。面对于专业杂志，因为读者是专业人员，所以用专业术语表现，反而会产生亲近感。

## 二、杂志广告的版式

### （一）杂志广告的各种版式

杂志广告的版式通常分为全页、半页、四分之一页、跨版或多页专辑、指定版位（封底、封二、目录对页、封面）等几种。在设计上，杂志广告有出血和不出血两种处理方式。出血的版面是广告作品用尽整个版面；不出血的版面是广告在版面四周留有空间，只用版面内的空间。出血的广告作品可以给人以画面突破版面空间而向外扩展的感觉，很有张力，给人更多的想象余地。

### （二）封面及特殊版式的广告文案

封底、封二、目录对页、封面这四种杂志版式，都属于指定版面。其中封二和目录对页，虽处于杂志内芯，但因其独特的位置，受众的关注率较高，具有一定优势，文案写作自由度也较大。封面和封底广告，因为位置特殊，所以文案写作要受到一定约束。封面以画面为主，文案就很简洁，最多也只能表现品牌名称或特征；封底的广告文案要相对体现大众化特征，不要有太多的专业性字眼。如佳能打印机的封底广告，在这则杂志广告中，文案很短、很简单，文字也很少，主要是靠画面和个别大字号字体来突出诉求重点，吸引目标公众。编排上也很灵活，字体变化较多，形成整体的冲击力。

# 第三节　报刊广告文案的文体类型

除了前面已经介绍的报刊广告文案的类型外，还有以下几种类型可供参考。

## 一、叙述体报刊广告文案

用叙述的语言对产品进行客观介绍的报刊广告文案，语言质朴，无过多修饰。

### 百乐多中性果胶

Zeelaadia 生产一种独特的装饰用果胶系列，命名为百乐多。它用水稀释后可以形成优质果胶，在冷冻以后仍易于切割。另外，百乐多果胶保持了原有水果的色香味。有三种口味可供选择：草莓味、无味和杏桃味。

百乐多混合果胶是百乐多系列产品中的一种，它是一种极好的装饰用果胶，液状百乐多混合果胶易溶于水，使用时您只需加入一定的水稀释即可（见产品说明）。装饰时您可用手涂刷，也可使用喷涂器。由于百乐多果胶有极好的易溶性，加热时也不会黏结盘底。

百乐多喷涂果胶专为喷涂器设计，它有快速结胶之特性。该果胶也有草莓味、杏桃味和无味三种选择。

这一则广告用叙述体客观地介绍了百乐多中性果胶的性能和制作方法及过程，没有渲染，但是语言朴实，具有可信性。

## 二、引证体报刊广告文案

引用获奖证书、证人证言、专家鉴定等材料来说明产品品质的广告形式。例如下面两则范例：

### 古井贡酒

古井贡牌古井贡酒，是中国最早的八大白酒之一。它以“色清如水晶，香醇似幽兰，入口甘美醇和，回味经久不息”的独特风格，蝉联二、三、四、五届“中国名酒”称号，荣获金质奖。1988 年荣获巴黎第十三届国际食品博览会金夏尔奖，被誉为“酒中牡丹”。

### 德国 24 小时银行

24 小时银行使您拥有个人自由。“如果能够简单，为什么还要弄得那么复杂？”气象学家耶尔格·卡赫尔曼如是说。耶尔格·卡赫尔曼以简单的方式革新了天气预报，他希望银行也能简化程序、方便顾客。因此他选择了 24 小时银行。您将如何选择？24 小时银行属于德意志银行集团。

## 三、文学体报刊广告文案

报刊有版面的优势，可以从容地运用文学形式撰写广告文案。如太阳神口服液的广告文案。

### 孩子，妈妈能给你的真的不多……

12岁，我就离家读寄宿中学了。那时正是春荒季节。每次返校前，妈妈总能变戏法似的弄出一小袋米来，再让我捎上一罐咸菜，这便是那时山里孩子一星期最奢侈的伙食了。送我上路时，妈妈那爱怜的眼神里总是盛满了愧疚与无奈。岁月荏苒。今天，我才读懂了妈妈的眼神，她仿佛喃喃地对我说："孩子，妈妈能给你的真的不多，但那可是我能给予的全部啊。"火柴很小，散发的光亮也很微弱，但它真的是在竭尽所能燃烧着——就像妈妈。

这是太阳神口服液的广告，它是用类似小说的形式写的，有人物、有对话、有情节、有时间、有描写、有议论，将一个童年时代的故事娓娓道来，有一定的文学性。再如：

### 黑龙江省密山葡萄酒

在莽莽苍苍的完达山下，烟波浩渺的兴凯湖畔，有一座青山环抱的县城——密山，甜蜜的山！每当金秋季节，漫山遍野熟透了的山葡萄、紫梅、金梅，万紫千红美不胜收。以野生山葡萄和各种山果为原料酿成的葡萄酒，更是盛名传南北，香飘万人家。近年来，密山县葡萄酒厂的味美思、双瑰酒在全省评比中质压群芳，名列榜首。

饮一杯密山葡萄酒吧，你会感觉密山人炽热的情怀，喝一口密山葡萄酒吧，您会感谢完达山的奉献！啊，朋友，当您在喜庆的筵席上祝酒的时候，当您在节日欢聚的气氛中干杯的时候，请别忘了，完达山下，兴凯湖畔，诚挚好客的密山人，回味绵长的密山酒……

这是用散文形式写的广告文案，语言优美，文笔流畅，感情动人，适合在报刊上发布。

## 四、论证体报刊广告文案

论证体广告文案，先提出问题，接着分析问题，最后解决问题。如下面这则广告文案。

### 走向市场重振雄风

由于多种因素的影响，上海钢琴公司在1988年实现利润超过×××万元的顶峰之后，到××年末一下子跌入谷底，成为二轻系统的亏损大户。当时，企业亏损金额达

470 万元，库存积压钢琴 4 897 架，积压资金 2 898 万元，昔日的明星企业面临着生死存亡的考验。经过两年多努力，我们终于摘掉了亏损帽子，实现了赢利，迎来了雄风重振的新局面。

这两年来，我们是怎样摆脱困境、扭亏为盈的呢？

转变观念到市场经济的大潮中搏击。本企业销售的钢琴，绝大多数是 50 年代至 70 年代的传统老产品，其款式质量都存在明显的不足。在计划经济体制下，在抢购成风、盲目消费的市场里倒也日子好过。但是，随着市场经济、竞争机制的出现，在人们消费讲究质量和档次的时候，产品必然滞销、积压，企业日子也就过不下去了。为此，转变观念，使之适应市场经济的需要，成为当务之急。广大干部职工通过认真学习，解放思想，振奋精神，决心到市场经济的大潮中去拼搏。

依靠科技进步，向品种质量要效益。近几年来，我们在调整产品结构工作中，紧紧围绕“高层次、突破性、竞争力”做文章，优化了两个产品，开发了三个产品，其中新五尺半三角钢琴获市钢琴工业设计奖。与此同时，企业非常注重通过工艺改革提高质量，使钢琴的内在质量和外观质量都得到明显提高，从而增强了市场竞争能力。

转换销售机制，灵活供销，搞活销售。我们明确地把市场销售作为企业第一行为，提出：生产第一线，销售最前线。我们对内推行销售承包制，使销售、维修、资金回笼配套成龙，责任到人；对外分片、分块、分地区整顿旧网点，扩充新基地，增加产品销售的辐射能力。

为了适应新的形势，我们与力达公司合作，开始进军浦东，建设一座生产中西各种乐器的东方“乐器城”。届时，钢琴、提琴、手风琴、管乐及二胡等民族乐器将源源不断供应各方客户，为国家创造更加可观的经济效益和良好的社会效益。

该广告是典型的论说体广告文案。

## 第四节 报刊广告个案分析

### 一、英国旅游广告

**轻轻地踱过历代君王们漫长的沉睡**

伦敦威斯敏斯特大教堂中的亨利七世小教堂里，历代英皇——亨利七世、伊丽莎白一世和苏格兰的玛丽女皇都下葬于此。历代帝王都曾在这里接受加冕典礼。

在英国，这样著名的大教堂有30个，每座教堂都是一个独树一帜的艺术珍品。在你访问英国时至少要来参观一所教堂，免得虚此一行。

备有介绍英国教堂的彩色导游册，有索即寄。

——英国旅游协会

这则广告首先以悬念式的标题吸引了读者的注意力："轻轻地踱过历代君王们漫长的沉睡"，乍一看令人费解，人们不由自主地要看个究竟。看完了正文，读者才明白，原来这一标题形象地描述了人们游览英国著名的威斯敏斯特大教堂的情景。那里沉睡着英国的许多君主，人们走过这里，就仿佛走过了历代君主的身边。

正文部分，看似平淡无奇，其实有深厚的文化底蕴。英国的教堂是这个国家历史文化的象征和缩影，具有英国历史文化的独特魅力。文案仅是如实地将这些教堂的历史地位、作用、意义向读者说明，不加任何修饰，就已尽显风流。

这则广告的成功之处就在于它使平面的文字具有了历史的厚重感和形象的立体感，给读者以鲜明的印象。

## 二、"舒昧思"柠檬水广告

### "舒味思"的人来了

英国伦敦"舒味思"厂派出的惠特海先生来了。"舒味思"厂自1974年即为伦敦的一家大企业。惠特海先生来到美国各州为的是调查此地生产的每一滴"舒味思"奎宁柠檬水是否都具有本地厂所独具的口味。这种口味是长久以来由"舒味思"厂制作的全世界唯一的杜松子酒及滋补品的混合物形成的。

惠特海带来了"舒味思"独创的秘方，而"舒味思"的碳化秘方就锁在他的小公事提包里。他说："'舒味思'有一整套毫厘不差道道地地的制法。"

"舒味思"历经百余年之经验，才产生出了奎宁柠檬水这种半苦半甜的完美口味，你把这种奎宁柠檬水和杜松子酒及冰块混合在高脚杯中，只需30秒钟。然后，高雅的读者，你将会由于读了上述文字而赞美这一天。

这则广告其成功之处在于别出心裁地推出了广告主惠特海先生本身，以其人之形象宣传其人之产品。广告文案配合画面上惠特海先生的形象大获成功。在广告画面中，创作者以三套道具来烘托客户形象：贵宾级的专机、红地毯；礼帽、手杖和西服；神秘的手提包。而广告文案又以文字着力渲染惠特海作为"舒味思"产品代表的不俗身份、绅士气度，以及最重要的独一无二的"舒昧思"的个性。透过惠特海先生那透着诚实、坦然自信和严谨的目光，读者更能体会文案不惜笔墨塑造惠特海先生形象的深意。爱屋及乌心理使读者首先认同惠特海其人然后认同惠特海的“舒味思”其物。这则广告的成功使得惠特海真的成了大众喜爱的名人，而“舒味思”也一直是名牌饮品，受到消费者的喜爱。

## 思考·案例·练习

1. 报纸广告文案有什么特点？
2. 报纸广告文案有什么写作要求？
3. 报纸广告文案正文的形式有哪些？
4. 报纸广告文案各有什么写作特点？
5. 杂志广告文案有什么特点？
6. 杂志广告有什么版式？
7. 报刊广告有哪些类型？
8. 技能训练

**资料一**

### 丹阳肯帝亚木业地板

**企业简介**

肯帝亚木业有限公司成立于2003年，是奥地利肯帝亚国际集团在中国的投资项目。肯帝亚国际集团创建于1913年，总部坐落于有着“音乐之城”美誉的萨尔茨堡州首府萨尔茨堡。公司将秉承肯帝亚国际集团在全球推行的“关爱全球幸福生活”的品牌经营理念，向中国大众用户提供将奥地利传递文化底蕴与优美音乐内涵同优异生产工艺品质相融合的强化复合木地板。通过使用我们的产品，使越来越多的中国消费者了解奥地利博大精深的音乐文化底蕴，感知肯帝亚优良的产品和服务，从而来共同关爱全球幸福生活。

**产品介绍**

肯帝亚地板是以现代时尚科技创造的新一代绿色环保地板，款式独特时尚，极具个性化，纹理清晰，色泽亮丽，为现代时尚生活增添了无限创意。

**广告目标**

增进产品销售，提高企业形象。

**广告目标对象**

消费大众。

**必要列入事项**

产品 LOGO

**训练要求：**

(1) 为该产品各做一则报花广告、报眼广告、八分之一版广告。

(2) 为该产品创作5条广告口号。

**资料二**

## 哈电族 PDA GPl288 产品新品上市告知

**广告主**

哈电族

**产品介绍**

- 超大屏幕分辨率：240×160点阵/4灰阶/EL背光屏幕显示/触摸屏显并具有连笔手写辨识功能。
- 采用嵌入式Linux开放式操作系统平台，软件可使用资源最丰富。
- PIM个人数据管理系统功能超强，开放性设计，可自行搭配或自我个人设计。
- 第一台具有真人发音辞典功能之掌上计算机，字库可自行由网站下载。
- 各种纪念日及行程安排之提醒，同时具备震动提示及LED闪灯功能。
- 具备飞梭转轮，查选菜单方便快速。
- IRDA红外线传输功能，透过PC连接互联网与手机红外线传输，可收发E-mail及短消息。
- 与PC连接采用USB方式，数据传输快速，较一般PDA之串口效率快10倍。
- USB口兼具电池充电功能，无须座槽。
- 32M大容量之闪存内存，具备移动硬盘功能。
- 操作系统采全中文接口，无须外购中文系统，经济又高效。
- 内建强加密硬件设计，软件增值服务的最佳保障。
- 专利中文首音查找功能，名片、电话、行程、电子书等数据查选最便利。
- 提供应用软件开发之系统工具，程序编程人员最便利之开发利器。

**产品定位**

IT及行动生活的最佳伙伴。

**广告目标**

- 新产品上市告知。
- 在众多竞争品之中，产品功能之特色演出。
- 使目标对象了解此产品之优点进而产生拥有此产品的渴望。

**广告目标对象**

- 25~35岁年轻白领之上班族群，职业设定偏IT相关行业，性别偏男性，对科技性产品有较强之接受度，生活态度较趋向行动派，对网络应用有较佳之了解。

- 18～25岁大学高校以上之学生族群，设定较偏向电子信息及信息管理等相关科系，性别偏男性，对科技性产品有较强之接受度，生活态度较趋向行动派，对网络应用有较佳之了解，地区较偏向都会城市及大陆沿海城市。

**使用方式/场合/时机**

- 轻便可携式设计，口袋型，可单手操作。
- 随时随地，方便使用，网络与手机应用的最佳良伴。

**品牌形象**

年轻，科技感，个性化，明亮有质感。

**主要竞争者**

以Win-CE/Linux/Palm为操作系统之掌上计算机产品。

**必要列入事项**

产品照片

商标/标准字/LOGO

**资料索取**

网址：哈电族 www. gv. com. tw

客服专线：×××—×××—××××

**训练要求：**

(1) 为该产品选择一种合适的广告媒体。

(2) 创作一篇适合该媒体特点的广告文案。

# 第9章　广播广告文案

**本章知识要点：**

1. 了解广播广告的种类与特点
2. 了解文案对广播媒体特性的配合与表现
3. 掌握广播广告文案的写作技巧

## 第一节　广播广告

### 一、广播广告的种类

虽然从广播电台的角度来看，可作为刊播广告出售的时段类型繁多，有所谓“栏目冠名”、“栏目赞助”、“栏目协助”、“栏目特约”、“提供活动奖品”、“台标广告”、“天气预报特约”、“主持人串播（节目中）”、“企业联展”、“公益广告特约”、“整点新闻套装”、“整点报时套装”、“有奖收听”、“广告专题”、“经济专题”、“时段套装”、“板块套装”、“企业/城市/政府形象专题”等等，但我们这里讲述的广播广告主要指的是在栏目的间隙或者广播剧的开头、结尾播出的“插播广告”和“时段套装”、“板块套装”广告。

这类广播广告有多种划分方式：（1）根据播报的场景和内容结构的不同，将其概略地划分为四大类：单口广告，即由播音员一个人直接播报的广告；对话式广告，即创造一种场景和一个能将产品放进去的剧情，由二人或多人谈论的广告；广告歌，即通过广播播放出来的融入了特定品牌、企业和商品信息的歌曲；组合式广告，即综合运用以上三种形式，以说唱、戏曲、广播剧或现场直播等形式传播主诉信息的广告。（2）根据语言环境的不同，从语境的角度，将其划分为：口播式广告，即在主持人与观众对话的语境状态下播出的广告；对话式广告，即在主持人彼此对话的语境状态下播出的广告；实况式广告，即在现场的真实语境状态下播出的广告等三种类型。（3）根据文案的叙事特点或文案的创作手法进行划分。

本书从广播广告形式越来越丰富的现实状况出发，将其概括为以下几种类型：

### （一）单口广告

单口广播广告从语境上来看，和口播式广播广告文案的语境是一致的，是一种直接由播音员或电波广告演员将广告信息播报出来的形式。这是电台广告中最常见的，也是最基本的表现形式。这种广告使用的基本的工具就是播音员的声音和广告人所提供的稿子（文案），再加上一些诸如音效之类的其他的辅助物。因为，在播报的过程中，它不仅仅局限于一个人面无表情的说明式的直白，而是动用各种手段来表现广告诉求的内容，因此应充分发挥语言的感染力和播音员的播音技巧，并以音乐、音响的配合来丰富语言的表情，达到吸引人的目的。而且，中国的传统文化也使之可以采用多种形式来展现语言的魅力，如曲艺、戏曲等都已进入到了广播广告的表现形式中。

广告主要采取如下几种形式：

1. 诗歌朗诵式

在单口广播广告中，充满激情的诗歌朗诵，凭借其抑扬顿挫的语音节奏和富有感染力的情绪性话语来表达创意核心，打动听众。例如，深圳《青青世界》的广播广告文案。

（舒缓的笛声——）
女：告别了城市的喧嚣。
在宁静的夜里，
我的思绪已经飘到了远方，
眼前又浮现出童年时的故乡，
那葱茏的远山和青青草坡上打着盹儿的羔羊，
慈祥的爷爷叼着烟袋在嗡嗡的蜜蜂声中，
看守着他的蜂场。
耳边传来山间流水的叮咚和微风流过树梢间的脆响。
那是童年的青青世界，
如今到哪里去找？
男：让每个人都可以在都市中找到这片纯净的青青世界。
女：深—圳—青—青—世—界

悠扬的女声将人带入一个诗画般的意境，同时受众也接受了深圳《青青世界》就是童年的“纯净的青青世界”这一主诉信息。

2. 讲故事式

在单口广播广告中，生动有趣的故事，往往能够引人入胜。它通过精心构思的有头有尾的小故事或情节片断来传播信息内容，类似于小小说。听众通过播音员演播出来的娓娓动听的故事来接受广告内容，并对产品产生好感，从而成为产品的消费者或潜在消费者。例如，参参口服液广播广告文案《朋友，我给你讲个故事》。

(音乐起——压混)

在美丽的西子湖畔，有一对好夫妻，男的叫生晒参，体格健壮，是个东北大汉；女的叫西洋参，身材苗条，来自遥远的美国。那么是谁做的大媒，使这对国籍不同的夫妻和睦相 处，心心相印呢？原来是杭州胡庆余堂制药厂的古一先生。后来他们生了孩子取名叫参参。小参参取了父母的优点，而且爱打抱不平，很快成了人类健康的挚友、病魔的克星。朋友，听了我的故事，我相信您一定会喜欢这清火滋补的参参口服液的。

这则广告，通过丰富的想象和联想，将广告产品拟人化，精心构思了一个娓娓动听的爱情故事，并赋予“参参口服液”（爱的结晶）一种人类健康挚友、病魔克星的形象，从而完成广告诉求。

3. 日记式

指借虚构的广告产品使用者所写的日记，来表达自己在生活中使用某产品的美好的切身体验。它也是广播广告常用的形式。例如，台湾地区 PUMA 运动鞋广播广告文案。

(男声)

我是个庸庸碌碌的上班族，不过在平淡的生活中，我倒有一样法宝——PUMA。

星期一，我喜欢走仁爱林荫道来公司，借以平和我的“星期一忧郁症”。

星期二，故意挑公司后的小巷道，多绕些路，只为了听听附近住家起床号的声音。

星期三，我会从小学旁经过，看看年轻的生命活力，顺便感怀一下我自己消逝的天真童年。

星期四，我真实地来一段慢跑。

(口白渐弱)

快乐的走路族——PUMA——彪马运动鞋（广告语）

这则广告将平淡的生活变得饶有趣味，从而暗示 PUMA 运动鞋会伴随你度过一段又一段美好的时光。

4. 节目式

如日本寿司饭店三得利威士忌酒广播广告，以“百人音乐会”的节目形式，向广大消费者描述广告产品悠久的历史和馥郁的芳香，加上富有田园色彩的舒缓乐曲，将百鸟鸣唱、泉水叮咚与世界名酒整合为一体，用诗情画意描绘了一个充满迷人魅力的场景。

解说：各位晚安，“百人音乐会”这个节目由制造洋酒具有60年历史的寿司饭店向您提供，欢迎收听。

音乐：肖邦作品，溪流，鸟鸣。

解说：人生短暂，艺术长久，优秀的作品经得起悠久岁月的考验。同样，发挥杰出创造力而生产的优秀威士忌，也经得起岁月的检验。具有60年传统的世界名酒SANTORY，是日本最适宜酿造洋酒的地方山崎出品的。在木桶内无声透明的东西夜以继日地沉睡着，10年、20年、30年，随着时间的流逝越陈越香。

音响：清脆的开木樽的声音。

解说：朋友们，酒桶已经打开了，满室都飘荡着一股SANTORY的芳香。看！一滴滴像琥珀一样发出光芒。陈年的好酒，正像是古典音乐的馥郁。

音乐：“咕咕”斟酒声，冰块落入杯中的“叮当”撞击声。带着田园色彩的舒缓乐曲轻轻飘荡。

解说：您现在最好的伴侣是一杯放一块冰的世界名酒SANTORY和一首世界名曲，让自己完全沉浸在美妙的境界里。

该广告文案，先是让听众形成概念印象，然后再形成品牌印象，从而使其对三得利威士忌的感觉充满了立体感和高雅感。没有任何功利目的的直接体现，却让听众感受到一种无法阻挡的诱惑。

（二）对话式广告

对话式广播广告文案，是指通过两个或两个以上的人物相互交谈的方式，将创意核心和主诉信息介绍出来。这类广告文案通常在一开始就要表现出地点及人物的情境，即“在哪里”和“谁在说话”；中段的内容就要以剧情交织出品牌、企业或产品信息；结尾则常常是整个情境的结果——一句广告标语、一个问题的解决办法，或者是品牌理念。这种形式比较生动活泼，富有生活气息，再加上音乐和音响的烘托，能够创造特定的情绪和氛围，往往能让听众有一种身临其境的感受，比较容易吸引听众的注意力和兴趣。例如，北京飞利浦音响广播广告文案。

音乐起（荷兰风格的乐曲）——压混

男童：“爷爷，您怎么了？”

老人（从沉思中惊醒、感慨地）：“哦，这是爷爷当年在荷兰留学的时候最喜欢听的曲子，那时候，我用的是荷兰飞利浦音响，它伴随我度过了多少思乡之夜啊！”

女儿：“爸爸您说的荷兰飞利浦音响已经在北京安家落户了，咱们现在听的就是北京飞利浦音响。”

音乐起

男声：北京飞利浦，唤起您温馨的回忆

通过老人和家人的对话，介绍了北京飞利浦的主要功能和产地等主诉信息，最后的男声则点出了广告口号。

对话式广播广告文案大致可分为两类：日常对话式和表演对话式。

1. 日常对话式

即模拟日常生活谈话的广播广告文案。例如，“翠竹牌饲料添加剂”广播广告文案。

甲：八戒，你的子孙长得可真快呀！

乙：猴哥，它们长慢了，市场上就没有猪肉供应啦！

甲：它们为何长得如此之快？

乙：那是因为服用了翠竹牌添加剂。

甲：翠竹牌添加剂是哪位神仙的灵丹妙药？

乙：这位神仙啊，就是广州军区后勤部。他们炼就了翠竹牌饲料添加剂。

甲：八戒呀，祝你多子多福！

乙：这就全靠翠竹牌添加剂啦！

这则广告文案，通过孙悟空与猪八戒充满情趣的对话，将广告产品的功能表述得十分清楚。整篇文案语言质朴通俗，很符合人物的身份和性格；风格幽默、诙谐；形式新颖活泼，为目标受众所喜闻乐听。

采用这种形式的广播广告文案，意在贴近听众、使听众产生共鸣。有人认为，这类对话过于平淡，听众可能不感兴趣，但实际上合理地运用诸如悬念等手法，完全可以让这类对话显得妙趣横生、充满智慧、引人入胜。

2. 表演对话式

表演对话式广播广告文案是指模拟小品、话剧、相声等文艺形式的对话，使广告文案变得生动活泼。例如，广播公益广告身残志坚《听太阳篇》

（海浪声，舒缓的音乐起）

女声旁白：凌晨，一个快要失明的少女来到海边，想要最后看一眼海上日出，一位伫立在礁石上的老人出现在她模糊的视线里。

少女声：老爷爷，你也是来看日出吗？

老年男声（温和地）：我是来听日出的。

少女声：听日出？

老年男声：我的眼睛三十年前就看不见了。

少女声：可日出您也能听得见吗？

老年男声（充满激情地）：你听。（音乐转为激昂）太阳出来时，大海对它欢呼着，我虽然看不见，但我心里却感觉到了。

（乐声渐强，随着男声结束，达到高潮）

少女声（兴奋地）：老爷爷，我听见了，我听见了，太阳走过来了！

男声旁白：只要我们的心中拥有太阳，生活就永远充满希望！

这则广告文案以独特的视角和与众不同的创意，通过一位小姑娘和一位老爷爷的对话展开了故事情节，巧妙地借“听海”表现了残疾人身残志坚、自强不息的精神。

（三）广告歌

歌曲也是广播广告中采用得比较普遍的形式。歌曲式广播广告文案是指将表现广告产品或服务的优异性能、品牌名称、情绪情感等方面的内容写成广告歌词。例如，孔凤春化妆品品牌形象广播广告文案。

（唱）西湖，西湖，飞起美丽的孔雀；

西湖，西湖，飞起金色的凤凰；

展开春风的翅膀，要把人间来梳妆。

（白）哪个姑娘不爱美，爱美就爱孔凤春。百年的孔凤春化妆品厂为人们艳丽多彩的生活，献上朵朵鲜花。

（唱）孔凤春，孔凤春——

这则广告的主信息“孔凤春”品牌名称被重复了四次。品牌形象的魅力是通过一系列动人的语言描绘出来的，每句歌词都能激发听众的丰富想象力，如“美丽的孔雀”、“金色的凤凰”、“展开春风的翅膀”等，多么富有诗情画意！而品牌名称又别出心裁地镶嵌在每一句诗中，使得那一系列美丽的形象，都成为产品形象的化身，品牌形象也因此而具有美丽的象征意义，使人产生丰富的想象和联想。唱词间的道白，对品牌形象的美作了进一步的注释和说明，反复重复，使人的印象进一步加深。

（四）组合式广告文案

组合式广告文案是指按照一定的要求和规律，将以上三种方式组合起来，创造出一种全新的效果。其采用的主要形式有现场新闻式、广播剧式、戏曲式等等。

1. 现场新闻式

这是一种利用新闻现场报道的方式，它将新闻事件与传播广告信息十分自然地结合在一起，使广告具有较高的可信度和说服力。例如，沈阳红药广播广告文案。

辽宁人民广播电台，听众朋友们，现在我们在沈阳市人民体育场内向您转播辽营队同东宝队的足球比赛的实况。

现在比赛已经进入了关键时刻，辽营队18号断球，带球突破，过了一个队员，又过了一个对员，第三名队员上来阻截。东宝队9号队员倒地铲球。不好，18号队员摔倒了，看样子摔得不轻呵！

（旁白）不要着急，我们有部优产品——沈阳红药！

这一广播广告，巧妙地运用辽营队与东宝队进行足球比赛的录音剪辑，选用了与广告产品有关联的片段，适时地加上饱含广告信息的旁白，将广告产品“沈阳红药”自然而然地推出。

2. 广播剧式

它是一种以话剧为基础，配上相适应的音乐、音响或旁白而形成的一种广播广告文案。例如，美国《时代》周刊的广播广告文案。

——对不起，先生，半夜三更你在这儿干什么？

——看见你太高兴了，警官先生。

——我问你在这儿干什么？

——我住得不远，那边，第四幢楼……

——先生，别废话了，请回答我，你在这儿干什么？

——哎，别提了，我本来已经上床睡觉了，可是突然想起来白天忘了买本《时代》周刊杂志看了。

——你穿的是什么？

——衣服？睡衣呀！哎哟？走的时候太慌张了，我老婆的睡衣，很可笑吧？

——上车吧，我送你回去。

——不行，没有《时代》周刊，我睡不着觉，躺在床上看看“电影评论”、“现代生活掠影”，这些栏目……

——好了，好了！快点吧，先生！

——我试着看过其他杂志，但都不合胃口，您知道《时代》周刊发行量一直在上升吗？

——不知道，我知道罪案发生的情况。（汽车发动声）

——像我这样的《时代》周刊读者多得很，比如说温斯顿·丘吉尔，你呢？快快，不好了，快停车，你总不能看着我穿我老婆的睡衣就这样去警察局吧？

—你到家了，下车吧！（停车声）

美国著名杂志《时代》周刊发布的这一广播剧式文案，通过一定的戏剧冲突，塑造了一个痴迷《时代》周刊的读者的形象，透过他可笑的装扮和言行，将《时代》周刊无穷的魅力展现出来，广告主题提示得清楚明白、十分有力。

3. 戏曲式

即通过中国老百姓喜闻乐见的各种传统的戏曲（京剧、秦腔、越剧、川剧、吕剧、评剧、黄梅戏、粤剧、豫剧等）方式，来表达创意核心，传播广告信息。它往往需要把广告文案写成戏曲剧本，编成符合曲调的唱词，加上道白，配上锣鼓等民族乐器，构成戏曲情节，通过演员演播，将广告内容表述出来。它的特点是文艺性强，曲调多为听众所熟悉，容易为听众所接受。例如，成都彭县羔羊美酒广告文案。

（探子上场锣鼓）

探子：报——启丞相，司马懿十五万大军西城四十里安营扎寨。

诸葛亮：再探——哎呀，想我西城乃是一座空城，这便如何是好？嗷嗷嗷，有了，想我诸葛一生从不弄险，唯有设下空城之计，方可骗过司马懿。来——

老军：丞相有何吩咐？

诸葛亮：命尔等速备琴棋设于城楼之上。

老军：是——

诸葛亮：再取羔羊美酒，摆设西城之外，准备犒赏司马大军。

老军：这羔羊美酒可上哪儿去弄呀？

诸葛亮：老夫听说，成都彭县羔羊美酒厂已经酿制出这一传统美酒。前日，老夫已命人采购回来，后营搬运。

老军：是，后营搬取成都彭县羔羊美酒啊！

（锣鼓）

本案的创意点子借用京剧《空城计》诸葛亮命人抬酒上城的情节，巧妙地将产品名称镶嵌进去，随着剧情的展开，自然而然地实现了广告诉求。特别是传统戏曲道白被运用得浑然天成，体现出浓郁的京剧韵味，成功地执行了创意概念。

## 二、广播广告的特点

作为“在耳畔上演”的广播广告，较之于其他大众传播媒介的广告，有其自身的特点。

### （一）广播广告音响的感染性

与其他视听媒介和新兴的网络媒介相比，广播的传播功能是有限的。广告需要向受众展示品牌、企业或商品的直观形象，促使目标受众做出购买的决策，但广播广告只能产生听觉的形象，而不能产生直观的视觉形象。但是，以声音为唯一传播手段的广播，也有着自身独特的感染力。一方面，声音符号在传播的过程中本身就具有丰富的听觉形象性；另一方面，在广播传播过程中，听众常常对声音产生某种联想，从而赋予广播符号以更多的内涵。

广播的感染力源于声音的丰富性及这些声音所构建的听觉形象。组成广播声音符号系统的声音种类很多，其中有语言、音响，还有音乐。这些声音通过不同的频率、波长、节奏，通过妙不可言的组接，传播出各种不同的情感、气氛和场面，并引起人们的情绪波动，给人以声音形象性和情感、情绪上的冲击力。优秀的广播广告文案正是抓住广播声音形象性的特点去塑造商品的形象，并将这种形象与人的情感联系在一起，从而做到扬长避短。广播广告文案充分利用每一种声音的特点，并加以巧妙的组合，就可以使声音产生出“只可意会，不可言传”的效果。

广播的感染力同样源于声音所能带来的丰富联想。广播被学者们称为“最形象的传播媒介”。然而，这并不是因为听觉形象最能再现客观世界，而恰恰是因为广播所塑造的听觉形象往往比较模糊，需要受众更多地参与其中，使用生活经验填补空白，产生丰富的联想，这些联想使人们可以创造性地把某些声音符号转化为更丰富的形象。

广播之所以容易使听众产生联想，有两个方面的原因。

1. 广播是具有亲和色彩的传播方式。在传统三大传播媒介中，广播最具有人际传播色彩，这是由其谈话体的传播方式所决定的，虽然电台主持人实际上进行的是“一对多”的大众传播。但在广大听众看来，电台主持人仿佛是在对自己说话。这就构成了一个“一对一”的具有亲和色彩的谈话气氛。听众往往会把自己“投射”到这种语境中，扮演与主持人对话的角色。在这种情境中，最容易产生联想，这种联想能产生于一切细节，甚至包括主持人的语音、语调和说话的节奏。

2. 声音符号有较大的想象空间。声音相比于图像，有更大的模糊性，提供了更多的想象空间。比如，在欢声笑语中加入爆竹的声音，就会使听众们想到新春佳节，冬日斜照的暖阳，蹦蹦跳跳的孩子，大红的春联和洋溢在人们脸上的笑容。又如，在优雅的宫廷音乐中加入急速的脚步声，就会让人想起灰姑娘急匆匆地从宫殿中逃出，王子在后面紧追不舍的场面。正是因为声音可以产生丰富的联想，广播广告可以创造电视和报纸、杂志广告所无法再现的美丽、迷人和浪漫的场景，而这恰恰也是广告所想要营造的世界。只要让声音插上想象的翅膀，广播广告就会产生格林童话般的魅力。

### （二）广播广告音响的易逝性

声音的易逝性生固然有物理方面的原因，但对于广播来说，它还与听众的收听方式密切相关。

与纸质媒介传播载体完全不同的是，声音是瞬间即逝、难以重复的。科学研究发现，声音进入人耳，一般只能在大脑中保持数秒钟。如果集中注意力听，那么约有部分

（绝少超过50%）有价值的信息会保持20分钟以上的记忆，但其中约有50%是错误信息。相比之下，报纸和杂志在这个方面有先天的优势。文字符号不但便于记忆，而且还能让人反复记忆，语音符号在这个方面有重大的缺陷。

对于广播来说，受众的收听方式进一步加剧了声音的易逝性。听众在收听广播时，往往不是全神贯注地倾听，而是一种伴随性收听。比如，干家务活时，往往一边听收音机一边干活。又如，广播的忠实听众群——汽车司机，往往一边开车一边听广播。伴随性收听对广播来说意义重大。正是这种漫不经心的收听方式，使广播成了唯一可以让受众一边干其他事一边收听的媒介，使广播在报纸和电视的双重夹击下依然具有广阔的市场，并且具有越来越固定的受众群。但另一方面，它又必然使听的效率降低，使声音的易逝性表现得更加明显。因为听的效率与听者的注意力总是成正比的。这就要求广播广告必须想办法抓住受众的注意力。例如，黑劲风电吹风广播广告文案就充分地体现出了广播广告的特性。

甲：问您个问题？

乙：你问吧。

甲：你喜欢吹吗？

乙：你才喜欢吹呢！

甲：你算说对了，我的年纪就是吹出来的。

乙：是呀？

甲：我会横着吹，竖着吹，正着吹，反着吹，能把直的吹成弯的，能把美的吹成丑的。能把老头吹成小伙儿，能把老太太吹成大姑娘啊！

乙：嗬，都吹玄了！

甲：我从家乡广东开吹，吹过了大江南北，吹遍了长城内外，我不但在国内吹，我还要吹出亚洲，吹向世界！

乙：你这么吹，人们烦不烦哪？

甲：不但不烦，还特别地喜欢我，尤其是那大姑娘、小媳妇，抓住我就不撒手哇！

乙：还是个大众情人！请问您尊姓大名啊？

甲：我呀，黑劲风牌电吹风。

乙：咳，绝了！

这则广播广告，由于采用对口相声形式，把看来枯燥乏味的信息内容表演得妙趣横生、幽默轻松，使听众打消了收听广告的抵触心理，百听不厌，于欢笑中强化了对广告内容的记忆。

又如，邻里关系《蜡烛篇》广播广告文案。

音效：电视机里播放紧急求救的场面戛然而止。

女：真讨厌！刚到热闹处，就停电。

男：嘿！搬来第一天就停电，真够倒霉的。

音效：按门铃声

男：来了，来了！

女：谁呀？停电了还串门?!（走动的声音）

（开门声）

孩子：阿姨，你们家有蜡烛吗？

女：没有！（没好气）

音效：哐的一声，门关上（音效夸张一点）

女：刚搬来就让小孩来借东西，这往后还怎么相处啊?!

男：贪小便宜也没见过这样的。

女：好啦，好啦，赶紧找蜡烛吧，看看有没有，黑灯瞎火的！

音效：门铃声，开门声

女：怎么又是你?!

孩子：阿姨，这是妈妈让我给你送的蜡烛。

（音乐渐强）

旁白：屋里黑啦，心里亮啦！

这则广告截取生活中的一个小场景，创意新颖，可信度强；篇幅虽小，却能给人以理性启迪。它有情节、有起伏，恰似一幕微型广播剧。在不到一分钟的时间里，却安排了具有矛盾冲突的好几个情节。居民楼里，新搬来的一家住户，正观看一个电视剧，剧情紧张激烈，剧中人正呼喊求救，突然全楼停电，室内一片漆黑。这时，有人敲门……于是，引出孩子问有没有蜡烛、男女主人心烦猜疑、孩子再敲门送来蜡烛等情节。情节中出现三个人物，人物间通过对话显示出各自的心态和情绪，显示出起伏和波澜。其艺术表现手法、剧情冲突，使人听后难忘。它充分发挥了广播广告的声音优势，用声音构建情景，创造气氛，塑造人物，不仅有听觉冲击力，而且有影视的画面感。

## 第二节　文案对广播媒体特性的配合

广播是通过无线电或导线传送声音符号的电波类媒介。广义的广播是指通过导线或无线电波传送声音和图像的传播工具，包括狭义的广播和电视。狭义的广播仅仅指传送声音符号的媒介。广播媒体已经发展成为重要的具有多种类型的大众传媒，不仅有无线与有线之别，而且如果按照电波的波长划分：有短波、中波和长波；按照调制划分，有调幅、调频；按照内容划分，有综合台、新闻台、音乐台、交通台、教育台等类别。

## 一、广播媒体的优劣势

### （一）优势

广播媒体的主要优势有以下五点：

1. 覆盖面广，渗透性强。广播是普及率最高、覆盖面最广的一种媒介。空间上，无论城市乡村、陆地海洋，还是太空地下，都能够收到广播讯号；时间上，早、中、晚全天候播出，能适应听众的各种作息时间；受众范围上，不受文化程度的限制等。

2. 传播迅速，时效性强。广播讯号每秒运动30万公里，没有印刷、发行、运输等环节的制约。如果采用直播新闻，还可以节省编排和后期制作的时间，能与现场发生的新闻事件同步传播。

3. 内容丰富，制作灵活。广播节目制作简便灵活，设备要求简单，节目调整方便，内容丰富多彩，如新闻、评论、文艺、体育、电影录音等信息均可以通过广播媒体传播。

4. 费用低廉，收听方便。与其他媒介相比较，广播节目制作简便，投入资源较少，成本低廉，广告价格相对便宜。与此同时，广播的收听却十分方便，个人性强。特别是收音机的小型化、微型化，甚至“体内化”，使广播成为一种相伴媒介：人们一边进行其他活动，一边收听广播。

5. 诉诸想象，参与性强。广播是听觉的媒介，受众接收到声音符号之后，通过想象才能把握具体的信息内容。正是在想象之中，受众的感知、情感、理解等心理活动充分参与到接受过程中。

### （二）劣势

当然，广播媒体也有自己的劣势，如有声无形、转瞬即逝、不易查存等。

## 二、文案对广播媒体特性的配合

广告文案配合广播媒体特性，就是要充分发挥文字表达的优势，使广播媒体扬长避短，形成受众“必须一听就明白、力争一听就爱听、实现听觉广告的视觉化传达”的广告符号。要做到这一点，并不容易，文案需要从如下几个方面进行配合：

### （一）严格受时间限制，尽量简洁单一

由于电波媒介属于时间媒介，使得广播广告的长度极为有限，如中央人民广播电台

插播广告的普通长度为60秒、30秒、20秒、15秒，特殊长度为45秒、40秒、10秒、5秒，完全受时间限制，即在单位时间只能说一定数量的字。一般来说，按正常的播音速度是每分钟播180字，30秒钟的广告最多可容纳90个字，15秒钟45个字，5秒钟15个字，超过这一限度时间就容纳不下了。这就与伸缩余地很大的文字印刷媒介有本质的不同。所以广播广告除了要设计文案的字数之外，还要充分考虑音乐、音响所占的时间和位置，也就是说在撰写广播广告文稿时必须讲求时间观念。

如前所述，广播广告的听众更多的是处于伴随收听状况下的随意收听状态，没有视觉的参与，所以越是简洁单一的概念，越容易让人记住。也就是说，广播广告最忌讳冗长、复杂，说得越多、越想面面俱到，往往会适得其反。这就要求广播广告文案使用最短小的文字，最精准地表现创意核心和主诉信息，做到"短而精、少而准"。例如，步步高复读机广播广告《你是我的Baby篇》文案。

张惠妹领唱：你是我的姐妹……

众女生合唱：你是我的姐妹。

张惠妹领唱：你是我的Baby。

众女生合唱：你是我的Baby。

张惠妹白：步步高复读机，学外语更容易。

只通过张惠妹的两句领唱与众女生的两句合唱，就完成了吸引受众注意力和对产品形象的描述过程，最后通过张惠妹的一句道白，表达出广告的主诉信息。

### （二）以正面诉求为主，亲切感人

由于广播媒体没有强有力的视觉表现手段，稍纵即逝的广播广告就更容易使听众处于被动的收听状态，所以在广播广告中要慎重使用逆向思维的反面诉求和负面信息，因为一旦他们听的不完整就有可能造成误解，而应以正面诉求为主，力争做到亲切感人。所谓亲切感人，就是话要让人听着顺耳、顺心，像是与朋友谈心聊天，不能用高高在上的教训人的口气，多用商量的口吻，少用书面语言、修饰语言，多用生活中的口语、短句。总之，要想办法贴近听众，只有贴近了听众，广告才有可能起到作用。如果能够使用日常生活中的一些情节，像拉家常一样来表达诉求，可能会对目标消费群体起到异乎寻常的感染效果。例如，"娃哈哈"果奶广播广告文案。

（欢快而温馨的音乐声起）

老妇：老头子，你说现在的孩子，真是赶上好时候了！

老头：那是呀！

老妇：别的不说，就说这吃的，什么这个奶呀，那个精啊……咱们那个时候，听都没听过。

老头：又眼馋了不是！不过，没关系，如今日子好过了，咱们现在补上也来得及。

老妇：你是说……

老头：瞧，这是什么？

老妇：娃—哈—哈！你吃？

老头：没听人家说吗，小孩香，老人香，老人小孩都一样！（笑）哈哈，哈哈……

老妇：真像个孩子，那你就吃吧！

老头：从今天起呀，咱们都吃（唱）娃—哈—哈。哈哈，哈哈哈……

老妇：你呀！哈哈，哈哈哈……

（欢快而温馨的音乐由弱而强）

这则广播广告所采用的就是广播广告中经常用到的正面诉求的手法，通过日常生活中老两口对话的执行点子，亲切感人地表达了创意核心。同时，从隔代人童年今昔对比入手，巧妙地拓展了产品的目标消费群体，说明娃哈哈果奶不只是孩子们的饮品，也是适合老年人的饮品。

（三）为“听”而创造，为“听”而写作

广播广告的创作是诉诸人听觉的创作，本来只有声音没有视觉形象是广播媒体的最大缺点，但换个角度从某些方面来讲，这又是广播媒体的最大长处，它给了人们最大的想象空间，同时也给了创作者很大的自由。

运用这种创作自由，就需要文案充分使用人声语言、音乐、音响等要素，设置立体化的情境空间，突出整体氛围，通过听觉来调动、诱发、拓展受众的想象力。人声语言是表意的，音乐是表情的，音响是表真的，成功的广告绝不会是电台播音员为在限定时间内念完而匆匆地带过，而应具备幽默、动人的效果，配上音乐或音效，实现创意核心概念的要求，把品牌名称和销售主张一次又一次地传达到人们的脑海中。在配合媒介特性方面，广播广告的人声语言、音乐和音响的功能是互补的，因此，文案创作时要使用好这三要素。

1. 在人声语言方面，要使用立竿见影、通俗易懂、形象生动的语言。具体来讲，需要注意以下几个方面：

（1）围绕主诉信息，使用具体形象、亲切真实、轻松愉悦、悦耳动听的语言。具体形象的语言，能够唤起受众的想象和联想，在听众脑海中形成画面或图像；亲切真实的语言，能够拨动受众的心弦；轻松愉快的语言，可以让听众感到轻松愉快，并激起其欣赏兴趣；悦耳动听的语言，能够引发受众的注意。例如，《泰山，欢迎您》广播广告文案。

（音响：钟声响第一声之后，音乐淡出再出钟声）

男中音：岱庙，历代帝王祭天的地方，登泰山从这里开始。

（转轻渺神秘的音乐）

（高亢）经孔子登临处，步步登高，一路千年文化，一路无限风光。

（幽静的山崖中，流水声、瀑布声、鸟鸣声与景观融为一体）

（悠扬）山高水长，云桥飞瀑，鸟语松风，十八盘盘，直上蓝天

（宁静舒缓的音乐渐出）

神游不如亲临。

（之后加响鼓声）

朋友，泰山欢迎您。

（音响、音乐渐渐消失）

这则广告文案语言凝练、生动形象、轻松愉快，配有播音员亲切的语调和悦耳动听的音质，塑造出诗一般的意境。而在文案的最后，点出文案的主诉信息，对受众可能产生极大的诱惑力。

（2）在词语选用和修辞方式选择上下工夫。尽量少用缩略语、简称和倒装句；用好具有描摹情境功能的形容词和具有创造氛围、表现人物情绪功能的感叹词；恰当地使用夸张、排比、对偶、借代、反复等修辞方法；多用双音词，可以提高语气的清晰度；多用成语、谚语、歇后语，可以强化记忆；多用韵母相同或相近的字押韵，能使广告语言起伏有序。

（3）广告词必须通俗化、口语化，尽量采用人们生活中通常的谈话方式，不要书卷味太浓。否则，广播广告线性传播、转瞬即逝、无法重复的缺点难以使听众充分接受广告信息；同时，在富有情节性的广播广告中，文绉绉的话语也会给人以虚假的印象，进而破坏了情境的塑造。例如，2001年沱牌曲酒在成都地区使用的促销广播广告文案。

甲：朋友来，喝沱牌，还有多少全拿来……

乙：停——停——

甲：干什么？

乙：别喝多喽！

甲：没事儿！

脸儿红了，瓶儿碎了，酒儿把我灌醉了……

乙：看看，还是多了！

甲：你才多了！告诉你，我中奖了！

乙：中奖了？什么奖？

甲：一辆汽车。

乙：一辆汽车？

甲：沱牌特曲开，汽车进家来——我这是乐的！

乙：到底咋回事？

甲（小声）：沱牌特曲正搞"喝沱牌酒，送吉利车"活动。买一瓶沱牌特曲，就有机会中一辆小汽车。你想不想试试？

乙：真的？

甲：咱是哥们儿，我能骗你吗？

乙（自言自语）：朋友来，喝沱牌，还有多少全拿来？

甲（嘀——嘀——）：喂，消息要保密哟！（远去的车声）

乙（充满遐想）：脸儿红了，瓶儿碎了，酒儿把我灌醉了……

（如梦方醒地）："我要买沱牌特曲——"

该广告全部使用当地农民口语的句式、语气、语调，电台播出后，受到目标消费群体的喜爱。广告词"脸儿红了，瓶儿碎了，酒儿把我灌醉了"，一时间在一些酒客之间广为流传。

2. 要运用好音乐要素。音乐是通过旋律和节奏来传情达意的，是为表现广告内容服务的辅助性手段。因而它不具备独立的、确切的表意功能，不能单独传播广告信息，只能间接地为广告信息的传播起辅助作用。广播广告中悦耳动听的、与语言的节奏和谐一致的音乐，能够唤起听众的情感共鸣，消除与听众之间的心理距离。特别是广播广告中的歌曲或民谣，可以调动听众的参与意识，强化广告信息，增进记忆，促进哼唱与流传，延续广告的传播效果。

广播广告的音乐一般包括伴奏曲和广告歌。伴奏曲基本上用在广告的开头，给听众一个心理上的准备，便于下一步开始的诉求。在广告开始之前有几秒钟的音乐是诱使听众注意的一种方法。而后，音乐可以渐渐淡去，成为对白与动作的配乐。多数的广告音乐是从音乐资料带中找出来的。但是，如果能结合产品，专门创作一段音乐，对塑造产品的品牌形象大有好处，甚至可以成为一种 CI 识别符号。

在广告音乐中，值得注意的是广告歌。广告歌即广告中的宣传歌，英文叫"CM Song"，也叫"Singing CM"或"Singing Commercial"，是将广告的创意，用一定的音乐旋律来表现的方式。例如，沱牌酒业股份有限公司在四川电台等机构持续播出的《悠悠岁月酒》的广告歌：

多少天地造化/多少日月精华/你是人杰圣贤的知己/也是平民百姓的朋友/常言道那好酒醉人不醉心/天地间这无情未必真英豪/情至深处人自醉/酒到醉时情更深/悠悠岁月酒/滴滴沱牌情

多少冲天豪情/多少梦绕情牵/你是热血男儿的兄弟/也是多情女儿的知音/常言道那好酒醉人不醉心/天地间这无情未必真英豪/情至深处人自醉/酒到醉时情更深/悠悠岁月

酒/滴滴沱牌情

3. 要恰当地使用音响要素。音响指的是除了有声语言和音乐之外的各种声音。它是为塑造广告形象，体现广告主题服务的又一辅助手段，具体包括以下四种类型：

（1）大自然中的各种声音。如山崩、地裂、洪水、海啸、浪涛、暴风雨等等。

（2）各种动物的声音。如鸟鸣、狼嚎、虎啸、犬吠、猪哼、鸡叫等等。

（3）物体运动摩擦发出的声音。如各种机械声及使用产品时发出的声音，像摩托车的“突突”声、火车的“轰隆”声、飞机的马达声、轮船的汽笛声、烹调时的炸锅声等等。

（4）人在活动时发出的声音。如脚步声、鼓掌声、喘息声、打斗声等等。

音响可以烘托环境背景，增强逼真性；创造运动感，平添生活气息；描述产品性能的特点，强化听众感受；渲染情绪气氛，表达思想情感；用作比喻象征，深化信息内容等等。在有的时候，音响能传达语言和音乐无法传达的信息。广播广告文案对音响的处理应予以重视，恰当运用。

# 第三节　广播广告文案的写作

## 一、采用广播能够使用的各种形式，表现核心创意

广播广告文案的表达方式多种多样，凡是以人的声音为主体，辅之以音乐、音响，能够通过电波传播的各种声音符号样式，都可以用来传播广告。例如，道白、对话问答、模拟生活场景、讲故事、歌唱、戏曲、评书、快板、诗朗诵、相声、顺口溜、话剧、小品、新闻播报、现场直播、主持人自由穿插、明星证言、意见领袖推荐等等。不过，不管采用哪一种具体的写法，关键均是传播主诉信息、表现创意核心。

例如，小霸王电脑学习机广播广告在表现创意核心方面就是一个成功的案例。该产品刚刚进入市场时，优点在于集学习和娱乐为一体，可以使单调的学习更有趣味。基于这一点，其创意核心（销售主张）确定为表现产品“寓教于乐，其乐无穷”的功能。最初的广告词是：“你拍一，我拍一，小霸王出了学习机……你拍三，我拍三，学习起来很简单……你拍五，我拍五，为了将来打基础”。当产品更新升级以后，继续执行这一创意核心，只是将广告文案的执行点子稍作延伸，强调产品对于培养下一代人才的重要性：“你拍六，我拍六，小霸王出了486。你拍七，我拍七，新一代的学习机。你拍八，我拍八，电脑动画顶呱呱。你拍九，我拍九，21世纪在招手”。在其企业形象广告

中，用著名影星成龙做代言人："想当年，我是用拳头来打天下。如今这电脑时代，我儿子是用小霸王来打天下……望子成龙——小霸王"，执行点子变了，但创意核心并没有改变。后来，随着同类产品不断出现、市场竞争加剧，企业意识到，仅仅依靠主机并没有多大的市场，就推出了学习卡，于是将广告的创意核心概念稍作变通，表现产品的强劲功能，广告词变为："学英语，用词霸，走遍天下都不怕！"、"记单词，用词霸，再难也不怕！"、"现在大家学什么？认知码！"

又如，"盼盼牌防盗门"广播广告文案，采用讲故事的方式来表达创意核心。该文案设计了孙悟空和太上老君斗智斗勇的情节，通过孙悟空大闹天宫的失败，幽默风趣地展示了此门的坚固。

音乐：空灵、缥缈、清幽的曲子

孙悟空（恶作剧地）："嘿嘿，太上老君府！待俺老孙再去弄把金丹尝尝。"

太上老君（低声地）："这猴子又来了，这回可有招儿对付他了。"

孙悟空："哎哟，好结实的门啊！哼，看俺老孙的手段！"

"我撞！"

音响：撞门声

孙悟空："我撬！"

音响：撬门声

孙悟空："我钻！"

音响：钻门声

孙悟空（无奈地）："哎哟！这是什么法宝啊？"

太上老君（得意地）："哼哼，此乃老夫新装的盼盼牌防盗门是也。这下，再也不怕你这泼猴了！哈哈哈哈！"

音响：笑声，渐渐消失

播音员："盼盼守门，放心出门！"

孙悟空大闹天宫的情节，家喻户晓。广告中，稍作变化，让太上老君府装上盼盼防盗门，即使是无所不能、法术变幻莫测的孙悟空也奈何不得。随着故事情节的展开，广告的创意核心被表现得淋漓尽致，盼盼防盗门坚不可摧的功能深深地印入目标消费群体的内心。

再如，西北航空公司广播广告文案采用模拟飞行现场这样一种特定的生活场景的方式展开。

音响：飞机轰鸣声

机组乘务员："各位乘客请注意，西北航空公司292次航班马上就要降落了，请各位系好安全带。"

音响：风暴声起

音响：飞机颠簸，旅客惊慌的叫喊声夹杂着雷雨声和飞机轰鸣声

机长："指挥塔，我是西北航空公司292次航班机长，我们遇到风暴，无法降落，请求地面导航，请求地面导航。"

音响：旅客惊慌的叫喊声

机长："各位乘客请注意，请不要惊慌，我是机长，请大家系好安全带。我们遇到了风暴。我们机组人员将尽一切努力确保大家安全。"

音响：飞机着陆声

机长："各位乘务员，我是机长，我们安全地降落了。"

音响：乘客欢呼声

播音员："西北航空公司，这些人飞得真在行"

该广告使用音效、音响等要素，再现了一次在恶劣天气条件下飞机安全降落的过程，表现出西北航空公司能够保障航空安全的主诉信息。同时，现在时态的叙述方式，不仅使听众如临其境，也给人一种悬念，诱使他们一直听下去。

## 二、主诉信息要反复强调

通常情况下，重复是写作的大忌，而广播广告文案的写作却不遵守这个规则。由于声音的易逝性，在广播广告文案中大量使用代词会引起一定的混乱，从而大大影响听的效果。所以，在广播广告文案的写作中，一些需要强调和突出的内容，如品牌的名称或产品的突出特点、独特理念等不仅不要怕重复，而且要有意地适当加以重复（30秒的广播广告，重要信息至少要重复三次），才能加深听众印象，有利于人们对主诉信息的记忆。这与平面广告文案是不同的。当然，重复也要有度，不能让听众感到厌烦，最好能在变化中求重复。

例如，四川舍得酒业公司在深圳举办"舍得酒"推介会时，会场上播放的《舍得歌》就是由我国著名词作家阎肃作词的一首广告歌曲，歌词如下：

如果你问我，舍得不舍得？我会告诉你，潇洒是什么？我会告诉你，舍得舍得。一人要舍得，就会有欢乐；两人要舍得，就会陶醉多；舍得流汗水，才有好生活；舍得金弹子，能打凤凰窝。要想有所得，首先要舍得；舍得坛坛罐罐，才有轰轰烈烈；舍得辛辛苦苦，才有明明白白；舍得冷冷秋风，才有飘飘红叶；舍得芬芬芳芳，才有亲亲热热。

这当然是一个比较极端的例子，其中的"舍得"重复了十几次。但正是在这样的重复中，人们记住了"舍得酒"的品牌名称及其蕴涵的生活哲理。

又如，中意电器广播广告文案。

中意电器，中意的生活，生活的中意；中意电器祝大家事事中意！让中意电器使您自己中意、妻子中意、孩子中意。因为只有您中意，才有我中意。

这也是一篇重复得比较巧妙的文案，恰当地使用了顶针和回环等修辞格。

再如，可口可乐公司雪碧汽水广播广告文案。

（蝉鸣起伏）

男孩声：渴，渴……

女孩声：晶晶亮，透心凉……

（喝一口，吸干声）

男孩声：哇！

男声：哦！雪碧，当今生活，无论宴会、旅游、运动……到处都有你清凉的奉献！

（孩子笑声，青年欢呼声，摩托艇驶过声，一阵海浪声，又一阵海浪声）

女声：雪碧（飘过）

这篇广告中，至少重复了三遍品牌信息，但是在多种音响与有声语言的配合下，并没有使听众感到厌烦和乏味。反复重复重要的信息，如一些关键句子、品牌名称、企业名称、联系方法等，多数在广告结尾，以加深刺激，吸引听众注意。

## 三、把握主次关系，实现要素最佳组合

每一条广播广告都是用三种声音——人声语言、音响、音乐来传达信息的，但这三者不是简单地叠加，而是要具体分析在每一条广告中究竟以谁为主、以谁为辅，谁先谁后、谁强谁弱，把握的总体原则就是要看是否有利于广告主体的传达。也就是要注意这三者的整体规划和把握，从整体上考虑这三个要素的平衡和主次关系，既要让每一个要素发挥各自的作用，同时又不破坏整体感觉。

在三个要素的主次关系中，人声语言居主导地位，音乐和音响是配合语言使用的辅助手段。如果本末倒置，片面追求形式，刻意于音响和音乐上的雕琢，而忽略了对广告语言的精益求精，就会喧宾夺主，达不到广告的目的。同时，三要素之间，又可能在广告展开过程中，根据表现创意核心的需要，产生“互易”或“分立对位”的现象。互易指的是占主导地位的要素往往不是一成不变的，有些时候，占次要地位的要素会升上去变成主导要素。“分立对位”的分立指的是两者相对独立，并按照各自的规律发展；对位指的是在各自独立发展的同时，两者又互相对准位置、互相配合，有机地结合在一起，形成一个有特殊表现力的对列形式。

广播广告中的人声语言、音乐和音响三要素缺一不可，但并非简单相加，而是高度

进行理性诉求，而应尽量使文字变得生动、感人，从而抓住听众的心。

## 二、对优秀广播广告作品《湘泉酒》的评析

适当的重复，使广播广告被听众注意，让听众产生记忆，从而减少声音易逝性的负面效果，是广播广告文案写作的常用手段。湖南人民广播电台播出的、1998年中国广播广告奖获奖作品《湘泉酒》在这个方面就做得很好：

（乡村风景：小桥流水、鸟鸣、牛叫……

女：湘泉，一段难以忘怀的岁月，

男：湘泉，一种永不磨灭的情愫，

女：湘泉，一股温暖人生的甘泉。

男：由湘泉集团和酒鬼股份有限公司出品的湘泉系列酒，含酒鬼、湘泉、神鼓等十余种佳酿。

（倒酒声

男：湘泉系列，酒中无上妙品，

女：温暖人生的甘泉，

男：永不磨灭的情愫，

女：难以忘怀的岁月，

合：人生百年，难忘湘泉。

在并不太长的文案中，湘泉的名称重复了7次，很好地起到了突出品牌、帮助记忆的作用。但是，这些重复并不让人感到厌烦，相反还进一步增加了广告的色彩。

### 思考·案例·练习

1. 你如何理解广播广告的特性？
2. 广播广告对广播媒体特性的配合应该注意些什么？
3. 广播广告文案有哪些种类和形式？
4. 怎样实现广播广告要素的最佳组合？
5. 技能训练

**资料**

### 海南养生堂农夫果园饮料

**企业简介**

养生堂有限公司是一家以生产和经营健康产品为主的现代化高科技企业，其总部设

在浙江省杭州市。公司成立十年来，产业已经横跨饮料、食品、保健品、生物制药四大领域，顺利完成适度多元化发展战略，并且正在努力成为国内一流的跨行业、上规模的大型民营企业。十年之间，养生堂成功创立了龟鳖丸、朵而、农夫山泉、清嘴、成长快乐五大知名品牌。公司特有的养生堂商标为驰名商标。农夫山泉瓶装天然水为中国名牌产品。养生堂以“诚心、高效、务实、奋进”的精神训导员工，以市场为导向，以消费者为中心，想消费者之所想，急消费者之所急，致力于造福人类的健康事业。

**产品介绍**

农夫果园为橙、胡萝卜、苹果或菠萝、芒果、番石榴的混合果汁饮料，每天补充人体所需的维生素。

**广告目标**

（1）提升品牌知名度，培养消费者对品牌的忠诚度。

（2）促进产品销售量的提升。

**广告目标对象**

有一定消费能力的年轻消费者。

**必要列入事项**

产品 LOGO

**训练要求：**

（1）为朵而胶囊、农夫山泉、清嘴含片、成长快乐四种品牌各创作两种形式的广播广告文案，文案之间不可重复。

（2）按照广播广告每分钟 150 字的播出速度，检查你写的文案是否符合时间长度要求。

# 第10章　电视广告文案

**本章知识要点：**

1. 了解电视广告媒介的基本特征和电视广告的特色
2. 了解电视广告文案在电视广告中的表现形式
3. 掌握电视广告文案的写作方法和电视广告的表现形式

电视是20世纪最伟大的发明，它有着非同凡响的魔力，因此人们戏称整日沉迷于电视而无法自拔的人为“沙发里的土豆”。以电视为传播媒介的电视广告是所有广告形式里最具感染力的，当电视广告形成的动机和欲望与消费者产生共鸣时，便可将产品的魅力宣泻而出，产生惊人的销售力。电视广告将图像、声音、动作、色彩融为一体，声画结合，动感十足，为广告人提供了发挥创造力和想象力的舞台，同时也要求写作电视广告文案不仅仅要写作声音，掌握一般的语言文字符号，而且要描述动态的画面，熟练地运用影视语言。

## 第一节　电视广告

电视的出现为现代广告提供了展翅高飞的金翼。电视广告融色彩、声音、图像和文字于一体，作用于受众的视觉、听觉乃至知觉，使受众在感受、接触和体验的过程中产生认同心理，电视遂成为最理想的、最受大众欢迎的传播媒介，在广告媒介中独占鳌头。

## 一、电视媒介的特长与特短

### （一）多样化的表现方法和综合性的传播手段

电视媒介是视听结合、时空一体的综合性媒介，是通过刺激人的视觉和听觉器官来激发其感知过程，完成信息传递的工具。电视广告不但可以向受众详尽地介绍商品的各种性能，而且能形象、直观地将商品的外观及包装特点等逐一展现在受众面前，从而可以最大限度地诱导购买，因此具有无可比拟的影响力和优越性。这使得电视成为所有广告媒介中具有强劲发展势头和很大发展潜力的一种媒介，颇受广告主和广告经营单位的青睐。

电视将空间艺术、时间艺术的表现形式集于一身，构成了声形色并茂、视听动兼容的综合性传播手段。电视把文学、艺术、科学、技术融合为一体，通过信息的传播，寓宣传、教育、广告、服务于娱乐中。运用电视表现手段，还可以把时间向前、向后大幅度推移，将空间跨度大幅度缩小或放大，并将之合乎逻辑、富于节奏地重新组合，以表达思想，传播信息。

各种信息通过电视制码可以转换为直观、具体的可感图像、声音和文字。广告主借助电视就可以对商品或劳务进行有形描述，让受众看到富有感情和动作变化的动态画面，新颖生动，形象逼真，现场感强，具有很强的吸引力和说服力。更主要的是电视媒介可以着重展现商品个性，如外观、内部结构、使用方法、效果等，突出广告诉求重点，从而激发受众对商品或服务的需求，产生良好的广告效果。

### （二）传播穿透力强，信息覆盖面广

电视利用光电转换系统传播信息，不受时间和空间的限制，将各种信息及时传输到覆盖区域之内的每个角落。因此，传播迅速，观众多，收视率高，有着很强的渗透能力。

电视改变了人们的比例感或曰感觉方式，因而具有比人们所想象的更加普遍的影响。电视信息可以传递到电波所覆盖区域的任何地方，通过电视机的接收，电视广告的触角遍及各方，从而拥有众多的受众，产生强大的宣传攻势和广泛的影响效果。尤其在城市，几乎每个家庭都拥有至少一台电视机，通过电视对握有购买决定权的家庭主妇进行广泛的广告宣传，能够为一般日用品及耐用消费品的消费奠定基础。就此而言，电视就如同挨家挨户推销商品的推销员。

电视传播穿透力强，到达率高，能够直接进入千家万户。只要观众打开电视机，欣

赏自己所喜爱的电视节目，广告就会随之而来，所以它常常被称作“不速之客”或家庭的“闯入者”，令人难以阻挡。换句话说，电视传播所到之处，也就是电视广告所到之处。

对于电视观众来说，电视广告的播出具有不定性。广告主可随节目收视率的高低及观众的差别，灵活选择播出时段，使广告更具有针对性。同一电视广告可在不同时间闯入观众的视野，久而久之强化了记忆，潜移默化地影响消费者和潜在消费者，实现理想的广告目标。

### （三）视听相结合，富含冲击力

图像的运动是电视媒体的最大特点。这一特点主要作用于人们的外部感觉，而这当中最主要的是视觉和听觉。视觉符号和听觉符号分别诉诸于人的眼睛和耳朵，使人产生不同的感觉效果。资料表明：人们在同时接收视觉符号和听觉符号与只接收听觉符号或视觉符号时，产生的效果有所不同。同时接收视听符号，3 小时后能记忆传播内容的 90%，3 天后能记忆传播内容的 75%；只接收视觉符号，3 小时和 3 天后能记忆的传播内容分别是 70% 和 40%；只接收听觉符号，3 小时和 3 天后能记忆的传播内容分别是 60% 和 15%。一般而言，一个正常人从外界接受的信息中，绝大部分是通过视听觉获取的。视听觉是人类认知外部世界的主要器官，而广告活动就是以刺激受众的视听觉器官而使其产生兴奋作为基本手段的。

广播只有声音没有影像，平面摄影只有影像没有声音，而且无论印刷多么精美的摄影图片，都无法像电视媒介那样具有动态感，以人们感触到的现实生活中的原始形态来展示信息。电视媒介用忠实的记录手段再现信息的形态，即用声光信号直接刺激人们的感官和心理，以获得受众感知经验上的认同，感受特别真实强烈。立体信息场的刺激累加，受传互动的传播方式使电视广告更直观生动，富含冲击力、感染力。

### （四）画面不连贯，信息不完整

电视画面呈不连贯状态，不具备叙述事情的变化和经过的能力。视知觉感知规律告诉我们：感知一个全景画面所包容的信息需要 8 秒钟左右的时间，感知一个中（近）景画面所包含的内容需约 2 秒时间。电视画面因交代环境、背景等的需要，全景、中近景镜头的运用占整个镜头数的 75% 以上。据此计算，60 秒的电视画面，最多可有 8 个完整画面，然而实际操作中，只能提供约 6.2 个完整画面，因而很难形成完整的情节。

在电视节目中，一则广告信息通常稍纵即逝。电视广告的播送内容受播出时间的限制，一般只有几秒、十几秒的长度，观众还没等看清楚，就过去了，难以一次性地给观众留下清晰而深刻的印象。而一旦错过，观众又无法立刻重复收看，很难查找有关信息。当然，广告主可以安排重复播放，但这要受到广告经费与广告预算规模的制约。

另一方面，电视广告以插播的方式播出，经常破坏观众的收看情绪，易使观众产生逆反心理。观众被迫接受广告信息时，受收看节目影响的情绪越高涨，产生的逆反心理就越强烈。强制接受的广告信息超过一定的限度，观众“忍无可忍”，就可能换频道。针对电视广告播出的这一劣势，为保证广告信息较高的到达率，应该做到插播的电视广告总长度尽量不超过与节目规定的时间比例，以减少其负面效应。

### （五）制作复杂，广告成本高

电视的受众随时在变化，广告主无法确定在一个电视节目中，究竟有多少人、是哪一种人在收看其所提供的信息。另外，电视广告的价格也总是浮动的。电视台出售的广告时间有着量的控制：1小时的电视节目中多少广告量有一定的限制，1个播映日内的广告播映时数也有限制。所以，当越来越多的广告主想要使用电视时，电视广告的费用自然会提高。

在所有广告媒介中，电视媒介的费用是最高的。这是由于电视广告设计制作涉及面广，编排一部有一定情节的电视广告片需要美工、文字、音乐、音响、演员、导演、灯光、摄像等各方面的齐心协力，并且需要一定的时间，一大笔投资，播放费用也很高，这是财力有限的中小企业难以承受的。由于费用、成本的原因，电视媒介播放广告的时间长度有5秒、10秒、15秒、30秒、60秒等几种，其中，15秒和30秒这两种长度的广告最多。

此外，电视媒介租用费用高，一般广告主有难以负担费用之虑，因而在播放次数和对广告内容的详细解释上都形成限制，差强人意。

## 二、电视广告的文化品格

### （一）电视广告的“逻辑”

电视广告是一种通过电视媒介传播的广告。它运用声画组合的表达方式传播特定的广告信息，具有短暂、松散、明确以及风格化等特点。可以说，电视广告的“逻辑”是口头的、视觉的和动态的。

### （二）电视广告的人情味

连续活动的画面，能够从各个方面展现广告商品的特性，观众宛如身临其境，面对面的播送，如同与观众亲切交谈，既直观形象，又富有人情味。电视广告能运用各种技巧，突出商品特点，加深视觉和听觉印象；电视广告还可运用各种表现艺术，使广告内容富有情趣，增强受众的兴趣。有的电视广告选择一个故事，把广告内容寓于故事情节之中；有的加入广告歌曲，使人深受感染；有的选用民间传说、英雄人物、历史典故等来表现内容；有的把广告信息孕含在一定的生活情趣中，让人在不知不觉中接受广告信息。

随着人们生活水平的提高和生活节奏的加快，人们在生活中对情感付出、情感享受和情感幻想方面有着特殊的需求。在广告创意中，如果利用亲情、友情、爱情来创作，可以打动相当一部分人的心。如荣获第五届全国优秀广告作品的“百年润发，重庆奥妮”就是通过一系列悲欢离合的情节，讲述了一段感人至深的爱情故事。其成功之处就在于以情感人，并在“相爱永不渝”的意境中，升华了“百年润发”的品位。

再如“南方黑芝麻糊”电视广告，从情感诉求入手，把平淡无奇的商品，用回忆的手法将人带入甜美的记忆中，达到引起欲望、促进销售的目的。

麻石小巷，黄昏，挑担的母女走进幽深的陋巷，油灯悬在担子上，晃晃悠悠。

小男孩挤出深宅，寻着飘出的香气，伴着木屐声、叫卖声和民谣似的音乐。

(画外音)“小时候，一听见芝麻糊的叫卖声，我就再也坐不住了……”

小男孩搓着小手，神情迫不及待，大锅里那浓稠的芝麻糊不断滚腾。

大铜勺提得老高，往碗里倒芝麻糊。

小男孩埋头猛吃，碗几乎盖住了脸。磨芝麻的小姑娘站在母亲身后，好奇地看他。

小男孩大模大样地将碗舔得干干净净，小姑娘捂嘴笑。

卖糊母亲爱怜地又给他添上一勺，轻轻抹去他脸上的残糊。

小男孩抬头，露出羞涩的感激。

(画外音)“一股浓香，一缕温暖”

古朴的街景，旧日的穿着，橘色的马灯，熟悉的叫卖声，共同构成了一幅立体的画面。

该广告画面质朴、温馨，几许乡情，几许温馨，几许关怀，几许回忆，无不蕴涵其中。卖糊母亲的微笑，买糊儿童天真的眼神，母亲与童心，关怀与成长溢于画面。卖糊母亲所添的一勺糊，更是画龙点睛，一举使广告主题升华，此乃“卖非为卖也”，由此喻示企业的生产乃是爱的奉献，是对生活的奉献。从亲切的“芝麻糊”叫卖声中，切入对童年回忆的镜头。小男孩喝了一碗芝麻糊后忍不住用舌头舔了一下碗，又舔了手，最后舔唇，该细节的表现实在令人拍案叫好。“舌舔”动作虽“不雅观”，但对小孩而言，不仅是“童心”的真实表现，也是“童真”、“童趣”的生动反映，刻画非常真实；同时，“舌舔”动作，是对“南方黑芝麻糊”诱惑力的一种暗示。这种“无声”的手法比起那些“急吼吼”的自吹自擂，显得更加有味和含蓄；最为关键的是，小男孩的“舌舔”动作，不仅强化了观众的记忆，而且激起了消费者的购买欲望。在各种广告满天飞的今天，“南方黑芝麻糊”广告确有其不同凡响之处。它通过一个生活的场景，一段儿时经历的回顾，逗引人们眷恋往事的情思。画外音“一股浓香，一缕温暖”意蕴含蓄、耐人寻味，唤起人们的心理共鸣。广告的场面完全做到生活化，浑朴自然而无丝毫做作，因此具有“润物细无声”的功效，难怪孩子们想吃，大人们嘴馋，“南方黑芝麻糊”自然而然地走进了千家万户。

（三）电视广告的家庭文化属性

日常生活很大程度上都离不开电视，对此，人们已经习以为常。电视提供打发时间的渠道，已成为家庭日常生活的一部分。人们在家里收看节目，议论节目，即看即忘，淡然处之。有时候人们独自收看，有时候则同家庭成员或朋友一起观看。当人们坐在客厅环顾四周的时候，总是更多地把目光投向电视屏幕，因为这“第五堵墙”是如此的丰富多彩，以至于四周的金碧辉煌都显得相形见绌。电视从另一些意义上说也是家庭文化的组成部分：其节目的安排与编制，规定了家庭生活或至少某些人的家庭生活的模式和结构。它也是人们融入消费文化的一种手段。家庭生活便是通过这种手段构成和展现的。

电视的收看方式比较随意，以个人或家庭形式进行。电视基本上是一种家用媒介，它的节目一般来说锁定的是家庭观众。此外，电视采用日常口语化风格，它与观众的交流方式与其在家庭中的角色是相符的。

电视广告形象逼真，就像一位上门的推销员一样，把商品展示在每一个家庭成员面前，让观众在欣赏电视节目之余有意或无意地对广告进行比较和评论，引起注意、激发兴趣、统一购买思想，这就有利于作出购买决定。因此，日常生活用品广告，采用电视媒介，容易引起消费者的关心和兴趣，效果较好。但生产资料电视广告，由于与家庭消费关系不大，广告效果相对较差一些。而且，由于电视既给人清楚的形象，有声音又有动作和色彩，因而它几乎是每户人家注意的焦点，看的时间很长，而且看时相当投入，聚精会神，这同人们边听广播边干别的事情是不同的。加之，电视以其特有的声、画、音、情为特色，这对刺激人们的购买欲望是有利的。

请看“惠普喷墨打印机”电视广告（保姆篇）：

爷爷在照看孩子，婴儿在他怀中熟睡。

屋里静悄悄的，唯一的响声是时钟的滴答声。

爷爷拿起电视遥控器，打开电视。音量特别大，正在播放“疯狂摔跤比赛”。

婴儿惊醒了，哇哇大哭。

爷爷把孩子放进婴儿床，尽力哄他：“宝宝，不哭，爸爸妈妈就回来了。”可孩子哭闹不止。

爷爷又设法用一个绿色大青蛙哄他，仍然无济于事，孩子还是哭。

爷爷终于想出办法了：他拿出一张全家福合影，用电脑和 693 型桌面喷墨打印机打出一张婴儿母亲的放大图片。

一切又安静下来了，婴儿熟睡在爷爷的怀里。狗进入房间时在半道停下来，爷爷脸上盖着一张与真人一般大的婴儿母亲的图片，把食指放在婴儿母亲的嘴唇前，示意狗别乱出声。

（推出字幕）“惠普高质量打印机，能够以假乱真。

惠普公司，专家研制，人人可用。”

在这则电视广告中，爷爷当了一回保姆。与别的婴儿的爷爷一样尝到了其中的艰辛；但他又有着异乎寻常之处，那就是他得益于惠普打印机。婴儿被惊醒、大哭、百般哄他都无济于事，爷爷无计可施，这些都与别的婴儿的爷爷无异。转折点在于，爷爷终于想到了一个好办法，这是其他的爷爷所没有想到的：用电脑和 693C 型桌面喷墨打印机打出一张与真人一样大的婴儿母亲图片，并用它盖在自己的脸上。打印的图片产生了以假乱真的效果。婴儿熟睡在爷爷的怀里。狗进入房间、爷爷将食指放在婴儿母亲嘴唇前示意狗别做出声的动作，作为细节，都起到了给人以生活真实感和增添生活情趣的作用。受众在会心一笑之中，牢牢地记住了惠普品牌的打印机。

## 第二节　电视广告文案写作

要想创作一个好的电视广告文案，首先必须了解电视广告文案的结构、表现形式以及具体的写作技巧。灵活地运用电视广告文案的文体结构和写作技巧。常常是杰出广告人取胜的关键所在。

### 一、电视广告文案的特殊个性

广告专家据调查结果宣称，在被收看的广告中，只有 1/3 的广告能给观众留下一些印象，而这 1/3 中又只有 1/2 能被正确理解，仅仅 5% 能在 24 小时内被记住。而这些特点，恰恰意味并展现着电视广告文案的独特魅力。

#### （一）电视广告文案的特殊性

1. 特殊的形式

由于电视广告文案在写作过程中除了运用一般的语言文字符号外，还必须掌握影视语言，运用蒙太奇思维，按镜头顺序进行构思，颇似电影文学剧本的创作，因而又被称为电视广告脚本。电视广告的各种构成要素，包括素材、主题、艺术形式、表现手法以及解说词等，共同构成电视广告的内容与形式。这一切都必须首先通过电视广告脚本的创作来体现，从而使电视广告文案显示出有别于其他广告文案的特殊性。

2. 特殊的性质

电视广告脚本是电视广告创意的文字表达，是体现广告主题、塑造广告形象、传播广告信息的语言文字部分，是广告创意的具体表现。

同时，电视广告文案又有别于报纸杂志等平面广告文案。它并不直接与受众见面，也不是广告作品的最终形式，只不过是为导演进行再创作提供的详细计划、文字说明或蓝图，是电视广告作品形成的基础，但对未来广告作品的质量和传播效果具有举足轻重的作用。

电视广告脚本包括既相连接、又各自独立的两种类型：一是文学脚本；二是分镜头脚本。前者是后者的基础，后者是前者的分切与再创作。前者一般由文案撰写人或编剧创作，后者一般由导演完成。

3. 特殊的语言

影视语言不仅是电视广告独特的信息传达方式，也是电视广告形象得以体现的不可或缺的先决条件，是电视广告的基础和生命。

（1）影视语言的特点

影视语言是具象的、直观的。它总是以具体的形象来传情达意。影视语言又是运动的和现实的。摄像机客观地记录现实，具有“物质现实的复原”功能，因而影视画面的基本特征是“活动照相性”，可以使观众产生一种身临其境的现实感。影视语言更是民族的、世界的，不仅具有鲜明的民族性特征，而且是一门世界性语言，可以成为各国人民交流思想、沟通感情的工具。

（2）影视语言的构成

影视语言由三部分构成：一是视觉部分，包括屏幕画面和字幕；二是听觉部分，包括有声语言、音乐和音响；三是文法句法——蒙太奇（montage），即镜头剪辑技巧。

4. 特殊的结构

在多数电视广告文案中，几乎没有独立的广告标题，而是将标题与广告语合二为一。除此之外，电视广告文案的结构和印刷媒介广告文案区别不大。

### （二）电视广告文案的结构

1. 主题

素材是搭建电视广告作品的基本材料，而主题则是电视广告作品的灵魂。在整个电视广告写作中，主题起着主导和支配作用。主题像凝结剂一样，凝结着电视广告的所有相关素材；主题又像一条红线，串起了电视广告写作的所有环节。

电视广告主题承载广告商品的个性，标明广告目标，满足消费心理。如，洗发水共同的功能是去污洁发，而有一种洗发水却强调是专用于早间洗发的，于是满足了习惯于早晨洗发的消费者的需求。洗发水的功能没有变，但由于强调了早间使用的特殊个性，使这一洗发水打开了销路。

电视广告一般很短。在较短的时间内不可能面面俱到，只能集中表达一个中心思想。如果将电视广告的主题集中于一点，诉求单一，并加以突出，就会吸引相关的目标受众。如农夫果园的电视广告：

电视镜头上是一对穿着沙滩服的父子，他们来到小店买饮料，忽然发现小店的牌子上有一句话：农夫果园喝前摇一摇。父子感到很奇怪，但还是按照自己的节奏，摇晃了起来。小店店主睁大眼睛看着他们。

画外音：农夫果园有三种水果在里面，喝前摇一摇。

这则电视广告首先给消费者设置了悬念：什么叫喝前摇一摇呢？镜头中父子两人夸张的动作显得憨态可掬，营造出了轻松幽默的整体氛围。广告随后给出答案，原来摇一摇，摇的是瓶子，而不是要消费者摇动身体。为什么要摇呢？三种水果在里面，这是农夫果园区别于其他果汁饮料的最独特的地方。

2. 电视广告解说词

电视广告的解说词，是电视广告创作的重要构成要素，包括画外音解说、人物独白、人物之间的对话、歌词和字幕等等。每则电视广告根据创意和主题的需要，只取其中一二，究竟选择哪几种解说词，须根据创意要求灵活运用。

解说词的基本作用是弥补画面的不足，即用诉诸听觉的方式来补充诉诸视觉所不易表达的内容，提示并深化电视广告的主题，以字幕形式出现的解说词也起着进一步强化信息内容的作用。如：

英特尔计算机微处理器　Intel inside!

耐克　Just do it!

金利来，男人的世界！

牛奶香浓，丝般感受，德芙牛奶巧克力！

这些广告语都是生活中极为普通的口头语，却体现了无穷的魅力，并在观众中广为流传，有效地扩大了对产品的宣传，起到了很好的促销作用。

## 二、遵循电视广告文案写作的规律

### （一）电视广告文案的写作素材

素材是写作必不可少的材料。犹如搭屋建房需要建筑材料一样，电视广告文案的写作离不开素材。

1. 核心素材——构成电视广告核心信息的素材

经过充分的市场调查，获取电视广告所要宣传的商品、生产者、消费者、竞争对手情况以及电视媒介的情况等材料，再对所掌握的材料进行整理、分析，形成广告定位、目标诉求对象和电视广告主题，最终决定在广告中要“说些什么”。

2. 表现素材——即“怎么说”、“用什么方法说”

（1）画面素材

在电视广告写作阶段，根据创意，事先设计，以草图方式绘制出来，是电视广告表现素材的主体。画面素材包括画面内容、字幕、画面间的剪辑方式等。

（2）音乐音响素材

是电视广告表现素材的附体，包括电视广告背景音乐和电视广告歌曲。在电视广告的写作阶段，应对广告音乐、音响有所设计，如背景音乐、音响放在整个作品的什么位置上，剪接点在哪儿，出入方式如何等。有些广告歌曲还要标明歌词内容以及画面、解说、字幕的配合方式。如“娃哈哈果奶”有一首脍炙人口的广告歌曲：

童声齐唱：甜甜的，酸酸的，有营养，味道好。天天喝，真快乐。

女童齐唱：妈妈，我要喝……

童声齐唱：娃哈哈果奶！

此广告歌曲采用了儿歌的音乐旋律和语言形式，吸引了孩子们的注意力，同时，又以儿童稚嫩企求式的语气，唤起了母亲对孩子的关爱之情，堪称儿童饮料广告的佳作。

（3）电视广告语

电视广告语是电视广告创意的体现，凝结着电视广告的主题，补充和深化电视广告画面，强化电视广告中值得解释、说明和记忆的部分，追求抑扬顿挫、简洁通俗等。

（4）电视广告演员

这是电视广告的表演者。电视广告通过演员的表演，展示广告诉求内容，带出电视广告一系列的表现素材。可从如下几个方面加以考虑：

一是选择社会名人。包括文艺明星、体育明星、社会名流等。社会名人是观众的偶像，在各自的领域有一定的成就和影响，观众因此对他们喜爱和崇拜，从而对他们所宣传的商品产生好感，或模仿他们的行为，购买他们所使用的产品，产生明星效应。如“爱立信手机”电视广告：

（画面一）在一个午夜的盛大宴会上，由张曼玉主演的女主人公身着漂亮的晚礼服轻盈地走入宴会厅，引来众人的目光。这时，由王敏德出演的男主人公满怀深情的眼光紧紧地追随着她。双方的目光有了刹那间的碰撞，昔日感情一下子重新燃起，彼此开始在人群急切地寻找。最后，在手提电话的无声牵引下，张曼玉推开了一扇紧闭的门扉，两人忘情地紧紧相拥。音乐响起，礼花腾空而飞，一对昔日恋人遥望着灿烂而美丽的天空……

（画面二）鸽子鹊然飞起的教堂。婚纱中的张曼玉在牧师的主持下就要身许他人，此时此刻，牧师的手机铃声骤响。新郎感到异常地局促不安，似乎预感到什么。张曼玉毅然接过电话，遥远的回忆刹那间涌上心头，狂奔而出。教堂外的王敏德正握着手机。最后时刻的依然执著换来了张曼玉为感情抛弃一切的洒脱。

（主题歌）“What a magic moment!”（魔力一刻）

（画外音）“一切尽在掌握”

这组广告的特点就是恰如其分地采用了明星路线。选择婚恋题材，由著名影星出演，辅之一波三折的情节，充分表达了爱立信积极进取、力求创新、促进沟通的品牌主张，以及爱立信所强调的“爱立信是人们生活中不可缺少的通讯工具”的广告策略。“爱立信”让男女主人公在关键的时刻把握了自己的命运，在人生的悲欢离合中创造着种种惊奇，最终获得了幸福、美满和成功。新颖的题材，巨星的出演，使这组明星广告在中国市场上取得了巨大的成功，同时也为雇“星”制作广告的广告创意策划人提供了范例。

二是选择个性独特的普通人。普通人就生活在我们的身边，以普通人为电视广告演员，使人感到亲近可心。以他们为素材推荐产品，可以产生人证效应，有很强的说服力。比如，在“白猫洗洁精”电视广告中，“一点儿也不伤手”、“用起来放心”似乎就是邻居们说的话，特别是那位老太太的一句“放心……”，让人觉得真的很放心。

另外，在文学或影视作品中，天真活泼的儿童、各种动物等都可以作为电视广告演员。只要创意能够想到的，技术能力可以达到的，都可以进入电视广告。电视广告的素材丰富多彩，俯拾皆是。

### （三）电视广告文案的写作要诀

电视广告文案的设计、创作和撰写，是一个十分复杂的系统工程，除了语言文字运用本身的规律外，还涉及广告的定位、创意、商品的特点、受众、目标市场等多方面的因素，甚至于广告的篇幅和时段的运用等也在很大程度上制约着文案的写作。由于这一系列因素的影响，使得电视广告文案的写作具有较为明显的技巧性和特殊性。

1. 既遵循广告文案写作的一般规律，又遵循电视广告脚本创作的特殊规律

电视广告所独具的蒙太奇思维和影视语言，决定了电视广告文案的写作既要遵循广告文案写作的一般规律，又必须掌握电视广告脚本创作的特殊规律。具体地说：

一是电视广告文案的写作，必须首先分析研究相关资料，明确广告定位，确定广告主题。在主题的统帅下，构思广告形象，确定表现形式和技巧。

二是电视广告文案的写作，必须运用蒙太奇思维，用镜头进行叙事，语言要直观、形象化。

三是按镜头段落为序，运用语言文字描绘出一个个广告画面，还须考虑时间时段的限制。电视广告是以秒为计算单位的，每个画面的叙述都要有时间概念，镜头必须在有限时间内传播所要传达的内容。

四是做到声画对位。电视广告是以视觉形象为主，通过视听结合来传播信息内容的，因此电视广告文案的写作必须做到声音与画面的和谐，即解说词与电视画面的“声画对位”。

五是电视广告文案的写作，应充分运用感性诉求方式，调动受众的参与意识，引导受众产生正面的“连带效应”。

2. 重视电视广告解说词的构思与设计

一是要写好人物独白和对话。它的重要特征是偏重于“说”，要求生活化、朴素、自然、流畅，体现口头语言特征。

二是对于旁白或画外音，可用娓娓道来的叙说，或者用抒情味较浓重的朗诵形式，也可以用逻辑严密、夹叙夹议的论说。

三是以字幕形式出现的解说词要体现书面语言和文学语言的特征，并符合电视画面构图的美学原则，具备简洁、均衡、对仗、工整的特征。

四是重点写好解说词中的广告口号，要求尽量简短，具备容易记忆流传、口语化及语言合辙押韵等特点。

在内容上，解说词重在强化广告中需要说明、补充或需要观众记忆的部分。表 10－1 即为 2000 年广告金句排行榜。（国际广告研究所、国际广告杂志社：《2000 年广告金片金句排名》，《国际广告》2000 年第 8 期。）不难看出，简洁、平实的广告语是一种广受欢迎的创作风格，更易获得认同与欣赏。

**表 10－1**

| 客　户 | 金　句 |
|---|---|
| 诺基亚 | 科技以人为本 |
| 飞利浦 | 让我们做得更好 |

续表

| 客　户 | 金　句 |
|---|---|
| 戴比尔斯 | 钻石恒久远，一颗永留传 |
| 雀巢咖啡 | 味道好极了！ |
| 农夫山泉 | 农夫山泉有点甜 |
| 联想 | 人类失去联想，世界将会怎样？ |
| 雪碧 | 晶晶亮，透心凉 |
| 海尔 | 海尔，真诚到永远 |

看似不经意的一句话，实际上凝聚了广告人的一番苦心，将一个理念讲出来并不难，难的是用通俗易懂、上口好记的语言表达出来。

（三）电视广告文案写作与各种常规时段的对应

目前，电视广告片的各种常规时段有5秒、10秒、15秒、30秒、60秒等。在选择电视广告文案的表现形式时，不仅要重视广告策略、广告信息内容、广告目标受众，而且还要与时段的选择对应。

1. 5秒时段的电视广告片

其目的通常是为了加深受众对广告信息的印象，强化受众对广告主体特定形象的记忆。因此，一般采用瞬间印象体的表现形式，以一闪而过、但具有冲击力的画面，与简洁凝练的广告语组合，来表现企业形象或品牌个性。如“鹤舞白沙，我心飞翔”、“孔府家酒，叫人想家”、“人头马一开，好事自然来”、“一呼天下应”等。

2. 10秒和15秒时段的电视广告片

其广告目的是要在短时间内，对广告诉求内容作单一的、富于特色的传播，突出企业形象或品牌个性，或独特的卖点。一般宜采用名人推荐体、动画体、新闻体，以及悬念体、简单的生活情景体等表现形式。如“麦当劳”广告（婴儿篇）、“百威啤酒”广告（蚂蚁篇）等。

3. 30秒时段的电视广告片

可以从多角度表现产品的功能、利益点。适合于采用名人推荐体、消费者证言体、示范比较体、生活情景体，以及简短的广告歌曲形式等。如“白加黑感冒片”广告、“南方黑芝麻糊”广告、“孔府家酒”广告等。

4. 60秒时段的广告

可以表现更丰富的广告内容，可以采用广告歌曲体、生活情景体、消费者证言体、示范比较体等较为完整的表现形式。如“步步高”无绳电话广告（尴尬篇）、“雕牌”洗衣粉（皂）广告等。

## 三、电视广告文案的表现形式

### （一）目的在于让受众更好地接受广告内容

电视广告的表现符号丰富多彩，体现在表现形式上也是多种多样的。广告表现形式的目的在于增强说服力，让目标受众更好地接受广告诉求内容。

### （二）电视广告文案的具体表现形式

1. 赞美型

赞美型的广告文案是就商品、服务本身固有的优点来述说，引用的信息资料都是有利于证明产品如何好的事实依据。赞美型广告在日用消费品的宣传中应用较多，因为日用消费品本身的品质、新鲜度等可以说是消费者最关心的。

在撰写此类广告文案时，需特别注意的是：尽量采用各种方式使受众对广告信息中所运用的赞美性语言深信不疑，力求具有高度的可信度，切不可使受众产生广告主在自我吹嘘的感觉。虽然赞美型广告在实际运用时极具难度，但若运用得当，则可产生事半功倍的效果。

2. 暗喻式

事实证明，言外之意往往比言内之意更能令人折服，所以，广告文案运用暗喻式，让受众自己去体会商品的好处，将会有更佳效果。美国营销大师爱玛·赫伊拉有句名言：“不要卖牛排，要卖嗞嗞声。”他认为，广告如果仅将商品平铺直叙地介绍给消费者，那是难以持久吸引消费者的。

广告应当暗喻商品的好处，赋予商品一种生动、美好的形象，如果这种形象是独一无二的，效果则更佳。换句话说，要将享用该商品的乐趣表现出来，在消费者买到商品的同时，仿佛也买到了这种乐趣。

例如李奥·贝纳首创的万宝路香烟广告，无论是文案的写作，还是画面场景的构思，抑或是音响效果等，都堪称商业广告的上乘之作。画面中粗犷豪迈的牛仔，矫健的奔马，以及群山原野，无不令人为之神往。仔细品味之后，不禁疑问：一则香烟广告，不去着意刻画其内在品质、口味的边际差异，而去表现奔马和牛仔，这些与香烟有关系吗？

实则不然，万宝路广告成功了，其关键恰恰在此。崇山峻岭之中，万宝路香烟与骏马飞奔、驰骋纵横的画面相互交融，与之相配的背景音乐丝丝入扣，不禁使人产生联想：享受万宝路香烟就如同自由自在、豪放不羁的旷野放马的生活。而这种生活，恰恰又是受困于世俗尘嚣中的现代人可望而不可即的。广告语同样非常简练："跃马纵横，尽情奔放，这里是万宝路的世界！"用浑厚的、磁性的男声，语势极为雄壮，而根本不去提及香烟质量如何，风味如何，这反而产生了充满诱惑的广告效果，自信而诚恳。这种以展现人为赋予的魅力为手段的诱惑，无疑就是采用了"要卖嗞嗞声"的手法。设想一下，如果采用直陈其美的方式，则很难达到令受众好奇与向往的心理效果。

3. 幽默式

运用这种表现形式的文案旨在引起受众的兴趣，提高注意率，加强信息的影响深度与广度，收到显著的广告效果。

应当看到，幽默式广告在实际应用时，最大的问题是幽默尺度较难把握。同样的一则幽默广告，某些人会感到乐不可支，另一些人可能会认为是低级趣味，甚至还会有人厌恶。因此，幽默的话语或画面要运用得体才能取得预期的广告效果，否则只能适得其反。例如，某地一则动画广告：

三只卡通造型的狐狸，边唱边跳进入主画面，造型很生动，舞蹈也很有诱惑力。

齐唱："人们说我们是骚狐狸……"

突然，画面中出现一支喷雾罐，喷射出雾状气体，狐狸立刻倒地身亡。

（特写）专治狐臭的××喷雾剂。

生动的造型，活泼的音乐，幽默的歌词，逗得观众捧腹大笑，广告看似给人深刻印象，但却犯了大忌：一般观众哈哈大笑，真正的消费者却受到戏弄。把自己的客户戏弄了，还能指望他们会购买你的商品吗？这则广告的创意及文案撰稿人没有设身处地站在患有狐臭症的消费者的立场上来审视自己的作品。商业活动中的一个最基本原则就是要尊重消费者。违背了这一原则，宣传效果毫无疑问是负面的。

目前，我国最时兴的幽默式广告文案或广告语，多采用常识打趣、成语错用、一语双关、形象联想等手法，既能使广告具有一定的民族特色，又富于知识性和趣味性。

4. 生活侧面型

生活侧面型广告也即通常所说的戏剧化广告，文案可以描述日常工作或家庭生活的细小方面。如美国"贝尔电话公司"广告。

5. 诗歌型

根据商品或服务的特点，借用广为人知的诗歌进行广告宣传，可以起到加深受众印象的作用。例如，前几年较为流行的"小霸王"电脑学习机广告使用的就是典型的诗歌押韵手法："你拍一，我拍一，小霸王出了学习机；你拍二，我拍二，学习游戏在一块儿；你拍三，我拍三，学习起来很简单；你拍四，我拍四，包你三天会打字……"

6. 论证型

通过邀请权威人士或权威机构对产品进行论证、评估或推荐，增加受众的信任感，推动购买。论证的手法多种多样，如，在广告中介绍商品的获奖情况，有关权威机构（如科研、专利等机构）或专家、学者的鉴定、评价等。如“高露洁”牙膏广告、“沙宣”洗发水广告、“金龙鱼”食用调和油广告（1:1:1 篇）等均采用了论证型广告的方式。论证型广告文案，内容必须真实，选择鉴定机构或专家必须慎重，并且必须遵循有关的广告法律法规规定。同时，应以坦诚的态度和慎重的语气说话。否则，不仅影响企业形象，而且还会损害权威机构或专家的形象。

7. 比较式

有比较才有鉴别，运用比较的方式来显示商品的功效品质，显示商品的个性，引起人们的对比联想，加深印象，进而达到销售的目的。对比的运用，一般只允许商品使用前后的对比，或者本企业商品之间的对比，而不能抬高自己，贬低别人。

对比的方法，通常有：（1）品质的比较，商品的质量优与劣的对比。例如，“穗宝床垫”广告以压路机压过后仍不变形为对比方式，效果较佳。（2）使用的对比，即商品使用前后情况的对比。如“海飞丝”洗发水广告。（3）革新的对比，突出商品革新之后功能的大大提高。如“潘婷”洗发水广告。（4）价格的对比，通过价格的前后对比，突出价廉物美，受人欢迎。如“汰渍”洗衣粉广告。

8. 新闻报道型

一般而言，刚刚进入市场的新产品以及展开比较独特的促销活动时，采用此类型广告极为有效。其优点是内容具体，介绍比较全面，提供的信息资料有一定的科学依据，缺点是文体平铺直叙，有些枯燥。

必须承认，尽管电视广告的表现形式多姿多彩，然而吸引力只是广告成功的手段，而不是广告的最终目的，影响受众的行为才是广告的最终目的。

# 第三节　电视广告个案分析

## 一、金融保险类广告

中国人民保险公司上海分公司电视广告（金鱼篇）：

镜头一：（特写）两条金鱼在鱼缸里悠闲自在地游来游去。

镜头二：（叠化到中间）一只金鱼缸安稳地放在架子上。

镜头三：（拉至全景）突然，鱼缸从架子上跌落下来，掉在地上摔得粉碎，水、金鱼和玻璃碎片四处飞溅。

画外音：哎呀！

镜头四：一条金鱼在地上来回翻腾，奄奄一息。

镜头五：（全景推至中景）地上的水、金鱼和玻璃碎片逐渐聚拢起来，顺着倒下的轨迹恢复原状，玻璃碎片合拢成鱼缸，两条金鱼又像往常那样在鱼缸里悠闲自在地游来游去。

画外音：咦？

镜头六：（用特技叠上字幕）“参加保险，化险为夷”。

画外音：噢！

镜头七：（叠化至全景）“中国人民保险公司上海分公司”。

这则30秒的电视广告脚本，只有七个镜头，却传达了丰富的内容。通过动态变化的视觉画面，以鱼缸由完好→破碎→复原的过程为象征，以及三个感叹词：“哎呀！”“咦？”“噢！”相互配合，使得叙事波澜起伏，使参加保险的重要意义和作用得到了形象直观的表现。

## 二、电器类广告

美国“贝尔电话公司”电视广告

一天傍晚，一对老夫妇正在吃饭，电话铃响，老妇人去另一房间接电话。回来后，老先生问：“谁的电话？”

老妇人答：“女儿打来的。”

又问：“有什么事？”

回答：“没有。”

老先生惊奇地问：“没事？几千里打来电话？”

老妇人呜咽道：“她说她爱我们。”

两人顿时相对无言，激动不已。

画外音：“用电话传递你的爱吧！”

这是一则十分成功的广告。它以脉脉温情打动了天下父母或即将成为父母或为儿女者的心。应当承认，老年人是孤独的、寂寞的。一个人，无论他以前取得过何等成功，拥有过何等辉煌，当生命的暮钟訇然敲响时，“夕阳无限好，只是近黄昏”的感叹就必然而生。此时此刻，他们最需要的不是别的，而只是一个字：“爱”。

这则广告正是从儿女与父母的感情入手，描绘了一幅孝心浓浓的亲情画面。电话有线，亲情无限。贝尔电话连接着千家万户，沟通着亲人们的心灵，缩短了亲人们的感情距离。

这则广告文案，广告语言除最后一句画外音之外，全部采用人物对话，借此来表现一定的情节，以生活化的口语，传递了感人肺腑的人间真情，给所要宣传的“贝尔电话公司”抹上了浓郁的感情色彩，使观众在情感的共鸣中对“贝尔”产生好感，企业形象因之刻入了观众的记忆中。

## 三、食品类广告

麦当劳电视广告（婴儿篇）：

广告开始时，电视画面是一个招人喜爱的Baby躺在摇篮里一会儿哭，一会儿笑。当摇篮荡上去时Baby就笑，荡下来时Baby就哭。Baby的表情何以这般戏剧化？接着画面从Baby的视角显露出麦当劳的标志牌“M”，Baby看到麦当劳标志牌时就开心地笑，而当摇篮荡下来时看不见麦当劳标志牌就伤心地哭。答案得出后，画面定格在麦当劳金色的招牌上。

这则广告充分表达了“麦当劳是连吃奶的孩子也极为喜爱的品牌”这样一个主题。该广告获得1996年戛纳广告节影视金奖。这则广告获奖，其原因有二：一是运用现代电脑合成技术，将Baby哭笑之间表情的转换，按摇篮的节奏做得天衣无缝，画面简洁明了，新颖独到，构思巧妙，浑然天成；二是创意上运用了悬念法。利用Baby的哭笑转换，引起观众的想象和推测，吸引观众的注意力，激起观众的好奇心，吊起观众的胃口，一反思维常态，应用心理战术，为消费者设置一个宽阔的思维空间，让消费者主动揣摩、主动参与，在不知不觉中对广告主产生好感，直至产生消费欲望。

## 四、医药类广告

白加黑感冒药片电视广告：

一位白领男子在办公室一副倦态……

（特写）突现精致包装的黑白两种颜色的药片。

（旁白）“感冒了……怎么办？……你可以选择——黑白分明的方法。白天吃白片，不瞌睡；晚上吃黑片，睡得香。治疗感冒，白加黑。”

在“白加黑”上市之前，感冒药有不下十个品种，如何另辟蹊径，如何与人们早已熟悉的如康泰克、感冒通等知名品牌相抗衡，这是必须首先考虑的问题。可想而知，如果盖天力依然步他人后尘，那是不可能引起人们购买的欲望的。

经过广告人的成功策划，所推出的“白加黑”不仅在外观上同其他品牌相区别，而且将药片中容易使人产生睡意的镇静成分放在黑片中。这样，既不影响白天正常工作，又能使晚上睡得香，可谓一举两得，不能不说是匠心独运。

用“白加黑”三字命名品牌，平凡简洁中见其巧妙与高明。短时间内，“黑白分明”感冒药形象已深入人心，其广告形象已被人们接受并认可，在感冒药市场上产生强大的冲击力。

## 五、饮料类广告

雀巢咖啡电视广告

一位男士坐在桌前，一杯热气腾腾的咖啡放在眼前。

（画外音）雀巢咖啡……

男士：拿起杯子，啜一口雀巢咖啡，说：“味道好极了！”

雀巢咖啡广告，那句家喻户晓的广告语“味道好极了！”一度为广告界人士津津乐道。它已融入了人们的生活。人们在交往中、聚会时常常会冷不丁地冒出一句“味道好极了！”诙谐又恰当，给生活增添了欢乐的情趣。一句平常的广告语竟有如此神奇魅力，能在人们心中留下如此深刻的印象，这应归功于雀巢公司广告宣传的成功。

近几年雀巢的电视广告尽其所能，始终围绕着温馨主题在“情”字上大做文章，令观众在种种温馨、关怀之中达到情感的沟通，从而树立了品牌形象。

“朋友情谊，贵乎互相帮助……”一杯热气腾腾的咖啡，使广告迅速充满温情，混乱、紧张的气氛顿时变得轻松宁静，并使在工作中受挫的同事重振精神。雀巢咖啡，朋友沟通，真挚友情的象征。

未来的儿媳初见公婆，难免有些紧张。婆婆端来一杯香浓的咖啡，换来轻轻的笑语。雀巢咖啡，家庭沟通、和睦的体现。

情侣在钢琴上的四手联弹，生动贴切地喻示了咖啡伴侣与咖啡相辅相成的关系。雀巢咖啡，伴侣沟通、两情相悦的写照。

楼宇相邻的两个青年，分别用中西两种乐器演奏雀巢咖啡的主旋律，一拍即合，美妙动听。雀巢咖啡，中西文化沟通和情感交融的媒体。雀巢咖啡的广告始终给人以巢的“温馨”。

## 六、工业品类广告

杜邦电视广告

（画面一）晴朗的天空下，一位美丽的女孩正在与男友热情地拥抱。合体的连衣裙勾勒出迷人的曲线，以至于在她与男友相会的路上，每个见到她的人都为之倾倒。一个小丑因为看她而忘记了手中的杂耍。是什么使她如此出众？原来，在赴约之前，她在时装里选择了那件杜邦莱卡（它是杜邦1959年的科技发明，人造弹性纤维品牌）制成的连衣裙……

（画面二）一名青年男子驾车撞在电线杆上，车头凹陷。惊魂未定的他从车中出来却安然无恙。他是为了躲避一群踢球的孩子而出的车祸。他之所以未受伤害，是因为他刚买来的新车在出厂前安装了杜邦研制出来的薄膜……

（画面三）一间香气四溢的茶楼里，顾客们正在品尝精致的糯米点心。为什么这些点心如此可口？因为厨师选用了上好的糯米，农民们在稻田里投放了杜邦的稻田除草剂，这是创造精良稻米的保证……

（广告语）许多梦想，因杜邦而实现。

杜邦是一家业务遍布世界60多个国家和地区，涉及电子、汽车、服装、建筑、通信、运输、农业、航天、石化、消费品等多种工业领域的跨国公司，生产有1 800多种产品，具有众多的卖点可宣传。像杜邦这种生产系列工业产品的公司，如何在广告中确立品牌形象，避免全面赘述，盲目出击，是综合性大公司广告策划、制作和宣传必须注意的问题。

每个短片45秒的系列电视广告，巧妙地采用了倒叙手法，由外及里，先打伏笔，后引遐想，涉及了与人们日常生活密切相关的衣、食、行三个方面，向人们表达了杜邦创造生活的理念。这种生活化的广告宣传，缩短了工业产品与最终消费者的距离，人们会从中得出这样一个结论：杜邦不是“事不关己”的原材料供应商，它全方位地影响着我们的生活，是我们的亲密朋友。

## 七、服装类广告

### 恒源祥电视广告

恒源祥标志展现在画面上，旁白：“恒源祥，绒线羊毛衫”，最后一小囡用稚嫩的童声叫出：“羊、羊、羊！”

恒源祥形象广告中的小囡，给人一种可爱的印象，惹人注意，让人怜爱；选用卡通漫画形象作为品牌的组成部分，帮助消费者加深对品牌的识别记忆；配以“恒源祥”三个魏碑字体，再辅以“创牌于1927年”的说明，告诉人们恒源祥是中国民族工业最早的开拓者，符合人们期盼振兴民族工业的愿望，赢得了消费者的认可。

1994年，恒源祥在中央电视台一套新闻节目后的黄金时段作了5秒钟标版广告。其三遍联播（或拆开在剧前、剧中、剧后分播）的新形式开创了中国电视广告的先河，是广告信息与媒介巧妙结合的范例。短短 5 秒钟标版广告不可能有动人的情节、感人的画面。然而其成功在于首先抓住了提高产品先期知名度的最基本的广告要素：品牌名、产品类别、关键联想。更主要在于其广告中画龙点睛的三声“羊、羊、羊”高频率重复的小囡童声，吸引了受众的注意力，使得恒源祥广告，在众多的电视广告中脱颖而出。

成功的广告为恒源祥带来了丰厚的回报，目前恒源祥的年用毛量已经占世界年用毛总量的 1%，使得国外毛线企业相形见绌。恒源祥已经蜚声大江南北，享誉国内国外。可以说，恒源祥广告的“民族性”为其带来了“世界性”。

## 思考 · 案例 · 练习

1. 简述电视媒介的特点。
2. 电视广告文案的特殊个性表现在哪些方面？
3. 电视广告文案写作的要诀有哪些？请列举具体个案加以说明。
4. 简述电视广告文案的具体表现形式。
5. 请结合实例，谈谈你对电视广告文化品格的理解。
6. 请运用所学理论，为某品牌的手机分别制作 5 秒和 30 秒的电视广告片的文案各一则。
7. 案例分析

分析芙蓉王“一代天骄，君临天下”电视广告文案的写作特色。案例材料如下：

黄土高原。/天苍苍，/野茫茫。/天似穹庐，笼盖四野。/古朴苍凉。/苍茫的天际下，/寂静无声，空旷而悠远。/风吹草动，/蒿草迎风摇曳。

（隐藏画面）隐隐约约传来隆隆之声/犹如天外之音。/由远及近……/声音渐渐宏大，/转为轰响，嗵嗵挞挞。

（前一个镜头向上移动）视线越过黄土高坡，/黄河展现在面前，/雄伟壮阔，/汹涌澎湃，咆哮如雷。/（镜头拉长）宽广的原野，/一队彪悍的马群从对面的高坡直冲下来，/从河谷的拐弯处，/马群大回旋，/向蒿草的高坡涌上来。/马蹄践踏之处，/尘土冲天飞扬。/马蹄声，马嘶声，/交织混杂，声势浩大，/犹如洪钟。

（特写）一个头顶黄色短巾，/身着红色坎肩，/满脸络腮胡须，/脚蹬黑色马靴的魁伟牧马人，/躬背举臂，/手挽缰绳，/驾驭一匹中国纯种的汗血宝马，/犹如万军之中杀出的一员骁将，/从马群中，脱颖而出。

（极力渲染）马匹昂首嘶叫，/四蹄突奔之势，/几欲腾空……（定格）

与此同时，字幕“芙蓉王——一代天骄，君临天下”从画面跃出。

# 第 11 章 网络广告文案

**本章知识要点：**

1. 了解网络广告及其媒体特征
2. 了解网络广告类型
3. 掌握网络广告文案的写作原则、写作风格
4. 掌握评判网络广告创意优劣的标准

将一种传播媒体推广到 5 000 万人，收音机用了 38 年，电视用了 15 年，而因特网仅用了 5 年。因特网诞生前后，一直是作为一个在国防、科技、教育领域使用的通信交流工具而存在的。直到 20 世纪 90 年代初期万维网（WWW）出现后，大量的信息源以超文本格式（HTML 格式）进行全球链接，终于形成了一个跨国界的全球性新型媒体。联合国新闻委员会 1998 年 5 月举行的年会正式提出计算机网络媒体的概念。

早在 1998 年 6 月的法国世界杯，因特网以其特有的交互性，第一次压倒报刊、广播、电视等传统媒体。1999 年第 46 届戛纳国际广告节将网络广告列为继平面广告、影视广告之后的第三类评奖形式，成为三大赛项之一。2005 年 12 月发生的伦敦地铁爆炸案，网络传播抢在了其他媒体之前，成为传播学的新研究个案。在中国，1998 年 6 月，国中网报道世界杯足球赛获 200 万人民币广告收入一事，标志着网络媒体广告在内地登陆成功。2006 年中国网民的数量已经达到 1 个亿。一句话，网络和网络广告已取得与传统媒体和传统媒体广告相抗衡的地位。

## 第一节 网络广告

近年来，互联网技术日新月异的发展，给网络广告提供了广阔的发展空间，形式多

样和日益复杂化的网络广告取得了突飞猛进的发展，为了最有效地让消费者注意到广告所要传达的信息，各种新奇的网络广告应运而生。这种新型媒体的异军突起让人刮目相看，广告界甚至认为互联网络广告将超越户外广告，成为传统四大媒体（电视、广播、报纸、杂志）之后的第五大媒体。随着互联网的普及，更多人接触这一新型媒体，网络广告也已经被越来越多的广告主所接纳。

根据最新调研数据显示，目前在美国，网络广告的年销售总额甚至可以占到美国整体广告市场的10%，可见其成长之快；而在中国，2005年中国网络广告市场规模已经超过杂志，直逼广播。

所谓网络广告，就是指在因特网站点上发布的以数字代码为载体的经营性广告。与传统的媒体广告相比，网络广告有着得天独厚的先天优势，表现在以下方面。

## 一、覆盖范围广泛

网络广告的传播范围广泛，它是一个全球性的信息传输网络，它可以把广告信息全天候、24小时不间断地传播到世界各地，不受地域限制，也不受时间限制。从广告角度看，作为广告媒体。其传播信息的范围越广，接触的人越多，广告效应越大。从广告用户市场看，用户市场遍及世界各个角落，即使是一家小企业上网，都有可能一夜之间成为国际性公司。

## 二、信息容量大

在互联网上，广告主提供的信息容量是不受限制的。广告主或广告代理商可以提供相当于数千页计的广告信息和说明，而不必顾虑传统媒体上每分每秒增加的昂贵的广告费用。网络上一个小小的广告条后面，广告主可以把自己的公司以及公司的所有产品和服务，包括产品的性能、价格、型号、外观形态等等看来有必要向自己的受众说明的一切详尽的信息在内制作成网页放在自己的网站中。可以说，在费用一定的情况下（为在别的网站上存放广告条而交），广告主能够不加限制地增加广告信息。这在传统媒体上是无法想象的。

## 三、自主性

众所周知，报纸广告、杂志广告、电视广告、广播广告、户外广告等都具有强制性，都是要千方百计吸引你的视觉和听觉，强行灌输到你的脑中。而网络广告则属于按需广告，具有报纸分类广告的性质，却不需要你彻底浏览，它可让你自由查询，将你要找的资讯集中呈现给你，这样就节省了你的时间，避免无效的、被动的注意力集中。

## 四、定向与分类明确

网络实际是由一个一个的团体组成的，这些组织成员往往具有共同爱好和兴趣，无形中形成了市场细分后的目标顾客群。广告主可以将特定的商品广告投放到有相应消费者的站点上去，目标市场明确，从而做到有的放矢。

尽管传统的广告铺天盖地，如电视中播放着精心制作的广告，收音机里传出的充满诱惑力的广告语，报箱内或门缝下被人塞入的一份份宣传品等等，然而，这类广告由于没有进行定向和分类，其收效甚微。网络广告最大的特点就在于它的定向性，网络广告不仅可以面对所有互联网用户，而且可以根据受众用户确定广告目标市场。

例如，某化妆品广告主要定位于女士，三八妇女节期间推出相关促销活动，拟将网络广告投放到与妇女相关的网站上，除了专门的女性网站像 TOM 女性、瑞丽女性网、上海女性网等，另外，各大门户网站都开设有女性频道，以频道栏目的形式针对不同的目标群体，这样通过互联网，就可以把适当的信息在适当的时间发送给适当的人，实现广告的定向传播。从营销的角度来看，这是一种一对一的理想营销方式，它使可能成为买主的用户与有价值的信息之间实现了匹配。

## 五、可统计性强

利用传统媒体做广告，要准确地知道有多少人接受到广告信息。以户外广告为例，虽然可以大概知道投放地域的人流最是多少，但无法准确统计看到此广告的人数，只能做一些含糊估算和推测。而网络广告则不同，无论是广告在用户眼前曝光的次数，还是用户发生兴趣后进一步点击广告以及这些用户查阅的时间分布和地域分布，都可以进行精确的统计。从而有助于广告商正确评估广告效果、审定广告投放策略。

## 六、实时性与持久性的统一

在传统媒体上做广告发布后很难更改，即使可改动也须付出一定的资金和时间。而在互联网上投放的广告能按照需要随时进行广告信息的改动，广告主可以 24 小时调整产品价格、商品信息，可以即时将最新的产品信息传播给消费者。因而，经营策略可以及时调整和实施。

### 七、交互性和感官性

网络广告的载体基本上是多媒体、超文本格式文件，只要受众对某样产品感兴趣，仅需轻按鼠标就能进一步了解更多、更详细生动的信息，从而使消费者能亲身“体验”产品、服务与品牌。如能将虚拟现实等新技术应用到网络广告，让顾客如身临其境般感受商品或服务，并能在网上预订、交易与结算，将大大增强网络广告的实效。由于网络空间是虚拟的，不受面积的限制，所以在一些专门的广告页面上，可以将广告内容表现得很充分，内容也可以非常丰富。另外电脑屏幕的精确度高，色彩分辨率也高，随着新的动画技术手段的运用，网络广告画面的可视性也会越来越强。网络广告由于先进的科技，具有了传统媒体在文字、声音、画面、音乐、动画、三维空间、虚拟视觉等方面的一切功能，实现了完美的统一。与传统媒体相比，网络广告在传播信息时，可以在视觉、听觉，甚至触觉方面给消费者以全面的震撼。

随着广告主对网络广告认知的提高和网络广告优势的日益凸显，网络广告创意水平也在不断提高，网络广告越来越受到更多广告主的青睐。

## 第二节　网络广告类型

从目前的情况看，网络广告形式多种多样，如从广告在网页上所占的面积及表现形式来分，主要有以下几种：

### 一、横幅广告

横幅广告（Horizontal Banner）是最常见的网络广告形式，也是互联网上最流行的广告方式。有统计显示，它约占所有互联网广告的60%。它们大多放在网页的最上面或是最下面。广告横幅通常会写上公司的名称、一段简短的信息或吸引用户浏览该网页的字眼。

这些横幅可以是静态的也可以是动态的。现在惯用的手法是用引领性、概括性很强的广告语来吸引网民浏览该公司的网站。很多大型企业的广告都采用这种形式，而且多发布在门户网站，这时门户网站的作用就像一份综合性报纸，而横幅广告就像一则通栏广告。其主要功能一般多用来推介新产品，或者推出某项活动。

例如蒙牛集团最近在新浪网上的横幅广告就很有代表性，一则广告分为三部分，前面是 logo，后面是经营者的形象，而中间的主体是广告语：

蒙牛爱心招募！传播爱的种子！

“中国牛奶爱心行动”等你来！

广告语在这里是绝对的主角。

“美汁源”推出“用镜头捕捉身边的健康生活”活动，生动地宣传了“果汁健康专家”的品牌形象。

## 二、悬幅式广告

相对于横幅广告，悬幅式广告（Vertical Ads）是一种较新的形式，又称垂幅广告或悬浮广告。这种广告利用标准网页尺寸（800×600ppi）与通常屏幕显示尺寸（1 024×768ppi）之间的空白来发布广告，它有一个特性，就是对称式的发布，即通常在网页左右的空白空间里同时发布同一内容，犹如对联一般，这样在同一视觉范围里面，广告得以很快重复，加强了记忆度。当然也可以不一样，但内容须相关联。

例如智联网站发布在新浪上的广告，就极具吸引力。

## 三、按钮广告

按钮广告（Button）一般表现为图标。通常是广告主用来宣传其商标或品牌等特定标志的。常用的按钮式广告尺寸有：125×125（方形按钮）、120×90、120×60、88×31 像素，尺寸偏小，表现手法较简单。现在这些按钮大部分是互动的。当你选择点进这些按钮时，就会被带到另外一个网页。

这类按钮和横幅广告相比，所占的面积比较小，所以，当表达一个广告主题有很多内容时，需要好几个按钮来完成。

现在很多大品牌也热衷于这类小按钮广告，而当用户点击这些小按钮时，同样链接的是一个庞大的网站，这种视觉流程的巨大反差带给用户伴随着新奇、刺激的感受，令人不由自主地一步一步深入了解他们的网站。

## 四、插页广告

插页广告（Interstitial Ads）又称弹跳式广告，这类广告现在的表现形式显得有些不太有礼貌，它常常是在用户打开网页准备正常浏览的时候，突然显现在网页其他内容上，犹如天外来客，强迫性地停留几秒钟，让你不得不多看它一会儿，而就在这几秒的工夫里，这则广告就要施展它的魅力，让你不至于讨厌反而去点击它。

由于覆盖在其他内容之上，所以现在流行的做法是镂空，就是去掉背景，让人不至于觉得太过生硬。但这种广告的突然性也会给用户带来强烈新奇感，用户在好奇心的驱使下通常不会拒绝去点击它。在表现手法上非常活泼，且通常伴有音乐，让人耳目一新。

## 五、赞助广告

一般来说赞助广告（Sponsorships）分为三种形式：内容赞助、栏目赞助及节目赞助，广告主可选择自己感兴趣的网站内容与网站节目进行赞助，如大型电影制作公司可以赞助一些影片评论的网页等。

## 六、竞赛和促销广告

竞赛和促销广告（Contests & Promotions）是指广告主可以与网站一起合办网上竞赛或网上促销推广活动，甚至为了提高网民参与的兴趣，还可以用 Interactive Games（互动式游戏广告）的方式进行广告活动。如在某一页面上的游戏活动开始、中间或结束时，广告随之出现，也可以根据广告主的产品要求为之制作一个专门表现其产品的互动游戏广告。

## 七、直邮广告

直邮广告（Direct Marketing）可以分为两种，第一种又可称邮件列表广告，即利用网站电子刊物服务中的电子邮件列表，将广告加在读者所订阅的刊物中发放给相应的邮箱所属人。第二种可称为 E—Mail 电子邮件广告，即在得到个人电子邮件地址的情况下，直接向其邮箱里寄送广告。再就是根据网站性质不同，可分为综合服务（搜索引擎）网站上的广告、商业网站上的广告、专业信息服务站点上的广告、特殊服务站点上（如免费电子邮件服务的网站）的广告等等。

## 八、流媒体广告

流媒体广告（Steaming Media Ads）以插播的形式出现在网页上，一般采用 Real Media，windows Media，Qwektime 或其他网 e 流媒体技术来实现，这种广告类似传统的电视广告，它是未来广告的发展方向。

# 第三节 网络广告文案的写作

## 一、网络广告文案的写作原则

对网络广告文案的理解应侧重在狭义的广告文案上，因为网络广告的发布已经是一种具体的广告表现形式，是一项广告策划与创意的物化。

网络广告作为广告媒体的一种方式，同样应遵循广告文案总体的写作要求，根据网络广告的具体特点，还应牢记以下几个原则：

1. 广告的制作是面向互联网受众和消费者的，因此广告文案的写作应树立客体意识，以广告受众为中心，心里要有目标消费者，不能只有广告主，要有市场意识。

2. 广告文案是对广告创意的深化和再创造，属于广告表现的范畴，如何根据互联网广告的特点对创意进行有效的深化和再创造，至关重要。

3. 广告还要好看，要吸引目标受众和消费者的眼球，还要有效地提高广告受众对广告作品的审美维度和记忆度，因此广告文案要写得精彩、漂亮。

正因要求高，所以文案的写作需要较深厚的文化素养和文字功底，写出的文案应该独具创造性地表现广告主题的能力。

## 二、网络广告文案的写作风格

网络广告是一种被动的传播媒体，而非主动展现在用户面前的，这意味着用户接触广告具有主观选择性。要使网络广告从众多传播媒体中脱颖而出，最大程度地吸引用户，抓住人们的视线，就必须依靠卓越的创意，邀请人们参与，让人无法拒绝。除了把握广告文案写作的一般规律，还应深刻领悟网络广告文案写作的特性——那就是网络广告的交互性，这是其他媒体所不具备的独有的优势。互联网突破了传统媒体单向传播的局限，为受众与媒体间的双向交流提供了可能。受众不再是被动的接受者，他们也可以发布信息，可以主动寻找信息，对信息做出回应等。现在广告主、媒体代理公司已经充分认识到网络广告的这一优点，纷纷推出交互式广告，这种互动更多地借鉴了游戏的一些设计策略，因而使得网络广告的文案表现更具特色。

因此，探寻网络广告文案的写作风格，应着重在交互式广告策略与文案写作风格。

1. 悬念性、诱导性、号召性

在各娱乐性、综合性网站上发布的图标广告、横幅广告以及其他广告形式，可采用设置悬念或诱导性、号召性语言与形式，引发访问者的点击与参与。

很多广告主运用网络广告并不仅仅满足于提升品牌的知名度，传播品牌形象，还希望能吸引受众进行更深接触，因而将广告与企业主页相链接，这就要求提高点击率。以此为目的的广告，在文案写作中就应注意设置悬念，不把信息说尽；或者设置参与性内容，引起访问者兴趣，拉近他们与品牌的关系。

悬念性、诱导性、号召性语言与形式在其他广告媒体中不是没有，但在网络广告中发挥得更加极致，也是很多网络广告文案给人留下深刻印象的法宝。拿悬念性来说，用户在号召性语言的诱使作用下，一步步点击这种动作流程本身就极好地应和了悬念的特征。再次，网络广告的篇幅形式限制使得大部分广告内容要分成若干部分来表达，这种分开来说的手段本身就具备一定悬念性。

具体探究这几种网络广告文案特点，应该有一定的先后顺序，首先是号召性的语言打头，可以理解为先抓眼球，这一步至关重要，不能吸引人，接下来的诱导、悬念便无从谈起。

现代性的号召与以前的思维方式相比有了很大变化。所谓号召，不能单纯理解为“让”字句，如“让我们怎么怎么样”。现在的号召多是隐性的，例如“发神奇短信抢迪斯尼限量手机”，这则广告标题就有很强号召性。我们知道迪斯尼有动漫卡通、动画电影、主题乐园，也有很多以卡通形象作为品牌的礼品店，像米老鼠、唐老鸭服装、背包等，但是消费者从没见过迪斯尼的手机，迪斯尼推出手机纪念品，这本身就富有吸引力，而“限量”两个字突出了产品的珍贵性，促使感兴趣的消费者意识到必须赶快采取行动，下面具体的数字说明更加重了这种号召性：“每天10部手机等你抢，共100部迪斯尼限量手机。”这种数字的直接坦诚，让消费者更加体会到产品的物有所值，的确是很珍贵。

悬念性广告文案表现如前例中 Nike 足球网站发布在“新浪”上的广告，广告语“亨利力拼街头精英、C 罗魔鬼单车 PK 伊布”等充满悬念，人们不免猜疑这是什么广告，直到第三幅页面出现．用户才明白这是 Nike 足球网站的广告，前面的广告语其实并无实质内容，更多是为了制造悬念诱导你进一步浏览。而这种犹如街头俗语式的语言风格本身又隐含了诱惑性，吸引着众多的年轻网民。悬念的表达还需注意火候，不要一次性把信息说尽了，这样反而会降低网络用户的注意度。人们都有好奇心，在心理猎奇与追问中完成广告的叙事，这是网络广告的一大特色。

诱导性的广告文案莫过于奖励性广告。世界杯即将精彩上演之时，很多企业与网站合作推出有奖竞猜活动。“王老吉”凉茶不失时机地推出“世界杯竞猜赢巨奖”活动，配合画面上的汽车等构成巨大的诱惑，图标上一只小手还在不断作出点击状，加重了诱惑性。这时候直白的"巨奖"等字眼胜过千言万语，而当链接到产品网页上后，这种语言风格贯穿在整个广告中。

当然这些特性很难截然分开，号召中隐含诱导，悬念里面也包含诱导的成分，而诱导的过程又充满悬念。

2. 极强的亲和力

网络广告的交互性特色，使得网络广告文案在总体上显得活泼、生动，有着极强的亲和力。

互动，意味着面对面交流、沟通。因此在进行网络广告文案的创作时，要想象自己如面对老友随意聊天般亲切自然，时刻有意识地去体验你朋友的感受，让受众觉得你的信息发布就是替他服务的，让他首先喜欢你的广告，其次接受你所传递的信息。在具体写法上，采用第二人称的写法，可以更好地拉近与广告浏览者的距离，更好地接受信息的传达。

例如：

IT 产品也有派，手机、数码、笔记本，你有哪一派？

6 月 5 日不开车 您准备好了吗？

3. 个性化、前卫、时尚

有时，主动搜寻相关信息的受众会利用搜索引擎或门户网站的链接，从而到达企业的主页。对于这些访问者来说，由于有明确的目的性，深入而详细的信息会有较大的影响力。这时文案的表现则与该企业或产品的其他媒体广告互为呼应，或者直接就是与电视广告、报刊广告的内容保持一致，但在网络上的应用由于具备了互动性，再加上动画效果的适时运用，使得同样的广告内容给人不同的广告感受与心理效应。对于主动搜寻的消费者来说，简洁生动的广告文案和这种互动体验更加使品牌或产品深入人心。

据统计，目前采用网络传播较多的是电子产品（包括数码、家电等）、网络服务、房地产、汽车等行业。

以房地产广告为例，这类广告的文案表现带有极强的文化意蕴，体现人居的文化特色。

例如，"万科"西山庭院的广告文案在运用物化的文字符号传达广告创意的主题因素方面堪称经典，楼盘取名为西山庭院，定位在人文大宅，院落友居生活。令人称颂的是在给楼盘区域分块命名上，人们见得多的是诸如什么祥和、温馨、富华等，而西山庭院创意性地将分区总命名为"新八大山人"，使人耳目一新，受众不禁在心里要问何谓新八大山人，但在广告的动画部分已经将这些山人的名字演示出来了，只是起初人们还不明白这些奇怪的名字是何用意，在悠扬的古乐中，画面上依次出现"徐遐客、王西之、陶院明、里商隐"等字样，同时伴随着一系列传统文化元素的动画，如笔墨的晕开，古书、砚台、折扇、围棋、竹、松、梅等中国古代文人雅士喜欢的物象，当整个动画部分演示完毕，我们才恍然大悟，原来以上改动的人名是楼盘分区的名称。可见开发商在打造人文大宅这个理念上下足了功夫。当然运用这样的文案创意也需谨慎，正像文字学家对有些广告随意篡改成语不满一样，历史上“八大山人”实为一人，即画家朱耷。这样的假借手法存在着一定的负面影响。

同时很多房地产广告在策划之初，便已形成一个推广理念，这种理念往往包含着一种价值观的推广，如生活观、品质观、便利观等，但是在文案表现上并不是平铺直叙，它们的语言运用非常生动，极富概括力，往往体现出前卫、个性化、时尚的感觉，人们在被这些优秀文案打动的同时，不知不觉中接受了它们的理念。

如“顺驰”地产名下的“领海”，广告语是“北京新领地，风情地中海”，“领海”本是已有的概念，但在这里有了新的含义，运用得贴切、巧妙。再如“蜂鸟社区”，这一集群概念的开发，暗含着对中关村勤奋努力、积极拼搏的年轻一族的体贴，因为他们开发的是精装小户型，广告语“中关村 50 平方米，奔腾生活芯”，可谓一语双关，即是对目标消费群体的有力概括，中关村汇集了一大批科技信息领域的青年精英，他们从事的多是 IT 行业，所以借用“奔腾”来概括，奔腾芯既是电脑内核，也是这个族群聪明智慧、勇往直前、无比勤奋的精神体现。

## 三、网络广告文案写作的注意事项

网络广告文案的写作应把握网络集合多种媒体优势于一身的特点，以文字配合画面综合表达信息，同时考虑声音、动画等因素，使广告达到视听最佳效果，具体写作网络广告文案时要注意以下几个方面：

### （一）语言要简洁生动

由于各网站对广告尺寸有一定限制，而且网络媒体也不适合长时间阅读，因而简洁、生动的网络广告文案才会有较高的注意率。至于深度的信息传播，可以通过吸引受众点击，链接到企业主页实现。

### （二）注意语言与画面的配合

动画技术的运用为网络广告增强了不少吸引力，因而在一般的网络广告中，语言更应服务于画面，起到画龙点睛的作用。

### （三）语言风格的适应性

由于网络可以根据不同兴趣爱好，把受众高度细分化，因而在针对目标受众诉求时，注意运用他们所熟悉的语气、词汇，会增强认同感。

（四）语言形式受投放的网站决定

虽然网络无国界，但受众还是会受到语言的限制，因而要根据企业的传播目标选择站点，决定运用何种语言。

# 第四节 网络广告文案的创意

## 一、网络广告文案的创意

一个网络广告文案的创意，应该从哪几个方面进行发想？影响网络广告文案创意的因素有哪些呢？

首先要明确的是网络广告创意与其他广告创意并无两样，都是以市场环境及客户需求作为出发点，找到决定性的卖点，然后将其创意地包装。

从实践来看，网络广告创意在执行上大多受文件大小的限制，要求其短小精悍却能抓人眼球。不要希望在一个小小的 Banner（横幅式广告）中表现出更多产品卖点，这样反而影响了创意的实效，因为“Single minded is the best（最简单、最直接、最单一的创意是最好的）”。

影响网络广告创意的因素最主要来自互联网本身，即互联网的媒介特性对创意有着显著影响。

互动性是互联网作为媒介的独特优势。互联网叠加了网络的通讯能力和电脑的丰富终端表现能力，使人们可以更加有效地沟通和交流。充分发挥互联网的双向互动，也可概括为媒体互动创意，这是网络广告最富有魅力、最能吸引人的地方。准确地说，媒体互动创意就是可以与媒体内容环境或网民浏览环境产生互动的广告。

媒体互动创意在低年龄层次消费人群的沟通中显得尤其重要。而网络由于其对操作者的物质要求、文化水平的要求以及经济收入的要求，天然地对广大消费者做了第一层次的市场细分，从全体消费者中分离出了网民这一具有某些共同特质的消费群概念。

据中国互联网络信息中心（CNNIC）2000 年 1 月份公布的统计数据，我国的网络用户中，男性占 4/5，女性占 1/5；年龄主要分布在 21 ~ 35 岁之间；未婚与已婚的比例约为 2:1；用户地域分布上主要在京、沪、粤、鲁、苏、浙等经济科技发达地区；同时 4/5 强的网络用户学历在大专以上；60% 用户人均月收入在 1 000 元以上。

从以上资料可以看出，网民的构成绝对是以青年人为主力军。这一群体思维敏捷、活跃，对新事物充满新奇的渴望，并大胆追求。在消费理念上表现出追求新颖时尚，常常引导最新的消费潮流。他们的群体特征及消费个性正是媒体互动创意得以有效实施的保证。

随着社会的发展，人的需要不断增长，呈现出多元变化的过程。消费者的价值观和消费理念也产生了巨大的变化，对产品的认识很多时候已不再停留在质量价格等理性层面，而是越来越强调其文化、知识、个性、品位等感情因素。消费者在购买商品时，考虑的已不仅是其使用价值，而且关注它所带来的观念价值，人们在消费过程中开始追求文化、娱乐和信息的体验。互联网时代的网络广告特性在满足人们新体验追求方面占有得天独厚的优势。

除了周期性的创意市场营销，如今各大品牌十分注重培养消费者长远的品牌忠诚度，通过网络互动创意，将品牌的核心价值传递给所有的顾客和潜在的消费群。企业利用先进的互联网多媒体技术大量运用音乐、游戏、视频和 flash 动画等视觉效果，牢牢抓住网络消费的主体——网民的眼球，不仅仅是看广告、买东西，还要你来参与我的活动，接受我的理念。

## 二、媒体互动创意文案及评析

通过门户网站的大访问量设置 Banner（横幅）广告是通常的做法。

广告界常有这样一句话：使人们注意到你的广告，就等于你的商品推销出去了一半。

受众在接触广告信息时，注意力是首要的心理机制。在注意信息的一般动机中，趣味性（娱乐性）的信息占了很大一部分，人们倾向于有趣的信息，愿意接受给自己带来满足、快感的信息。在吸引眼球的方法上，各企业高招迭出，不仅仅满足于让你点击，还要让你饶有兴趣地点击。

企业通过赞助各种赛事等活动推出新产品，提高知名度，或者维护品牌知名度不是什么新鲜的营销手法。但是平铺直叙的告白已经司空见惯，让我们来看一下“麦当劳”2006 年 6 月推出的一则活动广告。

### 麦当劳至尊牛人争霸赛活动

“麦当劳”是亲切、欢乐、值得信赖的代名词。这是公众对“麦当劳”品牌识别所形成的综合印象，也是“麦当劳”维护与消费者忠诚关系的纽带。所有的传播必须体现这种精神实质。

“麦当劳”新的主题词“I'm lovin'it（我挚爱）”已经深入人心，各种超酷的促销和优惠活动的举办，街口大大的“M”、电视上耳熟能详的主题曲和网上色彩缤纷紧跟风潮的主题活动，将“麦当劳”的快乐与爱传播到世界的每一个角落，抵达每一个热爱麦当劳的人心中。

“麦当劳”的这则广告以一个通栏的横幅广告发布，由于创意的精妙，这个横幅的表现充满新鲜感，画面是两个人在用一根绳子拽着一个露出半边的“麦当劳”汉堡包，为什么只有一半，用户开始不明就里，这时该是文案发挥作用的时候了，只见绳子上下写着：

左右移动鼠标，把汉堡拉过来

没有夸张的字体、煽情的语言，就是这形式上的新颖吸引了不少浏览者的目光。引起受众的注目之后，进一步引发他们的兴趣，也可称之为吸引力。这种广告常运用人们好奇、逆反等各种心理，通过标新立异、设置悬念、制造惊奇等手法达到吸引受众的目的。

“麦当劳”的这则广告就有一种惊奇效应。因为到目前为止，大多数网络广告还停留在吸引网民点击这一层次上，而“麦当劳”这则广告超越了这一层次，充分体现了互动的精神。受众的直接感受是拉一拉试一试，结果发现鼠标管用，汉堡真的拉过来了，在这种有趣的体验中，人们自然会想探究一下拉过来接着干什么呢，“麦当劳”又有什么新活动呢。

不由自主地点击，紧接着出现了链接动画，在正式页面之前一般企业的做法都有一个加载过程的页面，现在通常的做法是运用 flash 动画手法，创意也大多围绕着如何让 load 的过程动起来的动画表现，以免让用户觉得等待过程太长而取消浏览。

互动性网络广告的一个突出的特点。我们来看可口可乐网站的广告。2007 年 6 月，可口可乐（中国）饮料有限公司再度重磅出击，将中国顶尖的运动员及团队齐聚一堂，组成规模空前的“奥运星阵容”，万众瞩目的可口可乐奥运火炬手提名活动在全国范围内启动，为每一个支持奥运的人提供成为奥运火炬手的机会。点击“更多精彩”，就可以详细了解活动的内容。

青年一代被称为喝着可乐成长的一代，他们所熟悉的网络世界的表达方式与传统媒体或者文字的叙述方式有很大的区别，这种区别表现为更强烈的个性表达，带着一种正面叛逆的自主意识，更随意的生活方式，时刻追求新奇的欲望，这就是网络用户的主体，庞大的数目使得媒体在各种宣传渠道上都有意无意地投其所好，网络广告更是将这种语言特色发挥到极致，许多的新名词便是网络的首创并通过网络传播开来的。只有他们所熟悉的语气、词汇，广告才会增强认同感。

## 三、评判网络广告创意优劣的标准

如同其他广告形式，网络广告也是以营销目标为导向，以创意为手段，与目标受众进行有效沟通，从而实现传播效果的最大化。网络广告在设计上更加注重用户的使用行为，在形式和创意表现上力求与用户的使用经验相连接，当用户与网络之间的互动得以延伸时，最佳的传播效果随即产生。除此，如果能够充分地利用其他媒体的广告素材，再辅以网络广告独特的创意及表现形式，网络广告将表现出让人耳目一新的涨力和冲击力。

应该从哪些方面对网络广告创意的优劣进行评判？交互性和实时互动是网络广告的最大特点，因此，互动性应当成为评估网络广告的主要标准之一。

一个好的广告创意一定是从最简单的概念出发，达到一个最直接的效果，这样的广告更容易留给用户深刻的记忆。网络广告更是注重给用户的影响及感受，好的网络广告不仅收获的是一个用户的体验，更是唤起该用户发动身边好友去一同感受。

评估一个网络广告创意的优劣还可以从以下相反的方面进行考虑，从而激发创作灵感：

1. 无创意，单纯炫技——让人不明白在卖什么。

2. 过多的文字——网络广告之大忌，用户没有时间也没有耐心读一段过长的网络广告文案。

3. “File size”过于大——用户通常不会为了下载一个广告而浪费过多时间。

4. 无卖点或任何产品信息——缺乏最起码的广告要素就不能称其为一个广告，更谈不到成功。

所以，未来的网络广告创意应当更加充分地发挥互联网的媒介特性，更好地提供同目标对象的交互机会，并通过交互更好地传播信息。网络广告未来的趋势将会是传播更快、更具互动色彩，与电视广告的连接性也将更加紧密。中国网民近几年来的日益增多也为网络广告的发展奠定更加强大的用户基础，他们对网络广告的要求有别于其他媒体，水准要求也更高，这使得网络广告的发展更加趋于主流以及个性化。

目前，网络广告以其独特的互动性、多样性和精准性，彰显出与目标受众沟通的无限魅力。有理由相信，随着技术的进步和网络广告环境的营造及改善，网络广告的创意空间将会越来越广阔，形式也会越来越多样化，网络广告创意必将走向交互性、趣味性、关联性和精准性相统一的道路。

## 第五节　网络广告个案分析

较之印刷媒介广告和电视媒介广告，网络广告显得还很稚嫩。尽管如此，它在写作上也已逐渐形成了自己的规律。下面选择的案例跟大师们创作的著名作品相比，或许称不上精彩绝伦，但却是代表目前网络广告文案写作水平的标本。

## 一、超短文本

**IBM 笔记本！！**

体验最性感美女

数码相机 299！

电子书 Vs 录音笔

acer S10 热卖！

新款诺基亚 3610

千元名牌笔记本

YONEX 新品送拍包

孕妇防辐射系列

化妆品超低价！

PS2，GBA 半折！

银饰宝石三折起

网易笔记本商城

买轩辕剑送 QQ 卡

555 元买录音笔

瘦身丰胸美体！

数码产品大全！

这是出现在网易主页网上购物区的一组文字链接广告，最长的不超过八个字，最短的只有一个品牌英文名加三个字。它们的写作风格，基本上代表了目前网上文字链接广告的特点。

其一，诉求单纯，重点突出。有的是利用名牌产品本身的号召力来吸引受众，比如“IBM 笔记本”，“ACERS10 热卖”，“新款诺基亚 3610”。有的忙不迭地给受众承诺利益点，比如强调价格的“千元名牌笔记本”、“银饰宝石三折起”，强调效果的“瘦身丰胸美体”、“体验最性感美女”，强调优惠条件的“买轩辕剑送 QQ 卡”。有的向受众介绍产品或服务的名称、特点，比如“数码产品大全”、“网易笔记本商城”。这样的诉求指向性明确，易于吸引那些对产品或服务感兴趣的网民。

其二，一语中的，简单利索。表达明确有效是这种文字链接广告的写作目标，所有的技巧、句法、含蓄在这里都派不上用场。甚至有的时候为了简洁都会不顾及语法结构的完整。比如："YONEX 新品送拍包"，真正完整的句子应该是"买 YONEX 新品送拍包"。尽管说得不完整，但网民还是可以理解这句话的涵义。而如果话说得过于简略、词不达意就不可取了。

好书　一元　抱回家

同城约会，宠物传情　Dating. 163. com

零距离接触曼联　曼联（中国）官方网站

zippo 瑞士军刀　千款时尚运动精品　历史最低价

108 元　9 条必看的理由　激情燃烧的岁月

这些广告文案都来自于按钮、旗帜、浮标等网上广告形式。它们对字数的容量也不算大，但跟文字链接相比，发挥的空间还是有了拓展。一是配合变换的画面，可以有两到四个话语层次，传递几个相关的信息。比如："同城约会　宠物传情 dating. 163. com."就包含有两个信息，一是网站提供的服务内容，二是网站的名称。文字链接只能起到吸引受众注意的作用，而按钮、旗帜等广告形式则能够加深受众对企业、产品或服务的印象。二是条理清楚。网络广告不同于其他媒介广告的地方就在于没有完整的标题、正文、口号、附文组成的文案结构，所有信息的表达既要重点突出又要条理清晰。一般来说是一句话或一个词组传达一个完整的信息，信息与信息之间可以是承接关系，并列关系，也可以是悬念与解开悬念的关系。比如"108 元　9 条必看的理由　激情燃烧的岁月"，这几个词组之间，前两个是并列的关系，而最后的片名则解开了受众心中的疑惑，原来价格和所谓的 9 条必看的理由都是在说一部电视剧。

无论是哪一种超短文本，网络广告都必须拿出真正吸引受众的信息，比如产品的价格折扣、产品的显著效果，等等。

## 二、长文案

尽管网络广告的总体特点是短小精悍，但在一些专门的产品推销网站和一些弹出窗口广告中，长文案也还是可以见到的。

2001 年韩国电视台收视冠军！继《蓝色生死恋》后，又一部能让你哭得花容失色之作！笑容最甜美的金贤珠，韩载硕、苏志燮两位帅哥，编织了一个水晶般的玻璃童话！如果不是《野蛮女友》的加入，它将成为去年韩国影视星空中最耀眼的一颗星！如果不相信，请看《玻璃鞋》吸引你的七大亮点！（注：本剧为中韩双语配音）

，如果她打你，一定要装得很痛。如果真的很痛，那要装着没事……让你一会笑得晕过去，一会感动得泪水涟涟，一个伤痕累累的“野蛮女友”，怜香惜玉的你怎会忍心不要？想要《野蛮女友》VCD 的朋友，点我吧。

这是一个专业经营电影电视光碟的网站，为了推销最新的韩国电影电视光碟所做的推介广告。从写作内容看，它们像是电影简介，但它们的网络广告特点还是十分明显的：

其一，强烈的煽情。多用夸张的语气，像笑得晕过去，哭得花容失色；最高级形容词经常露面：最甜美，最耀眼；还有很多的感叹号，连问号都是双份的。所有这些都是在渲染电影带给人的强烈感受，从而吸引受众的眼光和好奇心。

其二，直接的促销口吻。“点我吧”，“怎会忍心不要”，“如果不相信，请看《玻璃鞋》吸引你的七大亮点”，这些内容在其他电影简介中都是不会出现的。这两则广告的促销用词较为巧妙，或者和电影的名称形成双关，或者通过刺激好奇心的方式来进行诱导。

暗恋表白完全手册

将暗恋进行到底

13 朵玫瑰代表暗恋。

平常日子里却不是谁都能有合适的时机向心爱的人儿表明心迹……带着丝丝牵挂，淡淡惆怅，含情脉脉的双眸，欲言又止的你如今有了网易短信暗恋表白，网易短信红娘为你牵线，不必爱他（她）在心口难开。使用说明：把他（她）的手机号码发送到 163021，网易短信会给 3 次机会让他（她）猜猜你的手机号码，那你就知道他（她）心里是否有你了！

发送方（A）接收信息收费 1 元/条，接收方（B）接收信息免费。注：不支持联通手机。

他（她）的手机号：

手机号：

密码：

发送　注册

这是一个标题、正文、附文都很完整的广告文案。它以弹出窗口为载体，为其传递较为复杂的广告信息提供了足够的网络空间和文字空间。现评析如下：

典型的感性诉求文案。广告针对的是那些习惯在网上和用手机短信交友聊天的少男少女。这些受众对说教式的理性诉求方式不会产生太大的兴趣，能够打动他们的就是用感情说话。文案从受众的角度出发，首先把暗恋的尴尬和无奈描述出来，意在引起有相关心理经历的受众的好感。对服务内容的介绍采取聊天式的口吻，好像在替自己的好朋友出谋划策。

选择流行语言。目标受众对流行的言情小说和言情电视连续剧，自然不会有恶感。这则文案就抓住了这个特点，把“将爱情进行到底”这一电视剧的名称改头换面成“将暗恋进行到底”，不仅很有趣味，也打消了一些羞于把暗恋挂在嘴边的受众的尴尬心理。

充分利用网络广告的优势。这则广告附文介绍了发送短信的价格和服务的范围。附文的后面还提供了一个及时报名的小窗口。也就是说一旦受众对这一服务产生了兴趣，就可以马上行动，提高了广告的有效促销程度。

网络广告长文案，需要注意的是把握受众心理，提供受众喜爱的语言表达方式，并且充分利用网络的优势把广告和销售结合在一起。

## 三、从个案看网络广告的写作技巧

网络广告和许多媒介的广告一样，依赖语言发挥传播功能，因此各种写作技巧的运用是必不可少的。这里列出的仅仅是其中的一小部分，其他的诸如夸张、比喻、拟人等修辞技巧在网络广告中也都时有所见。

### （一）留空

加入网站联盟

送你一个　短信赢利网站

http：//用户名 . sms. 163. com

网易网站联盟　不用做网站　也可以

这一旗帜广告一共有四幅画面，每一幅画面中都有一句完整的句子，但最后一幅画面中，文字却没有讲完。文字后面的是一幅图片：一堆闪闪发光的金币。这里文字的留空技巧，一则避免了使用“无本万利”、“发财”等等用得多而滥的词语，二则形象生动，三则通过语言和画面之间突然的转换给受众留下深刻的印象，四则强调了诉求点（帮助受众做一个赢利网站）。

### （二）双关

个案1：

科学战痘方法

只要青春不要痘

用清热暗疮片。

个案2：

一切从音乐开始

想泡水吗？来吧，来吧，尽情享受属于自己的暑假

第一则文案用“痘”与“斗”的谐音在“战痘”一词上形成了双关，战斗表示治疗的决心，而战痘则表示治疗的对象。两相结合，妙趣横生。

第二文案的泡水，一是指听音乐就像炎热的夏天在水中泡着时的清爽感受，另一方面也是指这个音乐网上栏目的名称：“水吧”。

(三) 对偶

个案1：

免费获取有关痔疮的解决方案

太宁独有保护膜

消除刺激　隔离肿痛

个案2：

留住你的精彩

飞舞你的精灵

PT. 163. COM

第一则文案，对偶用来表述药物的效果。文字简练，表意清晰，朗朗上口。比用“用太宁帮助您消除刺激和肿痛”更容易为受众所接受。

第二则文案，意思较虚，意在引起人们的好奇心。对偶不工整，但感情色彩浓郁。表现了对个性张扬的尊重，容易博得年轻人的好感。

(四) 反复

个案1：

网大国际学院

引国际化课程　聘国际化师资

创国际化学院　育国际化人才

个案2：

中国权威时政杂志

影响有影响力的人

新闻周刊

第一则文案将“国际化”一词反复使用了四遍，意在强调学院的办学特点就是国

际化。并从课程、师资、办学目标等方面进行了条理化描述，诉求集中有力。

第二则文案，重复使用了“影响”一词，在语言上造成了一种气势，表明了中国《新闻周刊》的受众群体和编辑方针。

（五）引用

没声音再好的戏也出不来

用雅虎通语音聊天

这则文案引用的不是文学作品，也不是电视电影中的对白，引用的是一则电视广告中的台词。广告利用动画制作，将原来电视广告中的人物进行了卡通处理，配以原来的台词。恰当又生动。

## 思考·案例·练习

1. 网络广告的媒体特征有哪些？
2. 网络广告通常有哪些表现形式，有什么新的表现形式？
3. 网络广告文案的写作应该把握哪些要点？
4. 网络广告文案的语言风格体现在哪些方面？
5. 怎样理解网络广告语言风格的适应性？
6. 媒体互动创意在网络广告中的地位和作用？
7. 评判网络广告创意优劣的标准是什么？
8. 网络广告创意的未来趋势如何？
9. 试述网络广告语言与电视广告语言的区别和联系。
10. 技能训练

请根据以下资料为中国广告网（www. cnad. com）写一篇电视广告文案、两篇广播广告文案和一篇杂志广告文案，要求：① 电视广告文案着重企业形象的宣传，长度为30秒；② 广播广告文案一篇宣传形象，另一篇宣传产品；③ 杂志广告文案侧重宣传产品；④ 所有的文案必须风格统一，能够在同一个时期投放。

**广告主：**

中国广告网

**传播目的：**

让受众了解中国广告网，传递并强化中国广告行业第一门户网的定位。深化受众对中国广告网的认知，提高中国广告网的知名度和美誉度。

**市场概况：**

中国广告网是一个专门针对广告行业资讯的发布平台。目前，中国广告网是此领域最专业的代表之一。

**消费者需求：**

中国广告界需要更快速的广告界资讯、更专业的人才招聘平台。

**产品介绍：**

从提供资讯方面说，中国广告网是广告业的“CCTV”，从盈利模式方面说，中国广告网是广告业的“阿里巴巴”。

**产品个性：**

权威的、专业的、内容丰富的。

**产品定位：**

中国广告行业第一门户网站。

**产品形象：**

权威、专业。

**目标消费者：**

互联网网民、广告界商家、广告人及广告专业学生。

**主要竞争者：**

广告行业内门户网站。

**传播调性：**

恢弘大气的（有深度、有广度）；

兴奋的（刺激，有一点小疯狂）；

明确的（简单易懂，但要富于变化）。

# 第12章 不同内容的广告文案

**本章知识要点：**

1. 掌握食品、饮料、酒类、服装、化妆品、日用小商品、药品、家电和房地产等广告的文案写作要领

2. 明确生产资料类、服务娱乐类、信息产业类、企业形象类广告文案的写作要求

3. 树立公益广告文案创作的平等观念和精品意识

## 第一节 消费物品类广告文案写作

消费物品是指满足消费者生活需要的有形的产品。根据消费者的购买习惯和购买行为的不同，消费物品又可分为如下几大类：

1. 日用品

指日常生活所需的基本生活资料及日用小商品，如副食品、饮料、牙膏、牙刷、香皂、洗衣粉等。

2. 选购品

消费者在购买这种商品时，要花一定时间去比较、鉴别后才购买，如服装、家具、小家电（如电吹风、电须刨）、纺织品等。

3. 特殊品

指消费者愿花大量时间去购买的具有独特质量的特定品牌的商品，一般都是高档商品，如彩电、空调、音响、冰箱等大型家电，以及摩托车、汽车等商品。

撰写消费物品的广告文案首先要明确商品的类型和消费者的范围，然后针对不同类型消费者的消费习惯和消费心理确立诉求点或主题。

## 一、食品广告文案写作要领

食品的最基本功能是果腹，与饥饿抗争是人类永恒的主题，无论是在原始社会，还是在现代社会都如此。所以“食欲”是食品广告一贯的诉求重点。在当代，如果能把食欲表现得富有创意和趣味，同样可以收到比较好的效果。如曾获戛纳广告节大奖的日清方便面电视广告《原始人篇》，就将食欲主题表现得很有趣味性和观赏性。

现代社会，人们越来越关注食品的营养和味道，故健康与美味又成了现代食品广告的两大重要主题。近些年“绿色食品”（天然的、不受污染的食品）成为食品消费的新潮流，反映在食品广告中，便是对“绿色”、“天然”的强调，这实质上是健康主题的延伸。另一方面，由于食品的同质化趋势越来越严重，而消费者购买食品时又多了份感觉和情感的因素，因此在食品广告中融合人性和人情味，便是使产品富有个性魅力的有效途径。例如某月饼广告的文案：

**中秋之月**

曾几何时，
人们已不再把吃月饼
当作解馋的享受。
然而，它像临近十五的月亮那样，
召唤着背井离乡的儿女，
催促着久别思念的亲人。
金秋月下尝一口，
团圆桌上献一盒，
甜了人心
亲了人意。

这篇文案的主题不是健康、营养和美味，而是着力表现了亲人之间的久别团聚，情感真切感人，符合中国传统文化心理。

## 二、饮料广告文案写作要领

饮料最基本的功能是解渴。随着人们生活水平的不断提升，人们更关心饮料的营养成分和健康功能，更注重在饮料中所体现的文化韵味和流行时尚，由于环保意识的觉醒，都市人更喜爱绿色天然的饮料。

一般来说，运动性饮料广告中比较强调解渴、补充体力和流行时尚。例如，佳得乐饮料报纸广告文案：

（画面为美国篮球巨星迈克·乔丹手拿佳得乐饮料）

**为什么乔丹说：**

**佳得乐比水更解“体渴”**

**“当我感到口渴时，身体早已出现‘体渴’”**

口渴人人都知道。但对影响身体状态的“体渴”却并非人人都了解。当身体不停地流汗时，体内的水分和矿物质也会随汗水大量流失，造成体内水分及矿物质匮乏，这就是“体渴”。“体渴”若不及时解决将会引起抽筋、疲劳及头痛等热病，不仅影响健康，更会大大影响我的表现。

由于“体渴”很难察觉，同时并不是所有的饮料都能解“体渴”，所以我更需要以科学的态度，选择正确的饮料解除“体渴”，以保持体内的水分和矿物质。

**“解‘体渴’，佳得乐是我唯一的选择”**

佳得乐就完全不同了，它采用科学配方，能迅速渗透全身，及时补充随汗水流失的水分、能量和矿物质。佳得乐含有6%适量碳水化合物，不但增强身体对水分的吸收能力，更为活动中的肌肉提供能量。此外，佳得乐不含碳酸气，配合天然果味，能大大提高饮用量，我只选择佳得乐，解“体渴”没有什么能比它做得更好。记得我常对你说的：谁可抵挡佳得乐。

**解口渴，更解体渴**

（随文略）

在这里，广告创作者提出“体渴”这个概念，意图是在消费者心目中制造需求空缺。因为以往消费者只知道用饮料解口渴，现在“体渴”这个概念的提出，便是告诉消费者光解口渴是不够的，还要选择解“体渴”的饮料，而要解“体渴”就要选择佳得乐。这则广告以“解体渴”为中心诉求，在表现新的解渴观念的同时也体现了流行的时尚（篮球巨星乔丹形象本身就有一种时尚感）。

相比之下，牛奶、酸奶、果奶等餐宴饮料的广告则更为强调营养、健康和绿色、天然。如乐百氏健康快车报纸广告文案：

**让您的孩子肠胃健康，吸收更好！**

**——乐百氏健康快车，全速登场**

AD钙+双歧因子 全新上市的乐百氏健康快车奶，从中国少年儿童营养现状出发，在AD钙奶基础上，科学添加国家“八五”重点攻关成果：双歧因子——低聚糖，全速带领少年儿童进入健康地带。

双歧因子　健康魔术师 双歧因子——低聚糖，是集营养、保健功效为一体的新型糖源，具有低甜度、防龋齿等特点，能显著促进人体肠道有益菌——双歧杆菌、乳酸杆菌的成长，抑制病原菌和腐败菌，从而达到调理肠胃，改善菌群失调的良好效果。

健康快乐　健康保证 乐百氏健康快车奶是公司首创的全新功能营养奶饮料，营养保健作用更胜一筹：•助长肠道有益菌，有效调理人体肠胃 •合理补充维生素 A、D 及钙，并利于合成维生素 B 族及叶酸等儿童所需营养 •促进人体对蛋白质、矿物质等营养物质的消化吸收，减少因肠道紊乱引起的消化不良等症 •提高人体对牛奶制品的消化吸收率，尤其适合饮用牛奶后有不良反应的儿童和成人 •长期饮用可提高抗病能力

儿童健康热线：1760－2111315

**乐百氏　肠胃健康　吸收更好**

这篇文案以理性诉求的方式，详细分析了乐百氏健康快车奶营养、保健功效及其原理，条理清晰，说服力强。

对于茶叶、咖啡等休闲性饮料的广告来说，应更为强化格调、品味和文化因素。中国是茶叶生产大国，有历史悠久的茶文化，而咖啡则是异域饮料文化的代表，但国外的咖啡在打入中国市场时，比较注意与中国传统文化的融合，以产生文化的亲近感。这是值得我们借鉴的。

## 三、酒类广告文案写作要领

酒类广告通常以品质、文化和个性为诉求重点，也可把三者结合起来。例如，获得2001 年全国报纸优秀广告奖“广州日报杯”食品饮料类银奖的水井坊酒的广告文案：

**风　雅　颂**

传世风雅　美酒之颂

曲水流觞，气蕴芳华，把酒临风，岁月悠哉。六百年传世风雅，成就水井坊酒道之大德与至美！

正直而恭俭，廉而谦者，宜唱【风】，豪饮；

广大而静，疏达而信者，宜咏【雅】，大饮；

宽而好礼，柔而正者，宜歌【颂】，盛饮！

水井坊之泱泱酒道，共君齐品风雅颂尔！

水井坊，世界上最古老的酿酒作坊之一，全国重点文物保护单位。水井坊酒，活文物原址酿造，始于元末，历经明清，六百余年不间断岁月磨砺，造就出此等陈香飘逸，甘润幽雅之绝卓酒品。

颂曰：水井坊，中国白酒第一坊！

风雅颂，是中国诗歌文化的精髓，也是中国五千年文化的神脉，在广告中，水井坊酒将风雅颂再度进行诠释。古色古香的楼阁里，文人雅士或对酒当歌，或举杯赋诗，或品酒抚琴。名士们浸染在棋、琴、书、画中，也陶醉在水井坊六百年的酒文化之中。风声、颂声，声声入耳；雅韵、酒韵，韵韵关情。

又如，轩尼诗平面广告文案：

**始创精神，灵感启发众生**

法国轩尼诗1870年首创X.0佳酿，被誉为世界酒坛创举，成为高级干邑之标准。时至今日，轩尼诗仍是X.0干邑的典范与灵感。

短短的几行文案便凸现了轩尼诗的悠久历史和高贵品质。“创举”、“标准”、“典范”、“精神”、“灵感”等词的运用更加显示出酒的格调和品位。

## 四、服装、鞋类广告文案写作要领

服装、鞋类最基本的功能是满足人们的穿着需求。但随着社会的不断进步，人们越来越关心服装、鞋类的审美价值和附加价值（如身份、地位的象征）。一般来说，在服装广告中较常见的主题是时尚、品牌和审美情趣。对高档服装来说质地优良、制作精美、象征身份是广告诉求的基本方向。

正如中兴百货的一段广告文案所言：服装是一种高明的政治，政治是一种高明的服装。服饰是一个人社会身份、角色、地位的象征，因此在服饰广告里面，对于象征意义和附加价值的表述占据重要的地位。以下这则七匹狼休闲男装的电视广告，就给现代都市的男性画了一幅素描：整个广告话语把人比作狼，具体说就是把其目标消费群——都市男性白领——比作不断奋斗的狼，把现代都市比作森林。

**七匹狼休闲男装广告文本（旁白、字幕）**

说真的，我喜欢狼。这个世界很现实。要生存，就要比别人更能适应环境，反应慢一点都不行。我喜欢像狼一样地思考，有时要沉得住气，有时要宣泄自己，换个角度，失败和挫折也是财富。只要像狼一样牢牢守住目标，相信自己，相信伙伴，没有成不了的事。有时，我会想，都市是森林，而我是森林中的一匹狼。

按照我们中国人通常的思维习惯，我们会把尊贵的人比作龙，把气势如虹的人比作虎，把目光敏锐的人比作鹰，却极少把正面的人物形象比作狼。因为千百年来，狼在我们的印象中是一种凶残、阴暗甚至邪恶的动物，在无数的寓言和童话中，狼都是邪恶的化身。但是在这篇七匹狼服饰的广告文本中，狼与都市男性白领的并列对比，无论是对“狼”这一符号，还是对“都市男性白领”这一形象都产生了新的意义。狼的智慧、狼的军事才能和顽强不屈的性格、狼的团队精神和家庭责任感、狼的尊严等都为都市男性白领的形象增添了几分厚重的文化内涵。无怪乎海尔集团的董事局主席张瑞敏也认为狼的很多难以置信的战法很值得商界借鉴。例如，不打无准备的仗，踩点、埋伏、攻击、打围、堵截，不正是商战中步步为营、周密运筹的写照吗？保存实力、麻痹对方，并在其最不易跑动时，突然出击，置对方于死地，这不正应验了商界中选择最佳时机出击的战术原则吗？协同作战不正是商界中倡导的团队合作精神吗？这些都是在这个现实而残酷的商战世界中不断拼搏的男性的社会意象，齐秦的扮演非常恰当。伴随着他那首耳熟能详的《狼》，齐秦演绎了一个在都市中奋斗的白领的心路历程：成功与失败，喜与忧，起和落，以此强烈地唤起了目标消费群的心理认同。

再如下面两则耐克广告面对女性的一段“对话”，表达了现代都市女性独立的价值观。

### 篇　一

36、24、36，你有没有发现，当男人对你的身体说话时，你也不经意地开始用身体回答，甚至你要求自己以最奇怪的礼貌回答——用男人喜欢的数字。所以，你开始忙着装潢自己的身体，直到你可以用标准过度的曲线，优雅地招摇着，而男人也很合作地用视线封你为王，为了独享臣民的眼光，你执著于那三个数字，于是你有了一个合成的身体。瞧！女人就是这样失去了自己的身体。因为，女人让男人决定女人的曲线。

### 篇　二

“标准三围”是男人窥视女人的借口，36、24、36则是男人虚荣程度的量化。男人就是这样用女人的身材布下陷阱，然后光明正大地骚扰你，别赞助男人好色！把男人的观点从女人的曲线上驱逐干净。

因为对女人而言，三围只是买衣服时的尺寸罢了。

女人们在阅读中发现耐克就像生活中的一位睿智而亲切的女性朋友在对自己说话，它了解自己的处境和心情，它理解自己的痛苦和无奈，它和自己站在统一阵线上。同时，它也给女人们以忠告和嘱咐。因此，女性们按照耐克的提示，明白了要解放自己的心灵就要先解放自己的身体，要解放自己的身体，就要有健康的生活方式和适量的运动。两则广告话语就像与一群姐妹聊天，在这种虚拟的聊天中，女性消费者不知不觉地就接受了耐克想做就做（Just do it）的品牌精神，接受了耐克的女人是真正的女人、独立自信的女人这种形象。

## 五、化妆品广告文案写作要领

化妆品从根本上说是满足人的求美需求和护理肌肤的需求的，化妆品广告的诉求内容通常包括两方面：

1. 强调化妆品的美化功能

通常以明星的美貌吸引消费者去效仿，在广告语言上极力渲染化妆品如何能让人美丽潇洒、年轻漂亮、魅力永存。如爱丽丝化妆品广告："令各界女士更添风采，为您的生活倍添情趣——爱丽丝。"又如虹雨化妆品广告："虹雨把青春的梦想与追求糅成永恒的美"等等。

2. 强调化妆品的护理功能

如美加净防晒护肤系列的报纸广告文案：

### 阳光下的绿阴

首创"三重防晒配方"（紫外线吸收剂高效滤光剂和天然植物精华——芦荟提取液）的美加净防晒护肤系列产品能有效防止晒伤、减少晒黑，爽而不腻，防晒、增白、保湿多效合一。像一片随身的绿阴在阳光灿烂的日子里给你全面、细心的保护！

（随文略）

这篇文案紧紧抓住美加净防晒护肤系列的独特个性——三重防晒配方，阐明了该化妆品可以保护肌肤免受阳光照晒的护理功能。

目前，国内化妆品广告存在趋同化、模式化的倾向，尤其是化妆品的电视广告更是普遍采用"美女＋动画"的程式，缺乏鲜活的创意，让消费者感觉到化妆品广告大多相差无几。这种状况亟待改进！

## 六、日用小商品广告文案写作要领

日用小商品是指日常生活经常用到的小型商品，如洗衣粉、肥皂、牙膏、牙刷、剃须刀、厨房清洁剂等等。写作这类商品的广告文案应注意如下几方面的问题。

1. 注重功能诉求，特别要阐明这类商品能给消费者的日常生活带来何种利益

如柔宝光漂洗衣粉《新春98发，送礼988》的促销广告，文案的第一段为：

柔宝光漂洗衣粉，不仅具有传统洗衣粉的“水洗”特强去污功能，还含有独特的“光漂原子”，当衣服洗净后或穿着时，通过光线的作用自动深入纤维内部，能彻底分解消除顽固污渍，杀光衣物上的细菌。柔宝光漂洗衣粉是环保洗衣粉，对皮肤绝无伤害。

这段文案强调了洗衣粉去污能力强、光漂洗涤和不伤皮肤等功效，这些都是消费者比较关心的问题。

2. 营造日常生活气氛

日用小商品与人们的日常生活紧密相关，因此这类广告应注意贴近生活，注重营造日常生活气氛。如活力 28 超浓缩洗衣粉电视广告，主要画面和声音为：妻子把少量的洗衣粉倒入洗衣机，舒心地说“用量少，1 比 4”。丈夫把脏衣服塞进洗衣机，高兴地说“时间省，1 比 4”。小女孩把玩得很脏的玩具塞进洗衣机，调皮地说“去污强，1 比 4”。最后一家人捧着洗净的衣物和雪白可爱的玩具，一齐说“1 比 4”。广告语为“活力 28，沙市日化”。这里 1 比 4 的概念通过语言和手势不断得到强化，给人留下深刻印象。整个广告片营造了一种轻松活泼的生活气氛，使人感到一种免去繁重的体力劳动的轻快。

3. 增加产品新信息

日用小商品的生命周期较长。人们对日用小商品的基本需求保持着相对稳定性，但人们仍然会对这类商品的细微变化产生兴趣。如牙刷这一商品自产生之日起便形状固定，代代相沿，但如果能稍加改进（如把刷面改成波浪形），便会引起消费者的极大兴趣。在广告文案中要善于把这类新信息传递给受众，并从科学原理上说明这些细微的变化会给消费者带来什么样的实际利益。

## 七、药品（保健品）广告文案写作要领

由于药品（保健品）直接关乎人们的身体健康和生命安全，因此，在撰写药品广告的文案时，在广告策略和创意确定的前提下，还要熟悉和遵守国家的相关规定，如《广告法》、《广告管理条例》里对药品广告的审批、内容方面的禁止性规定等。此外，还要时刻密切关注有关部门有关的最新规定，以避免因违反法规而使好的创意付诸东流。例如，2001 年底新颁布的《药品广告审查办法》扩大了广告的禁区，规定药品广告不得使用国家机关、医药科研单位、医药院校、学术机构、医疗机构及其工作人员、专家、学者、医务人员和患者的名义作证明；禁止利用名人等作证明表述药品功能；赞助体育比赛等的药品广告必须经过审批才能发布；简化药品企业形象广告审批程序，严格药品疗效广告审批；药品广告发布时必须同时标明按医生处方购买、按说明书购买使

用或保健品供辅助治疗等内容的忠告语。另外，药品广告中不得含有“免费治疗”、“无效退款”、组织义诊、有奖销售、开设特约门诊、免费赠送及声称或暗示能应付紧张生活或升学、考试需要等内容。

又比如，国家药品监管局和国家工商行政管理总局于2002年9月28日联合发出通知，明确了药品广告受理审批的最新规定。通知规定，自2002年11月1日起，各省（市、区）药品监管局停止受理和审批含有“中药保护品种”、“GMP认证”、“GSP认证”、“国家基本药物品种”、“医疗保险用药目录品种”、“急诊用药品种”等不确切地证明药品功效内容的广告。通知指出，2002年11月1日前已经审批通过的含有以上内容的广告，可以继续发布到广告有效期满为止。

这些限制和规定都对药品企业的广告创作提出了更高要求的挑战：一是推广的创意和策略，怎样在众多相似的声音中凸显出来，怎样更贴近消费者；二是怎样靠产品自身的力量说话。

当前在药品广告的文案宣传中存在着公式化、雷同化趋向，往往通过抽象虚幻的医学理论或术语来阐释复杂的机理功能，其结果使消费者“云山雾罩”，产生不了刺激购买的实质作用。为了避免平淡无奇的俗套，则要在丰富表现手法，强化产品定位，增强内容的针对性、说服性、可读性上下工夫，通过卓有成效宣传元素的整合来拓展消费者的阅读面，这是衡量传播效应到达率的有效途径。药品广告的文案撰写可以考虑从以下几个方面进行发挥：

1. 理性诉求

理性的诉求方式强调摆事实、重依据、重说理论证，以增强文案的说服力。买药的理性行为是相当顽固的，广告传达的专业说理性的深与浅，自然会改变消费者的购买决心。而药品购买行为的即时性和紧迫性等也决定了药品广告表现的直接性，在广告中直接明了、承诺到位对于消费者来说至关重要。

（1）信息展示型。通过摆事实、讲道理，展示产品的功能和特点，用于广告受众的逻辑思维，从而说服他们购买。如排毒养颜胶囊的广告文案：

健康人的脸色，一般是红润而富有光泽和弹性。

但是，当毒素侵害人体，面部就会出现如痤疮、颜面色斑等症状，或是脸色苍白、枯黄、面色无华……想要拥有健康人的脸色，当然先要进行排毒调理。

**排毒养颜胶囊，通解调补，专业排毒**

一方面，通过通补结合、升降得宜的处方配伍，排出、解除体内毒素，调理人体紊乱的代谢；另一方面，通过调节机体状态平衡，使气血流畅、气机条达、阴阳平衡，使皮肤血液增多，皮肤细胞活力增强。从而达到调内养外，促进身体健康平衡的目的。

脸色红润象征健康与魅力。

脸色好，人缘更好，生活更轻松！

现在开始，认准属于你的“专业排毒”品牌——排毒养颜胶囊。

文案运用平实的语言，讲解排毒养颜胶囊的药理，让人信服。

（2）解决问题型。通过提出受众感兴趣的问题，引起关注与思考，然后从关注点切入，提供用于解决问题的方法。如百服宁的一篇广告文案：

**午后3点半，怎么办**

滴答……滴答……壁上的时钟毫不留情地走着，老张额头上的汗珠也越流越多，打电话四处求救兵，却均无结果，眼看3点半就快到了，怎么办？

对许多工商界人士而言，午后3点半是最敏感的时刻，调头寸、轧票子，急得团团转，真如热锅上的蚂蚁。

工商业社会，由于处处讲究时效，分秒必争，锱铢必较，因此弄得人人紧张。无怪乎喊头痛的人也越来越多了。头痛有损健康。更阻碍事业，因为失眠、倦怠、注意力不集中、食欲不振、心神不宁等现象也常与头痛相伴而来，对您的为人做事都会产生不利的影响。

午后3点半如何过关？我们恕难给您一个满意的答复。但是若您有了头痛的麻烦，我们却能给您提供一个绝佳的对策——

由必治妥大药厂精心研制的百服宁具有两大特色：

（1）不含剧药（如比林系、咖啡因等），是不会危害人体的镇痛良药。

（2）独具必治妥大药厂专利的ADA成分，能促进吸收，迅速渗入血液，发挥疗效，且对胃酸有缓冲效果。

百服宁治头痛效力快，是您的锦囊妙“剂”！

百服宁保护您无痛、健康、快乐！

该则广告针对工商业界头痛人士先提出他们关心的问题——如何度过下午让人头痛的3点半？然后给出了解决问题之道——百服宁能够为您提供无痛、健康、快乐的生活。

2. 感性诉求

随着产品的同质化程度越来越高，要发掘出“独特的销售主张”（USP）已经非常困难，因而时下的药品广告，多采用“形象策略”，发自真心地与消费者沟通，以情动人，在消费者强烈的感情共鸣中，达到非同一般的广告宣传效果。例如，康泰克的《出嫁篇》，三九感冒冲剂的《贺年篇》、《断桥篇》等等，都在走情感诉求的路数。而丽珠得乐的胃药广告“男子汉系列”，以平常心，写平常人，说平常事，几乎让人感觉不出商业味道，倒像一个行业的公益广告，取得了“随风潜入夜，润物细无声”之效。

(1) 融进人文关怀。把冷漠的产品与人文关怀联系在一起，对普通人生活的关心、体贴能使世俗化生活中的人们获得一种强烈的认同感，也有助于企业树立良好的品牌形象，进而让消费者产生品牌联想。

例如邦迪创可贴“成长难免有创伤”系列平面广告，一改传统的诉求产品功能的策略，巧妙地将诉求与情感联结在一起，给产品注入浓浓的情意。广告通过揭示成长过程中极为常见的现象，如孩子哭闹着要家长买玩具，小朋友们为了一点点小事怄气，暗恋中的小伙子看到心上人和男友约会，揭示出邦迪的理念和主张：一切创口，邦迪为你愈合。通过这些，让消费者感到，邦迪品牌是身边的朋友，是和自己一起承担成长创伤的知心朋友。广告精心截取的反映亲情、友情和爱情的三个不同生活片断，挖掘出消费者值得回忆的素材，给消费者以更多的人文关怀，激起目标受众内心的情感认同。

(2) 配合漫画。通过生动丰富的漫画方式表现药品对疾病的辅助治疗作用，形象具体，幽默风趣，往往一目了然，记忆深刻。如太太药业的意可贴广告，利用卡通形象意可仔亲切可信的专业形象，针对口腔溃疡给人们带来的种种烦恼，创作了以日常生活的真实感受为主线的系列广告：围绕意可仔形象，针对口腔溃疡的病兆，对准病因有的放矢地传达了意可贴的独特功效。“口腔溃疡，话也不能说了”、“口腔溃疡，想笑也不能笑”等真实的患病感受引起了广大消费者的情感共鸣，大大缩小了与目标消费者的距离，达到直接感知产品的效果。再如奇正消痛贴的系列广告，也是以漫画的形式来展现在开车、体操表演、武术表演、上网等不同场景下奇正消痛贴的疗效。

(3) 作品式。通过散文、小说、故事等通俗易懂、流畅的文字传播方式，辅之以有趣活泼的故事情节，潜移默化地针对产品功能诉求进行延伸、扩展和发挥，文字轻松诙谐。

## 八、家用电器广告文案写作要领

家用电器包括：彩电、音响、冰箱、空调、家用电脑、洗衣机、电风扇、微波炉、电饭煲、VCD 机、电熨斗、吸尘器等等。家用电器属于理性购买商品，特别是大件家电往往夫妻两人一起去商店观看、购买。消费者购买家电会在质量、价格、服务等方面进行反复比较，而品牌的影响力又起着十分重要的作用。家电广告通常以品质、功能、价格、服务、品牌形象、企业实力为诉求重点。这里仅以品质、功能和价格方面的诉求为例进行说明。如美的空调报纸广告文案：

**多一层空气滤网，多一重健康保障**

**美的“智灵星”分体空调**

**四层滤网，空气好，更健康**

烦嚣都市，处处弥漫着污浊的空气和有害的离子尘埃；美的“智灵星”为您的健康着想，四层超级空气滤网比普通空调更多一层防护。精细滤网：过滤大粒灰尘；活性炭层：清除细小灰尘；双层静电滤尘网：阻隔带电微粒。美的“智灵星”，物超所值的舒适享受。

其他优点包括：

- 全新流畅圆弧设计，安装方便
- 高效节能，比普通空调省电10%
- 制冷、制热强劲，热冷比高达120%，同类之冠
- 真正“人工智能”“I feel”电脑控制

（随文略）

这篇文案以功能、品质为诉求点，详细介绍了美的空调的四层滤网对净化空气、保障健康的作用，还附带提示产品的其他优点。

又如小天鹅第三境界双绿色冰箱广告文案：

**双绿色革命**

**如鱼得水**

鱼儿离不开水，小天鹅第三境界双绿色冰箱的问世，使食物如鱼得水，它引进日本高新技术，充分保持食物水分和营养成分，掀起一场内外保鲜的双绿色革命，进入“保鲜，冷冻，冷藏”第三境界的新阶段。

——外绿：“全无氟”全面呵护生活环境。

——内绿：急速冷冻托盘，保证食物原汁原味；蓄冷托盘，停电16小时照样保鲜；自动除霜功能，保持食物水分；远红外除臭，食物不串味。

幸福家庭，生活总是新鲜的！

（以下略）

这篇文案的诉求重点为冰箱的保鲜功能，创作者善于在功能诉求的基础上提炼产品的革命性意义，以“双绿色革命”、“第三境界”向消费者的固有观念发起冲击，使消费者的消费观念与产品一起步入一个新的境界。

## 九、房地产广告文案写作要领

房地产是一种相当特殊的商品，其产品的特性也决定了房地产行业的广告表现形式与其他行业不尽相同，呈现出相当独特的色彩。

对于大多数消费者来说，房子大都价值不菲，而作为安身立命之所，房子又是人的幸福和生活质量的基础。简单地说，房屋的特性是“昂贵的生活必需品”。这决定了房产不属于容易产生购买冲动的产品之列，大多数消费者对它的选择和购买很理性、谨慎。和大多数其他行业的产品广告不同，房地产广告几乎无法带来直接的消费效应，几乎不会有消费者因为广告而产生购买欲望。正是由于房地产行业的特殊性，房地产广告的任务并不在于直接促进销售，其主要目的是让消费者对房产感兴趣，进而打电话咨询或者到售楼现场看楼。

因此，房地产广告固然需要非常理性的支持，但是重心不能放在突出过于理性的内容上，重要的是突出房产最有特色的地方。也就是说，房地产广告创意不能仅把眼光囿于房子本身，而是要挖掘出房子的附加值，放眼于城市文化、历史、人文、经济等各个方面，让购房者感到购买的是一种新生活，是一种充满诱惑力的未来。当前的房地产广告存在着许多误区，如对实证主义的误解（很多房地产的广告，直截了当地将建筑物，并且往往是最“难看”的建筑物，满幅放在广告画面上）、堆砌陈词滥调、诗情画意的泛滥、各种概念的滥用、虚假承诺、表现方式落后等。

成功的房地产广告立足在理性的地基上，升华到某种细腻、富有质感而且非常生活化的层次。它们洞悉目标受众对居住、对生活理想的憧憬和冲动，对人与居住、人情的空间与距离有深刻的理解。它们能够从巨大的消费数目中脱身而出，找寻到最能叩中穴点，最能引起共鸣和理解，最能引发虚荣和欲望的因素，从而打动目标受众。我们从下面几个方面观察一个房地产广告的成功之处。

1. 家的眷念

消费者购买房子的时候，他并不是在买一栋或几间冰冷的可以用钱财来计算的建筑物，实质上，他买的是家。人类在不断追求新生活的同时，始终存有一种原始而温馨的情愫——对家的眷念，因为家不仅是人的栖身之地，更是人们情感、精神、个性的寄托和张扬。例如万科的房地产广告：

**最温馨的灯光　一定在你回家的路上**

如果人居的现代化只能换来淡漠和冰冷　那么它将一文不值　我们深信家的本质是内心的归宿　而真诚的关怀和亲近则是最好的人际原则

多年来　我们努力营造充满人情味的服务气质和社会氛围　赢得有口皆碑的赞誉
正如你所见

2. 怀旧情怀

尽管习惯了节奏紧张的现代都市生活方式，人们总会在不经意中质疑这种存在，从而开始缅怀逝去的往昔。怀旧，仿佛成了现代人的“通病”，一种特定时间、空间上文化的情感痕迹，正在都市中延伸。例如星河湾的系列广告：

**和中世纪的闲情在一起**

到星河湾，和好房子在一起。

英国绅士的谈吐，离不开提起，法国贵族的习尚，专注于时事。和好房子在一起，中世纪的闲情在这里汇集。

**和历史的文明在一起**

到星河湾，和好房子在一起。

曾经的尼罗河，诞生了世界的文明，曾经的塞纳河，左右多少思想的碰撞，和好房子在一起，造就一个居住意义上的新文明。

**和盛世中的繁华在一起**

到星河湾，和好房子在一起。

巴尔扎克走了，凡·高来了，小小的咖啡馆承载了几多繁华，和好房子在一起，精神的繁华总能溯回到物质的繁华上。

贵族、中世纪、历史的文明、思想、文学、艺术……一个汇集了如此多诱人字眼的地方，怎么会不让人心向往之呢？

3. 对亲情的诉求

亲情向来是个永恒的主题。许多消费者在拥有了较坚厚的物质基础后，更加注重对亲情的维护。因此房产商应考虑如何在广告中通过对亲情的诉求来打动消费者的心。如丽江花园的“让爱家升级”系列广告：

**是时候，让爱家升级**

孩子是不期而至的天使，他眉头皱了，他眉头开了，你的天灰了又蓝了。早上带他去晒醉心湖边的阳光，下午可以和他在桃园沐空气浴，晚上又在自家阳台上对星星唱情歌。别担心他会孤独，沿路都有爱他关心他的目光，沿路你也会找到关于养育孩子的共鸣和分享。只因为这里是丽江。有了孩子，不想给他更好的吗？

### 是时候，让爱家升级

和一个人越是亲密，就越多地了解自己。就像共处的空间里，处处都有对方的痕迹。相约在福特玛捉迷藏，却发现选了同一牌子的花生酱做接头暗语；分头去赴朋友的生日会，兜里揣的小礼，都是香雪梵溪的书籍；还会在傍晚到欧品闲逛，蜡烛正配对方的华器……住到一起才发现，本来是两个人风马牛不相及，却真的是一半一半，合二为一。两个人的家，不想拥有更好的吗？

### 是时候，让爱家升级

对父母的爱，在自己做了父母之后才更有感觉。就把他们都搬过来吧，天伦之乐是在每天的点滴中积蓄的。从妈妈帮你带小孩的细致中，从爸爸耐心熬的鱼粥中，从他们和孩子在院子里的嬉戏声中，你都能感觉幸福，是那样容易充溢了心灵，浸润了眼睛……阖家欢聚，不想享受更好的吗？

广告从对子女、爱人和父母三个方面，诠释了对家人浓浓的亲情。

4. 生活感悟，引发共鸣

在这个时代，每个人都觉得自己活得太沉重了，生活让人越来越复杂。人，是否能够简简单单地遵循自己的心灵，不虚伪、不刻意地过自己想过的生活呢？关于人生的思考和感悟，如果能引起心灵的共鸣，必会令消费者顿起“于我心有戚戚焉”之感。如荷塘月色的广告：

### 快乐，就像身边的风景，最容易看见，也最容易被忽略……

生命中，那些不经意的快乐，由于我们的不经意，与我们擦肩而过。如果，我们能够遵循自然的规律，生活可以变得更简单，更真实。荷塘月色，用曲径通幽的江南水景园林，用自然天成的白云山风光，用大自然呼唤着自然心态的回归，这样从容、豁达的生活态度，我们称之为 荷塘月色——自然生活哲学。

广告利用中国人已有的文化背景，给读者留出了广阔的联想空间。对于心灵疲惫想稍事休憩的现代人，这月色中恬静的荷塘、夜风里轻轻摇曳的荷花正是一个理想的港湾。“自然生活哲学”是对这一概念的延伸，也是这一理想的总结。

5. 文化心理，生活方式

人生将近一半的时间是在家里度过的，因此消费者通常会选择能代表自我个性、符合个人文化和生活方式的居住环境。如“左岸”的广告：

谁也不能规定椅子的形状与生俱来的模样

生活亦然

时而动，在时尚会所里挥洒几滴汗水

法式餐厅与朋友碰杯 cabemet 高谈阔论

时而静，偌大露台上尽享整个江景

携本村上春树漫步江堤……

无限生活　无限形式

“左岸”一词本身就代表了艺术、文化、浪漫、不羁，不断刺激着消费者内心的欲望。讲究生活品位，注重精神需求，对工作、对生活的质量要求都很高，喜爱文学艺术，喜欢跟着感觉走，追捧村上春树式的文字风格和法国“左岸”的生活氛围。——这就是消费者的生活状态和心理价值。文案演绎了一种挣脱束缚，改变常规，创造新的生活与人生的新人文精神。

## 第二节　生产资料类广告文案写作

这类产品不是直接供消费者的消费使用，而是为生产提供必要的机器设备、辅助材料、燃料动力、生产工具、办公设施等等，如机床、发电机、复印机、传真机、办公电脑、打印机、润滑油等。生产资料广告文案有如下一些特点：

1. 内容上以质量、功能、价格和服务诉求为主，强调产品给企业带来的效率，以及如何为企业解决生产经营的难题。

例如“施耐德”电气公司广告文案：

**虽然我们并不制造汽车**
**却能令汽车生产线运作通畅**

施耐德提供电力分配、工业控制以及自动化设备，令世界各大车厂的汽车流水线运作通畅，保持高效率的生产规模。

施耐德在输配电、工业控制和自动化设备方面颇负盛誉，旗下拥有四大世界性品牌：梅兰日兰、莫迪康、美商实快电力和 TE 电器以及遍布全球 130 个国家的 6 万多名技术专家。

我们的信念：安全、经济、高效地满足您每一天的需要。

施耐德电气公司　电话：（略）　传真：（略）

施耐德，一流输配电技术，工业自动化专家。

该文案强调了产品背后的技术实力以及工业自动化为企业带来的高效率。

2. 方式上以理性诉求为主，适当运用一些专业术语和数据图表，以增强权威性和专业性。

例如：

**复盛空压机**

**高科技动力 世界级品牌**

复盛空压机作为跨地区经营集团——台湾复盛机构的主营项目之一，其整体技术居世界领先水平，最新的第三代螺杆式空气压缩机获美、英等多国专利，具有节能高效、振动小、噪音低、稳定性强等特点，强大的人才优势，完善的售后服务措施更是强化了其成为世界品牌的地位。

第三代最新齿型，获多国专利：

美国专利号—No. 4890992

英国专利号—G. B. 2230563B

质量认证：IS09001

（随文略）

上述文案使用了较多的专业术语和专业编号，虽然普通的消费者不一定懂得这些，但其目标消费者是可以理解的。

3. 语言上针对企事业单位的管理者或相关人员，给人以诚实感和信誉感。

例如“上海三菱电梯”报纸广告文案：

（画面为三只难辨真伪的古代瓷瓶）

**……当然，这里的门道只有内行才看得出**

因为这世上的许多东西，表面上看都差不多，实质却有天壤之别！

就说电梯，您说衡量它好坏的最高标准是什么？内行人会说：是那扇看起来都差不多的门！现在的购买者购买小、中、高层住宅时，为什么多会在电梯门前止步？就因为那是电梯事故的多发地（占整个电梯故障的50%以上）。现在，上海三菱GPS—CR系列住宅电梯全面问世，从根本上改变了这种状况。因为它采用了先进的微机控制变压变频（VVVF）调速驱动机系统！10年前，上海三菱电梯率先引进VVVF技术，使中国电梯制造水平走在世界前列；今天，又将这项技术率先运用到民用小、中、高层住宅，使这些住宅楼具有更强的市场竞争力！如果您是一个内行的房产商，当然看得出表面上大同小异的电梯门，科技含量却大不相同，对于楼盘的销售，更有大不相同的影响。

上海三菱电梯

（随文略）

电梯这一产品虽然是供住楼者使用，但购买者是房产商，是房产商造楼的“生产资料”，因此广告文案不是针对大众消费者，而是针对房产商，向他们阐明三菱电梯能给住宅楼带来更大的市场竞争力，语言恳切，容易赢得信赖，加上技术术语的适当运用，更增加了权威性和专业性。

## 第三节　服务娱乐类广告文案写作

服务业又称第三产业。第三产业的兴起是一个国家经济发展的重要标志。随着我国服务娱乐业的飞速发展，这类广告也越来越多、越来越细化。

### 一、旅游业广告文案写作要旨

与秀美壮观的旅游景点相比，目前大多数旅游广告显得单调乏味，缺乏观赏价值。这些广告将大量的信息塞进版面，弄得版面拥挤不堪，语言上也过于生硬，缺乏创意和美感。

做旅游广告要以旅游地本身的特色作为诉求重点，然后以煽动性语言来鼓动消费者，例如云南之夏特惠旅游广告：

游历东巴文化神秘的故乡
感受亚热带绚烂的惊喜
好客的云南在等您！
云南之夏　特惠旅游
（下文略）

文案开头以旅游地景色的神秘文化来吸引消费者，这远比单单告知一个特惠信息，更能激发受众的好奇。

再如，新加坡旅游广告文案：

星光下的晚餐如梦如幻，芬芳的美酒香飘河畔，奔放的迪斯科挥舞热情，夜色中的大都市依旧生机盎然。这就是新加坡。

不会潜水也能饱览海底世界风光，目睹食人鲨迎面掠食的刺激景象；不会潜水也能漫游于群鱼之中，悠游海底的奥妙世界。这就是新加坡。

空气中，茉莉花香弥漫，交织着如诉如泣的音乐。一缕莫名的感动，萦绕心扉。唉，离情依依。这一天终将来临，我也终将离去；再多的不愿意，也只能化作千百个回忆。浓浓的神秘风味，异国情调的街头舞蹈，穿梭于繁华之间的三轮车，还有那位让我尚未离去，怀念之情就已缠绕心头的小提琴手……怎一趟难忘的奖励旅游！盼望不久的将来就能重温这点点滴滴。

站在甲板上，清冽的空气里，隐隐透着沁人的柠檬香。远处，一排排的棕榈迎风起舞；血红的夕阳霞光遍洒这片近赤道的天空。行驶中的游艇，在海面上拖曳成一道长长的白色水痕，令我想起那位书法家的专注笔触，如斯行云流水，悠游自在。临别的思绪就在这滚滚浪花中，慢慢荡漾开来……怎一趟难忘的奖励旅游！一切是那么别具风味与色彩！盼望不久的将来就能重温这点点滴滴。

文案从四个方面描绘了新加坡让游客心醉而流连忘返的地方：迷人的都市夜色、悠游的海底世界、神秘的异国情调，还有临别时的依依思绪。

## 二、交通运输广告文案写作要旨

交通运输广告文案通常以快捷和舒适作为两大诉求重点。以新加坡航空公司广告为例：

她将一缕温馨的柔情带给全世界，
和蔼的空中服务员
身着一袭纱笼裙，
当她和您相逢，
一绽迷人笑容，
一缕温馨的柔情。
晴空万里，朵朵白云，
你们相逢在舒适的
747B、707 或 737
波音机群上。
她将以最殷勤的方式招待您。
我们的女郎，
是新加坡航空公司的灵魂。

文案通过对空中小姐的微笑式服务的描写，表现出乘飞机的舒适与温馨。

## 三、饮食服务广告文案写作要旨

近年来，随着城镇居民生活水准的不断提高和消费观念的更新，人们在餐厅、酒楼、饭店就餐的频率越来越高，甚至全家在除夕和重大传统节日到饭店、酒楼、餐厅吃饭，也在一些大中城市风行起来，成为一种消费时尚。现代人既懂得怎样去工作，又懂得怎样去犒劳自己。他们在外就餐的目的，一是想品尝一下在家难以烹饪的佳肴（现在各大菜系在本地之外备受欢迎就是明证，如粤菜北上，川菜东进，东北菜南下等）。

二是想感受一下酒店、茶楼优雅的环境和独特的饮食文化氛围。如麦当劳快餐店虽然食品的款式、花样并不比国内的一些酒店丰富，但其整洁卫生的环境、良好的文化气氛，对青少年及其家长有非常大的吸引力。

因此，饮食服务广告文案有两大诉求重点，一是强调独树一帜的风味（口味），以唤起消费者的品尝欲望；二是强调与众不同的饮食文化氛围，以激起消费者对这种氛围的倾慕和向往。

## 第四节　信息产业类广告文案写作

信息产业又称第四产业，过去人们把它归入服务业，但实际上它不是简单地提供服务，还有着比较高的科技含量和专业水准。

1998 年的国务院机构改革方案，把邮电部和电子工业部合并为信息产业部，2009 年 3 月 11 日公布的国务院机构改革方案，把信息产业部合并进工业部，组建工业和信息化部，显示中央以信息化带动工业化，以工业化促进信息化，推进工业化和信息化融合，走“科技含量高、经济效益好、资源消耗低、环境污染少、人力资源优势得到充分发挥”的新型工业化道路的发展思路。中央对信息化在国民经济和社会发展全局中地位和作用的认识在逐步深化，从十五大“大力推进国民经济和社会信息化”到十六大“信息化带动工业化，工业化促进信息化”，再发展为十七大的“推进信息化和工业化融合”，工业化与信息化已经到了相互渗透、不能分离的新阶段。因此，信息产业不再像以前那样被冠以“高科技、专业化”的形象，以后将会更多地与社会大众和普通消费者的日常生活密切关联，信息产业类的商品和广告将会越来越多。

信息产业类广告文案的写作，要注意如下几个方面：

1. 渲染信息产业的时代感、趋势感，让受众意识到置身于信息时代，如果跟不上时代的步伐，就会滞后和落伍。

例如，IBM 电子商务广告：

之一：

**随需应变的商务是……**

**客户说：现在就要**

看似苛刻，但这就是现实。顾客不会再等五周，而是五天就要。

这就是随需应变的世界。IBM 帮您从容应对。

之二：

## 随需应变的商务是
## 有的放矢，而非广而告之

只让需要的人知道，而不是告诉每一个人。让您的客户、合作伙伴以及供应商安全紧密地连接。

IBM安全战略帮您从容应对。

这是IBM公司2004年在中国各大门户网站推出的网络广告。文案以自信的语气来重新定义我们身处的信息时代："这就是随需应变的世界"，从不同的角度、以不同的方式说明什么是"随需应变的商务"，而受众需要IBM的帮助以便在这个瞬息万变的时代里从容进退。时代感很强的商务语言、务实而说服力很强的举例解说使得IBM的"随需应变"系列广告成为信息产业类的典范之作。

2. 强调信息业务能为单位带来更高的工作效率和利润，或者能给个人带来更方便的生活方式。

例如，微软2004年出版物系列广告：

之一：

### 在我们眼里
### 一派复兴景象

您未来的宏愿蓝图是什么？而您有合适的工具去构建它吗？我们处处从您的想法出发，正是您，激励了我们不断开发软件，助您把旧的营运模式成功转型，高瞻远瞩，运筹帷幄。建立起前所未有的企业盛景。

之二：

### 在我们眼里
### 孩子们个个了不起

每一个孩子都是充满潜力的。我们相信，只要因材施教，他们就能让梦想起飞，成就非凡未来。正是这种无限的潜力，让我们惊叹不已，也激励我们努力不懈，开发适合的软件，帮助他们实现摘星梦想，做个了不起的人。

之三：

### 在我们眼里
### 智慧之光处处闪耀

无论身处何处，孩子们对知识的渴求都无所不在。无论是伟大的导师，还是浩瀚的书籍、博大的思想，都能为他们带来启发，成就了无限的可能。就是孩子们的这种潜力，激励我们努力开发软件，来让他们发亮发光。

微软2004年特别针对中国推出的形象广告，在文案上下了很大的工夫。文案措辞大气，不温不火，充满对美好未来的憧憬。在每篇文案末尾巧妙而委婉地突出广告主题“共同努力，以信息改变未来”。该文没有一般信息产业类广告易犯的居高临下的毛病，容易获得受众的好感，引起受众的共鸣。

3. 注意将高科技含量的服务与消费者的个性因素融合在一起。

例如，联想集团广告文案：

**联想　无限自由**

没有禁锢　没有距离 没有定式……
一个自由的时代已经来临
你渴望自由的沟通、工作和生活，
科技——嵌应着你的需求而不断发展
IT 技术更是领先一步
逐渐融入生活的每一角落，
让你的渴望成为现实，
联想的技术与服务始终以你的需求为核心，
时尚的掌上设备，让你网联世界沟通无限，
先进的无线技术，让你身处异地照样办公，
全新的数码产品，让你自由体验多彩生活，
专业的 IT 服务，让你感受全方位的信息化，
联想——实现你无限自由的梦想

这则广告抓住了年轻消费者渴望无拘无束、自由生活和工作的心理特点，把联想提供的技术服务和消费者的需求联系在一起。

## 第五节　企业形象类广告文案写作

在现代商战中，企业形象就像一面富有识别性和感召力的旗帜，使不同年龄、不同性别、不同文化素养的消费者成为企业的忠诚消费者。现在，绝少有人怀疑企业形象宣传在广告战略中的重要作用，而作为文案创作者，不但要有撰写产品广告文案的能力，而且要有驾驭形象文案的胆略和实力。

形象广告文案包括如下几种类型：

## 一、品牌形象广告文案写作要诀

品牌形象是企业整体形象的一个重要组成部分，是企业的某一牌号的产品所给予公众的整体形象感受，它融合了产品的物性因素和消费者的人性因素。有的时候品牌名称与企业名称相一致，如海尔集团与海尔空调（或冰箱、洗衣机等），这时的品牌形象既代表了产品的形象，又体现了企业的形象；有的时候品牌名称与企业名称不一致，如宝洁公司与潘婷、飘柔、海飞丝洗发水、护舒宝卫生巾等，这时候企业形象便是由既有变化又有统一的各品牌形象积累、叠加而成。

撰写品牌形象广告文案首先要明确品牌形象的定位，其次要对这种定位进行形象化、人性化的传达。如欧安亚电工平面广告文案：

（画面为一欧洲电气工程师形象）

**安全电工欧安亚**

我叫大卫·罗勃，来自欧洲，和欧安亚电工一起，致力于电工科技的开发。如今，欧安亚电工首创大面积银片接触，电流过流量更大，使安全开关次数超过国际标准两倍以上，并有双弹簧跷板式开关，无移位，不易磨损，不易产生电弧，开关干脆快捷，使人类的时尚生活走向更安全的境界。

——欧安亚产品即将全面上市

（随文略）

欧安亚电工的品牌形象定位是：欧洲安全电工专家。在文案中以广告语“安全电工欧安亚”作为标题来强调它的安全，而以正文表现欧洲电工的技术精神，一方面用“大面积银片接触”、“双弹簧跷板式”等技术作为“安全”的支持点；另一方面又对这些技术特点加以人性化的概括，即“使人类的时尚生活走向更安全的境界”。而以欧洲电气工程师的口吻说出上述文字，则更能与消费者进行沟通，更有权威性。

## 二、服务形象广告文案写作要诀

随着市场竞争的日趋激烈，企业已由产品价格的竞争，延伸到服务的竞争，特别是购买大宗（件）商品（如大件家电、摩托车、小汽车等）时，一个首要考虑的因素就是服务是否周到细致、快速到位。因而许多企业开始大做服务形象广告。撰写服务形象广告文案需注意：

1. 服务项目要统一“包装”

目前有许多企业在宣传服务形象，但有相当一部分企业采用的是零散的宣传方式，将各种服务项目罗列在一起，这样给受众的感觉是零碎的、不完整的。而一些有远见的企业已开始注意到服务的整体包装，如海尔的“心桥工程”，康佳的“大拇指服务工程”，荣事达的“红地毯服务”等等。事实证明，这种经过整合“包装”的服务，更能给受众以整体的、形象的认识，是一种行之有效的服务宣传方法。

2. 服务内容的介绍要落到实处，不能空泛模糊

消费者对服务的需求是实实在在的，要求企业有具体服务措施，有明确的服务承诺。因此，服务内容的介绍也应具体、详尽、操作性强。我们不妨分析一下春兰集团的服务形象广告文案：

**春兰金牌产品　保姆服务推行全球**

**我们时刻准备为您“四全服务”**

**始终追求最好**

全过程服务：免费接受咨询，免费安装调试，免费定期保养，由于制造质量问题，一月之内包退包换，提供终身服务。

全天候服务：无论刮风下雨还是白天深夜，只要您拨通24小时热线电话，春兰服务就会到达。

全方位服务：指导使用方法，设计最佳匹配，定期进行回访，为鳏寡孤独用户、老弱病残用户提供特殊服务。

全身心服务：耐心倾听用户需求，关心用户切身利益，细心清洁工作现场，诚心谢绝用户馈赠。

（随文略）

春兰集团对其各项服务进行了整合和“包装”，命名为“四全服务”，这样能给消费者以整体的服务形象，从而既避免了简单罗列所给人的零碎感，又有利于区别其他同类产品的服务，便于品牌个性的塑造。当然，如果光有“包装”名称，而无具体内容，就会给人以“打空炮”的感觉，所以必须用具体措施来充实“四全服务”的内容。这篇文案的突出之处就在于，将“四全服务”的内涵和外延解释得具体而明晰，使消费者产生很强的信赖感和归属感。

## 三、实力形象广告文案写作要诀

实力形象广告是用以表现企业的技术优势、设备优势、市场优势或人才优势的，其

中较为常见的是表现企业的市场优势和技术优势。

例如，容声冰箱报纸广告文案：

一 路 攀 升

七 年 第 一

容 声 冰 箱

1991—1997 年，容声冰箱连续七年居中国冰箱行业的产销量冠军，市场领导地位无人可以动摇。

七年来，容声秉承专业化生产的宗旨，始终保持科技创新的强大推动力，产销量一路攀升，年年操执行业牛耳，深受广大消费者信任和爱护。

（随文略）

这篇文案表现了容声冰箱的市场优势，语气肯定，信心十足，具有较强的鼓动性，但亲和力略显不足。

撰写实力形象广告文案，既要有高屋建瓴的气势，又要注意语言的亲切感和亲和力。

## 四、理念形象广告文案写作要诀

理念形象广告意在宣传企业的精神、企业的宗旨、企业的文化等意识形态方面的内容。这类广告文案的写作忌大而不当，不着边际，而且要注意用具体形象的事物来说明抽象的理念。

例如，中成传讯报纸广告文案：

（画面为众人合力划龙舟的场面）

**唯有步调一致，才有成功美事**

中成传讯属以发展高科技通信事业为主导的中成企业总公司，全力发展全省联网寻呼事业。

中成传讯本着“实力、实在、实现”的企业理念，一步一个目标。踏踏实实地建设传呼网络大世界，继成功开通广州、惠州、云浮中成台后，春节后迅速开通深圳、珠海、东莞、肇庆、河源、梅州等地中成台。把联网目标推进至全省各地，发展势头一日千里，先声夺人！

（随文略）

这则广告的画面把企业奋力拼搏的精神具体化，并通过文案表现了企业踏踏实实的经营作风。不足的是“实力”、“实在”、“实现”这三个词的词性不同（依次为名词、形容词和动词)，故不能并列使用。

理念形象广告还可以表现企业对现代人人性的体认和关切，这需要创作者有高瞻远瞩、洞察人性的睿智。如爱立信电视广告《父子篇》、《代沟篇》和《矿工篇》，便发现了现代人由于忙碌而缺乏情感沟通的误区，以十分生活化、纪实化的场面与对话，表现了爱立信集团对现代人情感需求的关切。这三支形象片的广告语为：

《父子篇》：沟通就是关怀
电信沟通，心意互通
《代沟篇》：沟通就是理解
电信沟通，心意互通
《矿工篇》：沟通就是爱
电信沟通，心意互通

沟通交流并不只是打打电话、人与人之间基本信息的传递、谈话与聆听，它更是友谊、分担、关怀、尊敬、忠诚、信赖、理解，是探讨、挖掘、思考，是人真正的需要。我们希望以广告所涉及的这些生活范畴和特性，来表达爱立信并不仅仅是一家生产手机的公司，而是致力于人与人之间信息与情感沟通的电信企业，它对责任感、信誉以及人际交流这种最人性化的需求有着深刻的理解。

## 五、企业活动广告文案写作要诀

企业活动广告文案是以企业的公关活动和促销活动为信息重点的广告文案。撰写这类文案的共同要求是注意活动规则的明确性（无争议性）、时间地点的准确性。撰写公关活动广告文案，要注意活动的目标和主旨，尽量淡化商业色彩，以增加公众对企业的好感。例如，金味集团每年都要投巨资赞助希望工程，1997 年在广州举办“金味羊城会亲活动”，其报纸文案为：

（画面为著名摄影作品《大眼睛的小姑娘》，画面左侧为四位待资助儿童的真实情况，画面右侧为标题和正文、随文）

**他们的希望**
**等待您的支持**
**’97 希望工程——金味羊城会亲活动**

当你的孩子端坐在明亮的教室，遨游于知识海洋的时候，你可知道，广东特困山区的一群同龄孩子，正睁大一双渴望的眼睛，大声地呼唤：“我想读书！”

山区的贫困条件使孩子连最基本的生活需求都未能得到解决，圆圆的稚脸上露出了童年不该有的迷惑与失落。

亲爱的朋友，为救助这些因贫困而完全丧失了读书权利的儿童，请与我们一起参加’97希望工程——金味羊城会亲活动。3月27日至31日，广东省内102名待资助的特困儿童将会聚羊城，接受您的捐助。

您捐资2 000元，将可全额帮助一位特困儿童小学五年的学业。接受您资助的儿童将和您建立个人联系，向您汇报学习情况。

每个人都需要有机会，也需要给别人机会。

请与金味一起，托起明天的希望。

（以下略）

这篇文案能紧紧抓住“金味羊城会亲活动”的目的——让更多的人资助特困儿童上学，以特困儿童艰难的处境唤起受众的同情，而企业自身的商业目的则被淡化。这样的文案，对于提高企业的美誉度是大有裨益的。

即使是撰写促销活动文案，也要注意维护企业的整体形象，不能为促销而促销。如喜之郎“集喜之郎游戏卡，和爸爸妈妈游香港”活动的结果揭晓广告：

**言而有信喜之郎**

**说到做到送大奖**

**“集喜之郎游戏卡，和爸爸妈妈游香港”**

**活动揭晓公告**

为期一年的“集喜之郎游戏卡，和爸爸妈妈游香港”活动近日隆重揭晓。在深圳市公证处现场公证下，共抽出250 060名中奖者，分别获得一、二、三等奖项！

深圳喜之郎食品有限公司以生产新一代营养食品——果冻布丁喜之郎而著称于世。“诚信天下，共创健康快乐的明天”是喜之郎公司矢志不渝的追求，“言必信，行必果”，更是喜之郎公司的一贯风格。集卡中奖游香港活动开展以来，共收到全国各地消费者来信十万封，喜之郎公司将送出价值数百万元的奖品，以感谢全国消费者对喜之郎的支持和厚爱。

一等奖中奖名单（略）

二等奖5万名和三等奖20万名获奖者由喜之郎食品有限公司专函通知，并将奖品直接寄给中奖者本人。

（随文略）

这篇文案的优点在于在公布获奖结果的同时，宣传了企业以诚为本、言而有信的精神和风格。一些广告人认为促销活动会损害企业的形象，但我们认为促销活动会不会影响企业形象，一要看促销活动的质量，二要看能否在广告表现（包括文案）中将形象宣传渗透到活动之中。

# 第六节 社会公益类广告文案写作

社会公益类广告是指倡导先进的道德风尚和思想观念，而批评落后的思想和行为的广告。这类广告文案的写作有如下几点要求：

## 一、避免用说教的方式或训斥人的口吻与受众说话

社会公益广告不同于政府机关的行政命令和宣传口号。它要求以公众所乐意接受的方式和口吻宣传一些道理，比较讲究说话的技巧，切忌绷着脸训斥人。

试比较下面两句话：

（1）生命只有一次，请小心演绎。

（2）严禁吸毒！

句（1）是香港反对吸毒公益广告的广告语，听起来像是朋友对朋友的忠告，公众易于接受。而句（2）则有一种训人的味道，对吸毒者有一定的威慑作用，但对普通公众来说，听起来比较生硬。

再看一篇《少送礼，多往来》电视广告文案：

| 画　面 | 声　音 |
| --- | --- |
| 一束桃花，上面挂满了有新年吉祥词句的许多红灯笼纸片，纷纷扬扬，充满节日的气氛。镜头摇下，可见左右两边各有一堆礼品盒，透过桃花，可感到这是一个家庭环境，而迎送客人的主要通道门口就在画面中，虚虚地，在焦点之外，但仍可感受主客之间的那种殷情…… | 新春喜气洋洋的乐曲。当房门打开后，便加入了拜年、送礼内容的客套话：新年好！恭喜发财！小小意思。多谢多谢！意思意思！不好意思！得闲去探你！经常来玩！…… |

续表

| | |
|---|---|
| 主人家（在一些客套话声中）往返于门口礼盒之间，收一个，送一个地重复着，在画面中看到的是左边和右边的盒子在颠来颠去地轮换而已，只是节奏越来越快，越来越快，这一切突然被一个孩子的声音打断。 | 小男孩声："妈妈，送给瑶瑶的为什么送回来啦？" |
| 镜头缓缓摇下，一个小孩窥视一个拆开了的礼盒，听到母亲的回答，扫兴地摇头做了个鬼脸，淡为黑场，字幕：礼尚往来≠礼上往来。 | 妈妈画外音："不要动啊，还要送人呢！"<br>小孩画外音："年年这样，都没有新意。" |
| 从几杯清茶拉开，镜头随茶盘运动移至几个坐着的客人面前，大家正谈到高兴处，开心地笑起来。 | 旁白："少送礼，多往来！" |

这则广告宣传的是一种崭新的人际关系，倡导一种健康向上的人际交往，即"送礼，多往来"。创作者通过生活中的细节（即送给别人的礼物周转几家又被送了回来），告诉大家送来送去，既麻烦，又无新意，不如清茶一杯，在一起聊一聊。广告语"少送礼，多往来"语重心长，平易近人，是一种倡导和建议，没有一点教训人的色彩。

再看下例：

### 豆豆看世界——快乐的天竺鼠

我想养土拨鼠，
可是爸爸说，
家里没有土，不能养，
土拨鼠住在这里会不快乐。
如果土拨鼠要有土才快乐，
那天竺鼠是不是要有天空才行呢？
以后我养天竺鼠，
一定要让它每天都看到天空。
让别人快乐，我自己也会很快乐。
关心自己，也关心别人。

《豆豆看世界》在台湾是家喻户晓的公益广告，这则《快乐的天竺鼠》是系列广告之一，它通过豆豆——一个充满了童真的小男孩之口，用看似天真幼稚的语言，道出了生活的真谛——让别人快乐，自己也会快乐。快乐其实并不难，也并不遥远，可或许只有孩童那纯洁无瑕、未被玷污的心才能感受到吧。

## 二、诉求集中单一

正文非常简短，以少胜多；甚至不用正文，仅用标题或口号。例如，下面一则“中华好风尚”主题公益广告：

（画面为一只苍蝇长着蝴蝶般漂亮的翅膀）

**善良的人们，别让美丽遮住你的眼睛……**

**谨防假冒伪劣，保护消费者权益**

该文案非常简短，标题与正文合而为一，使读者一看就明白在说什么。除了落款外，整篇作品没有其他信息的干扰。

又如《生活需要好脸色》公益广告：

（画面为形形色色的戏剧脸谱）

**生活需要好脸色**

在现实生活中，有许多事情就是因为一张苦脸、一面恶相而纷争失和；但一副真挚的笑脸，一双理解的眼眸，都可以平添多少关怀与爱意！

这篇文案的正文也十分简洁，中心意思明确，即恶相带来纷争，笑脸平添温馨，大家要有好脸色。

## 三、更加注意创意的震撼力和冲击力

由于公益广告表面看来与受众的利益关系不直接、不明显，一般情况下受众对公益广告的关心度不高（除了与受众密切相关的热门话题之外），因此公益广告创意震撼力和冲击力便显得尤为重要，它是打开注意之门的金钥匙。

例如，获得1997年广州4A年轻广告人创意竞赛综合创意金奖作品的《白劳与白食系列》，就以其非凡的创意引发受众对知识产权问题的关心和思考，现以《白劳篇》为例：

## 不能杨白劳
## ——劳而不获

我们不愿看到一部分软弱的知识分子成为现代的杨白劳，心血和劳动白白成为他人的晚宴大餐。

站出来吧，保护自己。

创作者把标题文字设计成一个画面，“杨白劳”三字格外醒目，一个红印章“不能”斜加在“杨”之上，可提示读者淡化“杨”字，而将“不能”与“白劳”组合在一起，这样“杨白劳”不单是指人名，而是利用同音现象将名字意义衍化（修辞上称为“衍名”），从而巧妙地表达了“不能劳而不获，要尊重知识产权”的主题。或许有的读者对“尊重知识产权”的问题不太感兴趣，但在看到这则广告时，也不能不为这种奇特的创意所震撼。

一些广告人认为，由于公益广告不受客户意图的限制和干扰，所以较之商业广告更容易发挥自己的创意天赋，但我们以为，要创作出令人拍案叫绝的公益广告也绝非易事，为此要求文案撰稿人不仅要有娴熟的语言技巧，而且要有很高的创意水准。

## 思考·案例·练习

1. 简述饮料广告文案的各种诉求点。
2. 举例说明化妆品广告文案的表现策略。
3. 药品广告文案写作应注意哪些事项？
4. 家用电器广告文案在诉求内容方面有何特点？
5. 如何寻求房地产广告文案创作的新突破？
6. 生产资料类广告文案写作有何要求？
7. 目前旅游业广告文案存在哪些缺点？如何改进？
8. 企业形象类广告文案分为几种类型？如何撰写？
9. 社会公益类广告文案写作有何要求？
10. 技能训练

（1）请根据下列资料为康佳双视窗彩电写一篇电视广告文案，要求：① 长度为 30 秒；② 尽量与康佳彩电现有电视广告的风格保持一致。

### 双视窗　数码阔屏 16:9

T3289W 应用最新的数码视窗技术，提供多种多样的视窗显示方式，如：双视窗、多画面、画外画、画中画，真正能做到一个屏幕多个视窗，让您轻轻松松眼观六路。

科学研究表明，16:9 宽高比尤其符合人的主观视觉特性，所以，T3289W 数码阔屏彩霸为您提供在影院观看宽银幕时所体会的震撼感受。

(2) 请以“保护网络安全，打击电脑黑客”为公益广告主题，创作一篇平面广告文案（用于报纸或招贴）和一篇电视广告文案（长度为30秒）。

# 参考文献


1. 张微．广告文案写作（2 版）．武汉：武汉大学出版社，2008
2. 杨先顺，陈韵博，谷虹．广告文案写作原理与技巧（3 版）．广州：暨南大学出版社，2009
3. 许传宏．广告文案．上海：上海人民出版社，2012
4. 吕尚彬．广告文案教程．北京：北京大学出版社，2007
5. 夏晓敏，钱正，曹晓燕．广告文案写作．武汉：武汉大学出版社 2006
6. 柴少恒．广告文案写作与赏析．北京：经济管理出版社，2006
7. 徐玉红，沈彬．广告文案创作．杭州：浙江大学出版社，2007
8. 郭有献．广告文案写作教程（2 版）．北京：中国人民大学出版社，2011
9. 初广志．广告文案写作．北京：高等教育出版社，2005
10. 屠忠俊．网络广告教程．北京：北京大学出版社，2004
11. 李世丁，周运锦．广告文案写作．武汉：中南大学出版社，2003
12. 胡晓芸．广告文案写作．北京：高等教育出版社 2003
13. 杨乃近，梁恩瑞．电视广告．杭州：浙江大学出版社，2005
14. 邬晓光，张晓．广告文案写作．北京：机械工业出版社，2005
15. 高志宏，徐智明．广告文案写作（2 版）．北京：中国物价出版社，2002
16. 杨效宏．现代广告文案．成都：四川大学出版社，2005
17. 张冠华．广告写作．珠海：珠海出版社，2000
18. 杨梨鹤．广告文案传真．汕头：汕头大学出版社，2004
19. 胡晓芸．现代广告文案撰写．北京：新华出版社，1997
20. 王国全．新广告文案学．广州：中山大学出版社，2004
21. 丁柏铨．广告文案写作教程（2 版）．上海：复旦大学出版社，2002
22. 汤俊峰，杨学军．成功广告案例评析．北京：中国商业出版社，2001
23. 余明阳，陈先红．广告策划创意学．上海：复旦大学出版社，2003
24. 当代学术棱镜译丛 麦克卢汉精粹．南京：南京大学出版社，2000
25. 阮卫．现代广告文案写作．合肥：安徽人民出版社，1997